Equity-related Tax Case 100

股权涉税案例 100

创业护航联盟（上海）税务师事务所有限公司　编著

世界上只有两件事不可避免：税收和死亡
依法纳税，不缴冤枉税

上海财经大学出版社

图书在版编目(CIP)数据

股权涉税案例 100 / 创业护航联盟(上海)税务师事务所有限公司编著. -- 上海：上海财经大学出版社，2025.5. -- ISBN 978-7-5642-4648-8

Ⅰ. F812.423

中国国家版本馆 CIP 数据核字第 2025HR7807 号

□ 责任编辑　李嘉毅
□ 封面设计　贺加贝

股权涉税案例 100

创业护航联盟(上海)税务师事务所有限公司　编著

上海财经大学出版社出版发行
(上海市中山北一路 369 号　邮编 200083)
网　　址：http://www.sufep.com
电子邮箱：webmaster@sufep.com
全国新华书店经销
上海颛辉印刷厂有限公司印刷装订
2025 年 5 月第 1 版　2025 年 5 月第 1 次印刷

710mm×1000mm　1/16　14.5 印张(插页：2)　245 千字
定价：78.00 元

编委名单

编 著

创业护航联盟(上海)税务师事务所有限公司

总 策 划

何明涛　刘蛟龙

案例编写

刘蛟龙　黄　颖　张绍琴　董凤娟
高　宁

前言
FOREWORD

随着市场经济的发展,"开公司"逐渐由特定阶层的事转变为越来越多普通人的事,与公司相伴的股权也逐渐成为一个普遍的话题。谈到股权,许多人首先会想到股权架构,但股权涵盖的范围远不止一张股权结构图那么简单,其中涉及的税务问题尤其复杂。

为了更好地研究与股权相关的税务问题,我们编写了本书。本书是一本案例集,在阐释案例之前,我们就本书编写的相关问题总结如下,便于读者理解。

一、股权概念和延伸

从严格意义上说,股权的概念与有限责任公司是匹配的,股份有限公司称之为股份,合伙企业称之为财产份额。本书讲解的内容主要围绕有限责任公司相关内容展开,有限责任公司也是老板创业最常用的企业主体。但由于合伙企业、个体工商户等在市场中的应用也十分广泛,因此作为股权的必要延伸,本书也会涉及合伙企业、个体工商户的基本税收问题和征税逻辑。

二、股权涉税的研究意义

2023年12月29日,十四届全国人大常委会第七次会议修订通过的《中华人民共和国公司法》(以下简称《公司法》)已于2024年7月1日起施行。《公司法》共266个条文,其中股权(含股份)出现的频次为212次,可见股权在公司中具有举足轻重的地位。

本次《公司法》修订幅度之大，堪称历史之最。其修订的核心条款引发了市场上大面积的股权交易，包括减资、股权转让、公司注销等，都涉及复杂的税务问题。税的问题一不留神就会影响股权商业目的的实现。因此，研究股权涉税可以帮助相关交易以高效率、低成本的方式完成。

三、案例特点

我们遵循以下原则精选了100个案例：

1. 真实性

本书中的案例全部具备真实性，要么是真实发生的，要么是根据真实案例改编的。只有真实的案例才能更好映射现实、反馈现实，研究真实的案例更能解决现实问题。

2. 发散性

本书秉持着"立足于税，不拘泥于税"的思想，部分案例中的税务处理方式存在差异，甚至截然相反，目的是帮助读者更加客观地看待股权涉税问题。税务问题本身就不是确定的，是有争议的客观存在，只有用发散性的思维认识有争议的客观存在，才能更好地解决争议。

3. 逻辑性

本书共分为10章，各章之间以一定的逻辑顺序排列。创业首先要选择市场主体。第一章讲主体选择的问题。股权问题的第一步是取得股权，其本质是股东以其资产来换取公司的股权。第二章讲不同方式取得股权的税务处理。不同主体成为股东，后续收益的处理完全不同。第三章讲谁来当股东的问题。做生意经常需要合作。第四章讲股权合作的问题。股东开公司的目的是盈利，而盈利主要来自分红和股权转让两个方面。第五章讲分红。第六章讲股权转让。股权除了收益，还有退出的问题。第七章讲股权退出。至此，股权的生命周期基本完成。

公司在非日常的经营中可能涉及股权重组问题、外部股权问题以及股权司法诉讼问题，这些是后面三章的内容。

四、读者对象

本书适合：(1) 企业总经理、财务负责人、人力资源负责人、企业管理层；

（2）财税服务行业从业人员；（3）有志于从事股权投资或股权服务的创业者和学习者。

五、如何用好本书

1. 学习原理

每个案例都是为特定企业量身定制的方案，都有特定的背景，因此，每个案例都有适用条件，千万不要简单套用，重点是学习背后的原理。

2. 实践参考

这些案例可以是重要参考，碰到实际问题时，找到最接近的案例做比对，结合企业实际情况，给出最佳解决方案。

3. 商业本质

理解透彻商业本质，研究股权涉税问题的最终目的是服务于特定的商业目的，更好地达成商业目的。

六、关于我们

本书的编写团队是从创业护航集团下属各主体抽调的长期在一线从事财税服务的专业人员，这些案例很多来自其工作实践。

创业护航集团是以财税为核心的企业服务平台，其使命是为创业者保驾护航，处理股权涉税案例是为创业者保驾护航的重要方面。

输出是最好的输入，将我们的日常工作实践总结成方法论，通过结构化案例输出，也让我们更好地提升自身的专业和业务水平，更好地理解案例背后的底层逻辑。在工作中学习和成长，在给广大读者带来价值的同时，我们自身也能更优秀。这是创业护航集团的企业文化。

编　者

2025 年 3 月 26 日于上海

目录 CONTENTS

第1章 老板做生意，如何选择市场主体

1.1 创业选择"有限公司"主要涉及哪些税 / 2
1.2 餐饮店选择注册成个体工商户税收优惠多 / 5
1.3 风靡一时的个人独资企业为何沦为"鸡肋" / 7
1.4 合伙企业应用场景之一：普通合伙企业 / 10
1.5 合伙企业应用场景之二：有限合伙企业 / 13
1.6 异地开展业务选择分公司更有利的情形 / 16
1.7 异地开展业务选择子公司更有利的情形 / 18
1.8 多家分公司之间如何分配对整体更有利 / 19
1.9 上市公司滥用小微企业政策被要求补税 / 21

第2章 股权取得的税务处理：资产换股权

2.1 最常见的货币出资也会涉及缴税 / 26
2.2 个人非货币出资之一：正常纳税 / 27
2.3 个人非货币出资之二：分期纳税 / 29
2.4 个人非货币出资之三：递延纳税 / 31
2.5 "货不真价不实"的专利出资的麻烦 / 33
2.6 不动产出资可能涉及多个税种 / 34
2.7 母子公司之间划转出资的税务处理 / 37
2.8 留存收益转增注册资本的税务处理 / 39
2.9 资本溢价转增注册资本的税务处理 / 41

第3章 谁来当股东，结果很不一样

3.1 个人股东分红和股权转让如何纳税 / 44
3.2 公司股东分红和股权转让如何纳税 / 46
3.3 合伙股东分红和股权转让如何纳税 / 48
3.4 个人代持股东收益的纳税问题 / 49
3.5 公司代持股东收益的纳税问题 / 51
3.6 从形式课税角度看代持还原是否缴税 / 54
3.7 从实质课税角度看代持还原是否缴税 / 55
3.8 股权代持中的隐名股东被判偷税罪 / 57
3.9 非律师合伙人致律所执照被吊销 / 58
3.10 夫妻百分百持股股权的权属如何判断 / 60

第4章 股权合作：股东利益的平衡

4.1 股权合作模式之一：内部独立核算 / 63
4.2 股权合作模式之二：成立项目部 / 64
4.3 股权合作模式之三：成立合资公司 / 66
4.4 增资扩股是否缴税之情形一：不缴税 / 68
4.5 增资扩股是否缴税之情形二：分情况 / 70
4.6 明股实债：不同税种的处理方式不同 / 71
4.7 对赌失败能否退税之成功案例介绍 / 73
4.8 对赌失败税款不退的首例司法判例 / 75

第5章 分红收益：不同主体处理规则不同

5.1 不同股东主体对应的分红纳税规则 / 79
5.2 不按出资比例分红是否需纳税调整 / 81
5.3 借款视同分红公司和股东均要担责 / 82
5.4 股东从公司提取收益的不同方式比较 / 84

第6章 最常见的股权交易：股权转让

6.1 自然人转让股权的基本纳税规则 / 89
6.2 自然人平价转股被税务核定补税 / 91
6.3 自然人转股少缴税的不同税务处理 / 93
6.4 自然人转股至其名下的一人公司 / 95
6.5 自然人等比例转股至其合伙企业 / 97
6.6 自然人转股争议解决的思路探讨 / 99

6.7　股改后股权变动频繁被要求说明 / 101
6.8　法人股东转让股权的不同方式比较 / 102
6.9　未分配利润在何时分配税负更低 / 104
6.10　以股权方式转让不动产是否更优 / 106
6.11　股权转让不成功完成退税案例的启示 / 110
6.12　选择股权转让还是增资的结果出人意料 / 111

第7章　减资、撤资、注销的税务处理

7.1　个人股东撤资的税务处理 / 114
7.2　未实缴个人股东减资的税务处理 / 116
7.3　公司股东撤资、减资的税务处理 / 117
7.4　用减资的方式解决税务筹划问题 / 119
7.5　减资补亏是否缴纳企业所得税（一） / 121
7.6　减资补亏是否缴纳企业所得税（二） / 122
7.7　减资是否退还已缴纳的印花税 / 124
7.8　公司清算业务的所得税处理（一） / 125
7.9　公司清算业务的所得税处理（二） / 127
7.10　公司注销后由股东承担税务责任 / 130
7.11　已注销合伙企业被恢复税务登记 / 133
7.12　税务局如何追缴已注销企业欠税 / 135

第8章　股权交易『天花板』：企业重组

8.1　合法性是重组方案设计的首要条件 / 140
8.2　不符合特殊性税务处理致方案搁置 / 142
8.3　分立业务场景一：为合规而分立 / 144
8.4　分立业务场景二：为处置不动产 / 147
8.5　企业法律形式发生改变的税务处理 / 149
8.6　容易被忽视的"合理的商业目的" / 151
8.7　复杂的重组交易在税务上未必最优 / 153
8.8　收购亏损公司能否实现大规模节税 / 155
8.9　非居民企业特殊性税务处理的适用 / 156
8.10　企业重组交易中非税因素同样重要 / 158
8.11　股权收购中特殊性税务处理的适用 / 160
8.12　股权收购中有多个卖方的税务处理 / 162
8.13　分步交易的股权收购的税务处理 / 163

- 8.14 股权置换能否满足特殊性税务处理 / 165
- 8.15 债务重组中债转股的不同处理 / 166
- 8.16 特殊性税务处理的程序要求：备案 / 168
- 8.17 一般性税务处理或是更节税的选择 / 169
- 8.18 子公司之间划转的基本税务处理 / 171
- 8.19 重组个人能否享受个人所得税递延 / 173
- 8.20 吸收合并特殊性税务处理适用举例 / 175

第9章 涉外股权税务问题

- 9.1 外资股东境外关联公司的债转股 / 179
- 9.2 非居民企业间接转股被要求补税 / 180
- 9.3 披着混合型投资外衣的明股实债 / 183
- 9.4 境外股权重组交易不同方案的比较 / 186
- 9.5 跨境债务重组因税务问题而失败 / 188
- 9.6 经税务机关裁定顺利递延纳税 / 191

第10章 股权交易涉税司法案例

- 10.1 债股不分引发的股权转让纠纷 / 194
- 10.2 税费承担约定被判无效 / 196
- 10.3 股权转让合同变更引发的退税纠纷 / 199
- 10.4 股权转让合同解除不征税 / 200
- 10.5 以股权转让不动产的司法观点 / 202
- 10.6 错误披露致转股失败 / 203
- 10.7 股权交易买方代扣税款后追偿 / 205
- 10.8 股权交易约定税费承担是否含个人所得税 / 207
- 10.9 税务人员工作疏忽引发的股权纠纷 / 209
- 10.10 调减股权转让价格已纳税款退税未果 / 212

后记 / 220

第1章

老板做生意,如何选择市场主体

创业属于市场行为,所以首先得选择以什么样的主体加入市场。最常见也是最"正规"的市场主体是公司,比如一家从事商品买卖的贸易公司。个体工商户的数量也非常庞大,比如街边的餐饮店。特定的专业服务领域以普通合伙企业为主,比如律师事务所、会计师事务所。在需要搭建持股平台时,有限合伙企业会成为很多人的选择。在创投基金领域,有限合伙企业也大量存在。在过去特定的背景下,以个人独资企业为主的工作室一度非常火爆。如果是以公司作为经营的主体,需要在异地开展经营活动,就会面临注册子公司还是注册分公司的选择。在业务发展到一定规模时,用多个主体取代一个主体经营也会成为很多人的选择。

选择市场主体需要同时考虑成本和风险。在风险层面,有限公司的股东和有限合伙企业中的有限合伙人承担有限责任,个体工商户的经营者、个人独资企业的出资人、合伙企业中的普通合伙人承担无限责任。在税收层面,个体工商户的经营者、个人独资企业的出资人缴纳个人所得税。合伙企业自身不缴纳所得税,而是直接由其合伙人纳税。公司是法人,需要缴纳企业所得税,税后的利润向个人投资者分红需要代扣代缴个人所得税。所以,公司股东的有限责任其实是以比其他主体多缴纳一次所得税换来的。从这一点也反映出一种普遍存在的现象,即没有"无义务的权利"。同样的情形也出现在很多股权税务问题上,比如少缴税的方案通常流程复杂,想要简化流程则经常会伴随着多缴税。

本章共有 9 个案例,主要讲解不同市场主体的适用场景及其税务处理。每一种市场主体都有其存在的价值,没有绝对的好,只有是否合适。

第1章 案例列表

序　号	标　　　题
001	创业选择"有限公司"主要涉及哪些税
002	餐饮店选择注册成个体工商户税收优惠多
003	风靡一时的个人独资企业为何沦为"鸡肋"
004	合伙企业应用场景之一：普通合伙企业
005	合伙企业应用场景之二：有限合伙企业
006	异地开展业务选择分公司更有利的情形
007	异地开展业务选择子公司更有利的情形
008	多家分公司之间如何分配对整体更有利
009	上市公司滥用小微企业政策被要求补税

1.1 创业选择"有限公司"主要涉及哪些税

案例背景

谈到创业，最常见的主体就是有限公司。老板如果选择成立一家有限公司，从投资、经营到取得收益，主要涉及哪些税呢？

HS 为上海甲乙丙化妆品股份有限公司（以下简称甲乙丙股份）旗下知名品牌，甲乙丙股份于 2022 年通过港交所成功上市。招股书显示，甲乙丙股份的线上渠道贡献了超七成营收，2019—2021 年前三季度线上业务占比分别为 52.4%、75.2% 和 72.9%，线下营收则从 45.7% 锐减到 24.2%。圆圆和满满为 HS 品牌的头部直播带货主播，她们的外表和直播风格深受广大粉丝喜爱，两人在化妆品直播带货的过程中积累了一定的资金和经验。2024 年年初，圆圆和满满决定自立门户，在直播带货的大潮中创立自己的化妆品品牌。在正式营业之前，摆在她们面前的问题是先要在上海注册一家公司。从公司聘用的主播到自己创业当老板,关注的问题也从怎么做好直播向怎么做好生意转变。以前是公司发工资,现在是自己出钱投资,公司盈利后再以股东身份获取自己应得的收益。

问题:公司产生销售收入后,要缴多少税,收入才能到老板个人手里呢?

案例分析

第一类流转税:

(1)增值税:增值税是一个"过程导向"的税种,理论上,公司有销售收入,就要缴纳增值税。而有销售收入的公司不一定盈利,因为公司运营还会有各种各样的成本支出。所以,增值税与公司是否盈利是无关的,卖了产品或服务,哪怕亏损,也需要缴纳增值税。

(2)消费税:消费税是对销售特定商品征收的税。化妆品属于应征消费税的商品。自2016年10月1日起,取消对普通美容、修饰类化妆品征收消费税,高档化妆品消费税税率由30%下调为15%。

第二类所得税:

(1)企业所得税:公司有了利润后要先缴纳企业所得税。企业所得税的一般税率为25%,高新技术企业等特定的企业享受15%的优惠税率。满足条件的小微企业只对25%的利润(此处为税法口径的利润,官方名称为应纳税所得额,是在会计利润的基础上调整得到的)按照20%的税率征税,因此税负率只有5%(25%×20%)。

(2)个人所得税:公司缴完企业所得税后的利润,按照《公司法》的规定,提取公积金,剩余的部分可以向股东分配。股东得到这部分分红收益,需要按照个人所得税的"利息、股息、红利所得"项目缴纳20%的个人所得税。

税费测算

有限公司经营主要涉及两大类税种,分别是流转税和所得税。前者主要跟销售额挂钩,后者主要跟利润和实际收益有关。

1. 流转税

(1)增值税:按照圆圆和满满的估算,2024年营收为10 000 000元,超过了小规模纳税人年销售额的上限5 000 000元,只能登记为一般纳税人。化妆品属于一般商品,适用增值税税率为13%。

增值税销项税额=10 000 000÷(1+13%)×13%=1 150 442.48(元)

注：公式中分母的部分为将含税收入转化为不含税收入。

可抵扣的增值税进项税：进货部分进项税 287 610.62 元（税率为 13%），广告投放进项税 226 415.09 元（税率为 6%），物流、退货部分进项税 28 301.89 元（税率为 6%），办公费对应进项税 20 377.36 元（税率 9%），直播平台费用进项税 33 962.26 元（税率为 6%），合计 596 667.22 元。

应纳增值税＝1 150 442.48－596 667.22＝553 775.26（元）

增值税税负率＝553 775.26÷10 000 000＝5.54%

（2）消费税：高档美容、修饰类化妆品和高档护肤类化妆品需要缴纳消费税，具体是指生产（进口）环节销售（完税）价格（不含增值税）在 10 元/毫升（克）或 15 元/片（张）及以上的美容、修饰类化妆品和护肤类化妆品。公司拟销售主要产品定价为 99 元/240 毫升，不属于高档化妆品，不征收消费税。

2. 所得税

（1）企业所得税：营业收入 1 000 万元，减去可以在企业所得税税前扣除的成本费用后，营业利润预计约为 416 021.71 元。假设企业其他条件均满足小微企业条件。

应纳企业所得税＝416 021.71×25%×20%＝20 801.09（元）

税后净利润＝416 021.71－20 801.09＝395 220.62（元）

（2）个人所得税：

应纳股东分红个人所得税＝395 220.62×20%＝79 044.12（元）

股东个人到手金额＝395 220.62－79 044.12＝316 176.5（元）

1 000 万元的销售额，股东到手只有 3.16% 左右，而分红就缴了 7.9 万元的个人所得税，有没有办法节省一部分个人所得税呢？当然，股东除了从公司取得分红之外，如果股东也以员工的身份加入公司，就可以从公司领取工资。关于分红和发工资的比较详见本书第 5 章。

☑ 案例总结

选择有限公司创业，主要应该提前规划好增值税和所得税，根据业务预期选择合适的增值税纳税人身份，做好企业所得税和个人所得税的提前规划。公司经营同时涉及企业所得税和个人所得税，看似双重征税，实则是由公司的法人地位决定的。公司是法人，可以独立承担责任，在有限公司模式下，股东只承担有限责任，其代价就是多缴一次所得税。

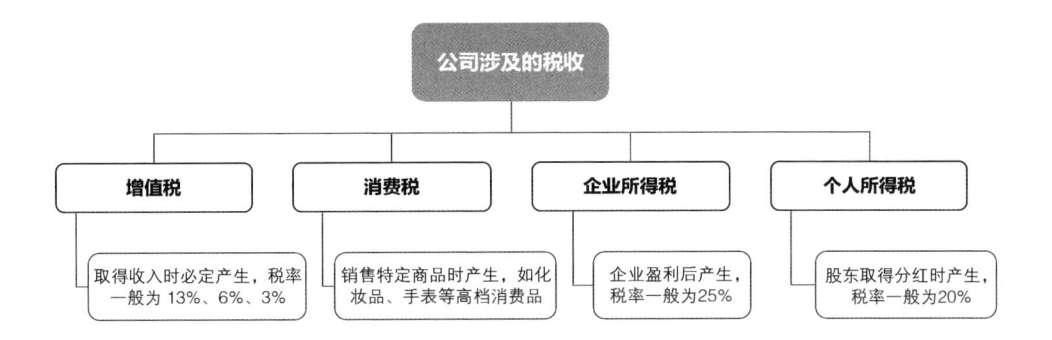

第 1 章 老板做生意，如何选择市场主体 | 5

```
                        公司涉及的税收
            ┌───────────┬──────────┬───────────┐
          增值税        消费税      企业所得税    个人所得税
        取得收入时    销售特定商品  企业盈利后    股东取得分红
        必定产生，税率 时产生，如化   产生，税率    时产生，税率
        一般为13%、6%、 妆品、手表等  一般为25%    一般为20%
        3%            高档消费品
```

1.2 餐饮店选择注册成个体工商户税收优惠多

案例背景

江苏省某市张某，高中毕业后即到一线城市某装修公司打工，后回到老家自己创业，在当地做起了品牌化的装修公司。

一次偶然机会，张某了解到经营小吃店利润可观，于是在主业之外，他想在杭州做餐饮生意。他租了门市房，年租金 15 万元；雇用了两名服务员，每人每年工资为 10 万元；雇用店长一名，年工资 15 万元；采购和其他成本一年约 60 万元。

问题：预计年销售额 180 万元，张某个人需要缴纳多少个人所得税？

案例分析

《中华人民共和国个人所得税法》规定，个体工商户的经营者按"经营所得"项目缴纳个人所得税。

当前阶段，对个体工商户有一系列税收优惠政策：

（1）增值税免征/减征：自 2023 年 1 月 1 日至 2027 年 12 月 31 日，对月销售额 10 万元以下（含本数）的属于增值税小规模纳税人的个体工商户，免征增值税。增值税小规模纳税人适用 3% 征收率的应税销售收入，减按 1% 征收率征收增值税；适用 3% 预征率的预缴增值税项目，减按 1% 预征率预缴增值税。

（2）个人所得税减半：自 2023 年 1 月 1 日至 2027 年 12 月 31 日，对个体工商户年应纳税所得额不超过 200 万元的部分，减半征收个人所得税。个体工商户在享受现行其他个人所得税优惠政策的基础上，可叠加享受本条优惠政策。

（3）"六税两费"减半征收：自2023年1月1日至2027年12月31日，对增值税小规模纳税人、小型微利企业和个体工商户减半征收资源税（不含水资源税）、城市维护建设税、房产税、城镇土地使用税、印花税（不含证券交易印花税）、耕地占用税和教育费附加、地方教育附加。增值税小规模纳税人、小型微利企业和个体工商户已依法享受资源税、城市维护建设税、房产税、城镇土地使用税、印花税、耕地占用税、教育费附加、地方教育附加等其他优惠政策的，可叠加享受本条优惠政策。

税费测算

1. 增值税

本例中张某的餐饮店年销售额180万元，假设各月销售相对均匀。

全年应纳增值税＝180÷(1+1%)×1%＝1.78(万元)

2. 个人所得税

按照经营所得纳税。

应纳税所得额＝180÷(1+1%)－15－15－10×2－60＝68.22(万元)

查表：对应税率为35%，速算扣除数为65 500。

"经营所得"个人所得税税率表

全年应纳税所得额	税率	速算扣除数
应纳税所得额≤30 000元	5%	0
30 000元＜应纳税所得额≤90 000元	10%	1 500
90 000元＜应纳税所得额≤300 000元	20%	10 500
300 000元＜应纳税所得额≤500 000元	30%	40 500
应纳税所得额＞500 000元	35%	65 500

应纳税额＝(682 200×35%－65 500)×50%＝8.66(万元)

政策依据

《财政部 税务总局关于增值税小规模纳税人减免增值税政策的公告》（财政

部 税务总局公告 2023 年第 19 号）

《国家税务总局关于增值税小规模纳税人减免增值税等政策有关征管事项的公告》（国家税务总局公告 2023 年第 1 号）

《财政部 税务总局关于进一步支持小微企业和个体工商户发展有关税费政策的公告》（财政部 税务总局公告 2023 年第 12 号）

☑ 案例总结

个人做规模较小的业务，如餐饮、零售、服务工作室等，可以选择用个体工商户作为经营的主体。实务中，个体工商户可以申请税收核定征收，个体工商户还有较多税收优惠政策，都可以有效降低经营的税收负担。但需要注意的是，个体工商户经营者需要承担无限连带责任，所以经营者要做好个体工商户的风险管控，尤其是债务风险。此外，享受税收核定征收政策的个体工商户一定要经营合法的业务，不能滥用核定征收政策。

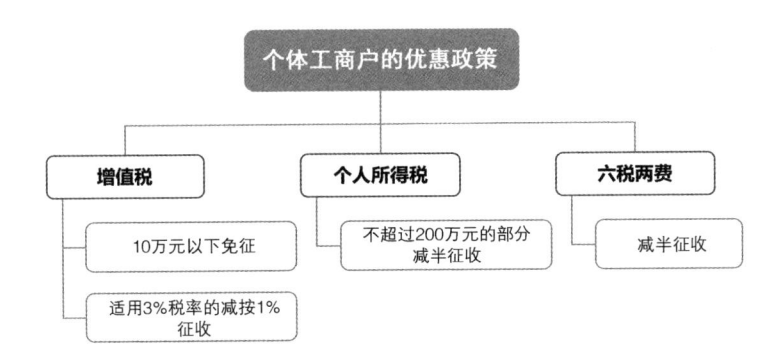

```
                个体工商户的优惠政策
        ┌──────────────┼──────────────┐
      增值税          个人所得税        六税两费
        │                │                │
   10万元以下免征    不超过200万元的部分    减半征收
        │              减半征收
   适用3%税率的减按1%
        征收
```

1.3　风靡一时的个人独资企业为何沦为"鸡肋"

📝 案例背景

中国籍公民张某为一影视明星，2020 年拟参演一部国庆档电影，预计能取得 400 万元片酬。了解到以个人名义取得收入的话，要承担高额的个人所得税，在朋友的推荐下，张某决定成立一家工作室去收取片酬。

问题：工作室能否合理合法降低税负？

案例分析

明星工作室最常见的组织形式是个人独资企业。个人独资企业虽名为企业，但不缴纳企业所得税，而是由其投资人按照经营所得（5%～35%的五级超额累进税率）缴纳个人所得税。

现实中有很多明星通过工作室直接订立业务合同，将个人的劳务报酬所得转变为个人独资企业的经营所得，以此达到节税的目的。此前多地个人独资企业还可以适用"核定征收"的政策。

税收征管最基本的方法是查账征收，简单来说，就是企业将反映其真实经营情况的财务报表报送到税务机关，税务机关以企业账为依据征收税款。纳税人的账出现各种各样问题的时候，税务机关就用特定的方法去核定纳税人应该缴多少税。一般意义上的核定征收的税负比查账征收要低很多，因此，查账征收是原则，核定征收是例外。但本应该是例外的核定征收曾一度在个人独资企业中成为常态。

对于文娱行业来说，2021年9月18日国家税务总局办公厅发布通知《加强文娱领域从业人员税收管理》提出：进一步加强文娱领域从业人员日常税收管理，对明星艺人、网络主播成立的个人工作室和企业，要辅导其依法依规建账建制，并采用查账征收方式申报纳税。2021年12月30日《财政部 税务总局关于权益性投资经营所得个人所得税征收管理的公告》则进一步规定：持有股权、股票、合伙企业财产份额等权益性投资的个人独资企业、合伙企业，一律适用查账征收方式计征个人所得税。该规定自2022年1月1日起实施。

税费测算

1. 400万元片酬按照劳务报酬征税

劳务报酬所得并入综合所得征税。

应纳税所得额＝4 000 000×(1－20%)＝3 200 000(元)

应纳税额＝3 200 000×45%－181 920＝1 258 080(元)

税负率＝1 258 080÷4 000 000＝31.45%

注：假设基本费用扣除和其他扣除项目在工资、薪金所得中扣除，不在此处扣除。

2. 400万元片酬以成立的工作室（个人独资企业）的名义签合同

应纳增值税＝400÷(1＋1%)×1%＝3.96(万元)

查账征收模式：

应纳个人所得税＝(4 000 000－39 600)×35%－65 500＝1 320 640(元)

税负率＝1 320 640÷4 000 000＝33.02%

相比之下，工作室虽然适用比综合所得税率上限45%更低的35%的税率，但无法像计算劳务报酬一样扣除20%，所以税负更高。

核定征收模式：

应纳税所得额＝4 000 000÷(1＋1%)×10%＝396 040(元)

注：服务业核定征收率为10%。

应纳个人所得税＝396 040×30%－40 500＝78 312(元)

个人所得税税负＝78 312÷4 000 000×100%＝2%

可见，只有在核定征收适用的情况下，选择用个人独资企业即工作室承接才是对纳税人税收更有利的选择。

无论是以个人名义去承接，还是用工作室去承接，本质都是明星个人"干活"。从法律形式上看，用工作室签约不存在明显的不合理之处。

根据《中华人民共和国个人所得税法实施条例》，劳务报酬所得是指个人从事劳务取得的所得，包括从事设计、装潢、安装、制图、化验、测试、医疗、法律、会计、咨询、讲学、翻译、审稿、书画、雕刻、影视、录音、录像、演出、表演、广告、展览、技术服务、介绍服务、经纪服务、代办服务以及其他劳务取得的所得。其中，演出、表演属于单独列明的项目，因此实务中，税务机关可能直接认定其所得为劳务报酬。

政策依据

《国务院关于个人独资企业和合伙企业征收所得税问题的通知》（国发〔2000〕16号）

《中华人民共和国个人所得税法实施条例》（中华人民共和国国务院令第707号）

案例总结

作为工作室的主要载体，个人独资企业曾风靡一时，但随着核定征收政策的收紧以及个人独资企业投资人的无限责任等原因，其在实务中的适用逐渐变窄。

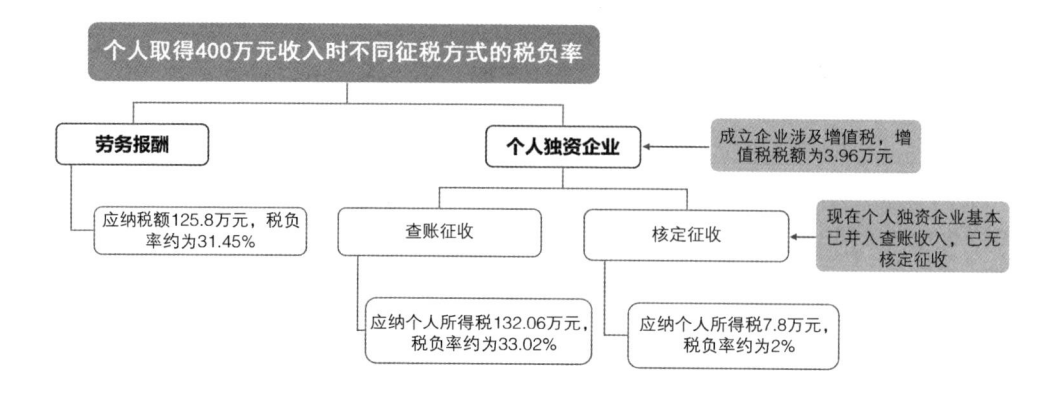

```
个人取得400万元收入时不同征税方式的税负率
├── 劳务报酬
│   └── 应纳税额125.8万元，税负率约为31.45%
└── 个人独资企业 ← 成立企业涉及增值税，增值税税额为3.96万元
    ├── 查账征收
    │   └── 应纳个人所得税132.06万元，税负率约为33.02%
    └── 核定征收 ← 现在个人独资企业基本已并入查账收入，已无核定征收
        └── 应纳个人所得税7.8万元，税负率约为2%
```

1.4 合伙企业应用场景之一：普通合伙企业

案例背景

相关数据显示，截至 2024 年 11 月，全国律师人数已达到 75 万左右。整体上，律师行业收入较高且个体差异较大；同时，律师群体中精通税法的并不多。根据《中华人民共和国律师法》相关规定，合伙制律师事务所可以选择采用普通合伙企业或特殊的普通合伙企业形式。

2024 年，上海某律师事务所主营业务收入 3 000 万元，管理费用中列支业务招待费 195 万元，销售费用中列支业务宣传费 180 万元，全年会计利润 1 400 万元，以前年度无可供弥补的亏损。其他资料如下：

（1）2019 年，合伙律师 A 年营业收入 600 万元，应得办案分成收入 360 万元（600×60%），扣除已报销的办案费用 60 万元，实际取得分成净收入 300 万元。合伙律师 B 年营业收入 400 万元，应得办案分成收入 240 万元（400×60%），扣除已报销的办案费用 40 万元，实际取得分成收入 200 万元。此外，A、B 每月从事务所领取的工资分别为 3 万元和 4 万元。

注：合伙人个人的"五险一金"允许扣除，本案中未考虑相关数据。合伙协议中约定合伙人按照出资比例分配收益。

（2）除上述内容外，该事务所的生产经营所得无其他纳税调整项目。

问题：不考虑专项附加扣除和其他扣除，2023 年度合伙律师 A、B 应纳多少个人所得税？

案例分析

为了规范和加强律师事务所从业人员所得税的征收管理,《国家税务总局关于律师事务所从业人员取得收入征收个人所得税有关问题的通知》(国税发〔2000〕149号)明确了相关个人所得税问题,自2000年1月1日起执行。律师个人出资兴办的独资和合伙性质的律师事务所的年度经营所得,停止征收企业所得税,作为出资律师的个人经营所得,比照"个体工商户的生产经营所得(现为经营所得)"应税项目计算缴纳个人所得税,这从宏观上确定了律师事务所的纳税方式。

但是,随着律师行业的发展、收入分配形式的变化以及税务部门的征收方式逐步转为全面查账征收,又出现了一些新的问题和情况。为此,《国家税务总局关于律师事务所从业人员有关个人所得税问题的公告》(国家税务总局公告2012第53号)等文件对律师事务所从业人员有关的个人所得税问题作出了进一步规范。可实践中,各律师事务所税收政策执行不一,律师事务所及律师个人涉税风险非常大。

合伙人律师所得的税务处理:

(1) 合伙人律师的个人所得税计算主要以《个体工商户个人所得税计税办法》(国家税务总局令第35号)为依据。合伙制律师事务所应将年度经营所得全额作为基数,按出资比例或者事先约定的比例计算各合伙人应分配的所得,据以征收个人所得税。

(2) 合伙人律师的业务分成及日常工资不得在税前扣除。

(3) 合伙人律师发生办案费用,如能提供合法有效凭据,则可在事务所据实列支,对不能提供合法凭据的,不适用雇员律师、兼职律师办案费用定率扣除办法,而应按照国家税务总局2012年53号公告规定的按收入分段计算扣除费用办法。

(4) 律师个人承担的按照律师协会规定参加的业务培训费用,可据实扣除。

(5) 合伙人律师个人所得税计算步骤:

第一步,计算律师事务所经营所得。

经营所得=律师事务所会计利润+纳税调增(含合伙人薪酬)-纳税调减-弥补以前年度亏损

第二步,计算合伙人律师应纳税所得额。

合伙人律师应纳税所得额=经营所得×分配比例-60 000-专项附加扣除

—其他扣除

第三步：在个人所得税税率表（经营所得适用）中查找税率及速算扣除数。

第四步：计算应纳个人所得税。

应纳个人所得税＝应纳税所得额×税率－速算扣除数

税费测算

1. 合伙企业纳税调整项目

（1）业务招待费扣除限额：$3\,000×5‰＝15$（万元）；$195×60\%＝117$（万元），117万元＞15万元，调增业务招待费＝195－15＝180（万元）。

（2）业务宣传费扣除限额：$3\,000×15\%＝450$（万元），450万元＞180万元，业务宣传费不作纳税调整。

（3）A的工资及业务提成不得税前扣除，调增应纳税所得额＝3×12＋300＝336（万元）。

（4）B的工资及业务提成不得税前扣除，调增应纳税所得额＝4×12＋200＝248（万元）。

2. 2024年律师事务所经纳税调整后的生产经营所得

调整后生产经营所得＝会计利润＋纳税调整
$$＝1\,400＋180＋336＋248＝2\,164（万元）$$

（1）A应纳税所得额＝合伙企业经纳税调整后的生产经营所得×合伙比例
　　　　　　　　　－投资者法定扣除费用
$$＝2\,164×40\%－0.5×12＝859.6（万元）$$

A应纳税额＝应纳税所得额×税率－速算扣除数
$$＝859.6×35\%－6.55＝294.31（万元）$$

（2）B应纳税所得额＝合伙企业经纳税调整后的生产经营所得×合伙比例
　　　　　　　　　－投资者法定扣除费用
$$＝2\,164×30\%－0.5×12＝643.2（万元）$$

B应纳税额＝应纳税所得额×税率－速算扣除数
$$＝643.2×35\%－6.55＝218.57（万元）$$

政策依据

《中华人民共和国律师法》第十五条和第十六条

《国家税务总局关于律师事务所从业人员取得收入征收个人所得税有关业务问题的通知》(国税发〔2000〕149号)

《国家税务总局关于律师事务所从业人员有关个人所得税问题的公告》(国家税务总局公告2012年第53号)

☑ 案例总结

合伙企业的会计和税务处理与公司不同,现实中的财务人员大多是以公司为载体来学习和处理实务内容的,对律师事务所的税务做过专门研究的并不多。大多数律师事务所是用"公司的会计"来做合伙企业的账,再加上律师事务所本身特有的一些操作模式,导致律师事务所面临行业性的税务风险,应格外重视。

1.5 合伙企业应用场景之二:有限合伙企业

📄 案例背景

在投资基金中,合伙型的数量最多、规模最大,与之相关的投资收益带来的税务问题很多。

2023年年初,A有限公司、李某、B有限公司分别出资100万元(财产份额占比1%)、4 900万元(财产份额占比49%)和5 000万元(财产份额占比50%)共同成立MN创投合伙企业(以下简称创投合伙),A有限公司为普通合伙人,其余两个为有限合伙人。

根据合伙协议约定,创投合伙每年向A有限公司支付执行事务合伙人报酬600万元,创投合伙每年发生其他经营费用100万元。李某在其他地方有工资、薪金,不考虑其在创投合伙中的费用扣除问题。

2023年3月,创投合伙向科技型甲公司出资1 000万元。假设该笔投资于2025年5月以4 000万元退出。

2023年4月,创投合伙向乙公司投资1 500万元,假设该笔投资在2025年7月以1 400万元退出。

2023年5月,创投合伙向丙公司出资2 000万元,假设2024年取得丙公司分红180万元,2025年取得丙公司分红150万元。假设2026年该笔投资以

5 000万元退出。

问题：创投合伙人李某从创投合伙中取得的收益如何缴纳个人所得税？

案例分析

2018年8月，深圳市税务局对创投基金进行稽查，要求个人投资者按照5‰～35‰缴税，一度引发争论。

2019年1月，财政部、税务总局、发展改革委和证监会联合发布的《关于创业投资企业个人合伙人所得税政策问题的通知》(财税〔2019〕8号)明确：创投企业可以选择按单一投资基金核算或者按创投企业年度所得整体核算两种方式之一，对其个人合伙人来源于创投企业的所得计算个人所得税应纳税额。上述政策执行至2023年12月31日。2023年8月，《关于延续实施创业投资企业个人合伙人所得税政策的公告》中将政策执行延续至2027年12月31日。

税费测算

1. 核算方式一：按照年度整体核算

(1) 2023年创投合伙经营所得＝0－600－100＝－700(万元)

李某无须缴纳个人所得税。

(2) 2024年创投合伙经营所得＝180－700＝－520(万元)

李某无须缴纳个人所得税。

(3) 2025年创投合伙经营所得＝(4 000－1 000)＋(1 400－1 500)＋150－(600＋100)＝2 350(万元)

其中，创投合伙对科技型甲公司实缴投资满2年，按照政策规定，李某可以按照被转让项目对应投资额的70％抵扣其从创投合伙应分得的经营所得。

李某应纳税额＝(2 350－700－520－1 000×70％)×49％×35％－6.55＝67.2 (万元)

(4) 2026年创投合伙经营所得＝5 000－2 000－600－100＝2 300(万元)

李某应纳税额＝2 300×49％×35％－6.55＝387.9(万元)

2023—2026年李某应纳个人所得税＝67.2＋387.9＝455.1(万元)

(5) 税款申报方式：按年计算个人所得税，由纳税人在月度或季度终了后15日内向经营管理所在地主管税务机关办理预缴纳税申报；在取得所得的次年3月31日前，向经营管理所在地主管税务机关办理汇算清缴；从两处以上取得经营所得的,选择向其中一处经营管理所在地主管税务机关办理年度汇总申报。

2. 核算方式二:按照单一基金核算

(1) 2023 年创投合伙未取得股权转让所得和股息、红利所得,李某无须缴纳个人所得税。

(2) 2024 年创投合伙取得股息所得 180 万元,未取得股权转让所得。

李某应纳税额＝180×49%×20%＝17.64(万元)

(3) 2025 年创投合伙取得股息 150 万元。

李某应纳税额＝150×49%×20%＝14.7(万元)

李某取得股权转让所得＝(4 000－1 000)＋(1 400－1 500)＝2 900(万元)

李某应纳税额＝(2 900－1 000×70%)×49%×20%＝215.6(万元)

李某 2025 年应纳税额合计＝14.7＋215.6＝230.3(万元)

(4) 2026 年创投合伙未取得股息所得。

创投合伙取得股权转让所得＝5 000－2 000＝3 000(万元)

李某应纳税额＝3 000×49%×20%＝294(万元)

2023—2026 年李某应纳税额合计＝17.64＋230.3＋294＝541.94(万元)

(5) 税款申报方式:股权转让所得由创投合伙在次年 3 月 31 日前代扣代缴个人所得税,股息、红利所得由创投合伙按次代扣代缴个人所得税。

比较两种核算方式:按照年度整体核算的模式与按照单一基金核算的方式相比,李某少缴纳个人所得税 86.84 万元(541.94－455.1)。

《关于创业投资企业个人合伙人所得税政策问题的通知》明确:创投企业选择按单一投资基金核算或按创投企业年度所得整体核算后,3 年内不能变更。

政策依据

《关于创业投资企业个人合伙人所得税政策问题的通知》(财税〔2019〕8 号)

《关于延续实施创业投资企业个人合伙人所得税政策的公告》(财政部 税务总局 国家发展改革委 中国证监会公告 2023 年第 24 号)

《财政部 税务总局关于创业投资企业和天使投资个人有关税收政策的通知》(财税〔2018〕55 号)

案例总结

政策给予创投企业选择核算方式的机会,两种方式视不同的业务场景各有优势。一般创投企业成立之初会产生一定的基金管理等费用，而实现盈利需要一定的时间，此时如有亏损，就可以在一定期限内结转弥补。因此，可以在成立前三年先选择整体核算方式。在成立满三年的次年1月31日前，根据投资进展、合伙人意愿等因素重新商定核算方式，并向主管税务机关备案。现行政策截至2027年12月31日，在作出决策时应密切关注政策适用时间。

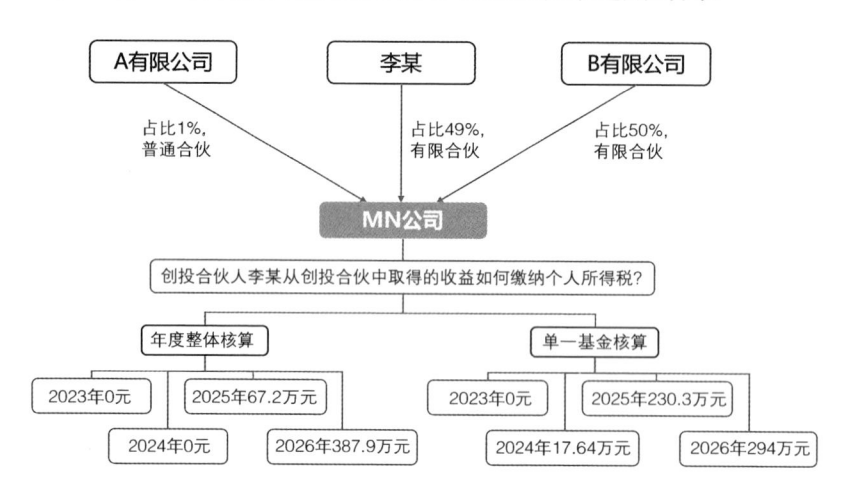

```
┌─────────┐      ┌─────┐      ┌─────────┐
│ A有限公司 │      │ 李某 │      │ B有限公司 │
└────┬────┘      └──┬──┘      └────┬────┘
  占比1%,        占比49%,        占比50%,
  普通合伙        有限合伙        有限合伙
     └──────────────┼──────────────┘
                ┌───┴───┐
                │ MN公司 │
                └───┬───┘
  创投合伙人李某从创投合伙中取得的收益如何缴纳个人所得税？
         ┌──────────┴──────────┐
    年度整体核算              单一基金核算
    2023年0元                 2023年0元
    2024年0元                 2024年17.64万元
    2025年67.2万元            2025年230.3万元
    2026年387.9万元           2026年294万元
```

1.6 异地开展业务选择分公司更有利的情形

案例背景

A公司为一家制造型企业，年销售额5 000万元，现因为业务发展需要，到邻省开展业务，预计前三年需要投入资金购买厂房和机器设备，第四年开始实现盈利。

问题：A公司开展异地业务，在税收上是采用分公司的方式还是采用子公司的方式更有利？

案例分析

当企业需要在异地开展业务并设立新组织时，通常有两种形式可供选择：子公司或者分公司。

根据《公司法》，子公司拥有独立的法人地位，对外独立承担民事责任、自负盈亏；分公司不具有法人资格，不能以自己的名义对外独立承担民事责任。

此外，不同的组织形式，对税收会有较大的影响。在当前税制下，对法人企业来说主要的税种有两种：增值税和企业所得税。

根据《中华人民共和国增值税暂行条例》第二十二条的规定，固定业户应当向其机构所在地的主管税务机关申报纳税。总机构和分支机构不在同一县（市）的，应当分别向各自所在地的主管税务机关申报纳税；经国务院财政、税务主管部门或者其授权的财政、税务机关批准，可以由总机构汇总向总机构所在地的主管税务机关申报纳税。因此，无论是子公司还是分公司，其增值税在多数情况下应当独立核算，组织形式的不同对增值税基本无影响。

根据《中华人民共和国企业所得税法》第五十条的规定，居民企业在中国境内设立不具有法人资格的营业机构的，应当汇总计算并缴纳企业所得税。由此可见，分公司不具有法人资格，需要与总公司合并计算企业所得税；而子公司拥有法人资格，应当独立计算企业所得税。

📅 税费测算

预计 A 公司一年的税前利润为 1 000 万元，邻省业务前期每年亏损 500 万元。

1. 邻省业务采用子公司的形式

子公司亏损，无须缴纳企业所得税，但其亏损也不能抵减 A 公司的盈利。

A 公司一年缴纳企业所得税＝1 000×25％＝250（万元）

2. 邻省业务采用分公司的形式

总公司和分公司的企业所得税合并缴纳，共有利润 500 万元。

A 公司一年缴纳企业所得税＝500×25％＝125（万元）

通过对比发现，在邻省业务前几年会有较大亏损的情况下，设置分公司的形式可以更好地利用其亏损来节省整体的企业所得税。

☑ 案例总结

是选择分公司还是选择子公司对税务更优，并不是绝对的。在本案的业务模式下，由于两地的业务有盈有亏，因此选择分公司对企业所得税更有利。当然，这只是基于前几年的经营情况作出的选择，如果把时间线拉长，或许就会得出不一样的结论。除了税的因素外，对分公司和子公司的选择，还要考虑责任承担的问题，以及公司对外宣传的品牌效应和客户认可度等因素。因此，最终的选择是权衡综合因素后的选择，而非基于单一因素的选择。

1.7　异地开展业务选择子公司更有利的情形

案例背景

甲公司为 A 省一家贸易公司，主要从 B 省的乙公司采购相关的产品用于销售，年销售额约为 1 500 万元，利润为 280 万元。由于 A、B 两省距离较远，因此甲公司和乙公司之间存在沟通不通畅和不及时的问题。出于经营上的需要，甲公司拟在 B 省开展业务，预计每年销售额为 600 万元，利润为 100 万元。

问题：甲公司在 B 省开展业务选择分公司和子公司中的哪种形式在税务上更有利？

案例分析

在案例 1.6 中，我们呈现了分公司和子公司在增值税和企业所得税两大核心税种上纳税的基本规则，即在增值税层面，无论是分公司还是子公司，通常都是独立核算的，组织形式对增值税基本没有影响；而在企业所得税层面，总公司和分公司是汇总纳税的，意味着它们的亏损可以相互弥补，但如果都是盈利，则无法分开享受相关政策。

当前年利润（税法口径计算的）在 300 万元以内，可以享受小微企业的优惠政策，实际税负为 5%。由于分公司和总公司在所得税上合并计算的规则，因此分公司无法单独享受小微企业的优惠政策。

税费测算

1. 甲公司在 B 省的业务采用分公司形式

合计年利润为 380 万元。

应纳所得税 = 380 × 25% = 95（万元）

2. 甲公司在 B 省的业务采用子公司模式

甲公司应纳所得税 = 280 × 5% = 14（万元）

子公司应纳所得税 = 100 × 5% = 5（万元）

合计应纳所得税 = 14 + 5 = 19（万元）

相比分公司的模式,节省了 76 万元的企业所得税。主要原因:甲公司和子公司的所得税是独立计算的,由于各自的年利润都不超过 300 万元,因此均可享受小微企业的优惠政策。而在分公司形式下,合计年利润超过了 300 万元,只能按照 25% 的税率缴纳企业所得税,整体的税负就大大增加了。

☑ 案例总结

通过上述两个案例的对比可知,在分公司和子公司的选择上没有绝对的好坏,都是在特定的业务场景下作出相对有利的选择。

子公司具有法人资格,可以独立承担法律责任,这在一定程度上降低了母公司的经营风险。由于子公司是独立的个体,因此其可以单独享受相关的优惠政策,这在一定程度上为公司从整体层面规划提供了更为广阔的空间。

1.8 多家分公司之间如何分配对整体更有利

📝 案例背景

某总机构 2021 年 12 月累计实现利润额 200 万元。下属四个跨省市设立的二级非法人分支机构适用的税率及税款分配基期年度三项指标[①]如下:分支机构一和分支机构二适用 25% 的税率,分支机构三和分支机构四适用 15% 的税率;分支机构合计经营收入总额为 1 000 万元、工资总额为 100 万元,资产总额为 1 500 万元;分支机构一对应三项指标基数分别为 400 万元、10 万元、500 万元,分支机构二对应三项指标基数分别为 300 万元、20 万元和 400 万元,分支机构三对应三项指标基数分别为 200 万元、30 万元和 300 万元,分支机构四对应三项指标基数分别为 100 万元、40 万元和 300 万元。

问题:如何降低整体的所得税税负?

📰 案例分析

先将全部应纳税所得额在总分机构之间分配,再分别计算每个分支机构的应纳税款。具体计算如下:

---

① 总机构应按照上年度分支机构的营业收入、职工薪酬和资产总额三个因素计算各分支机构分摊所得税的比例,三因素的权重依次为 0.35、0.35、0.30。

(1) 200万元应纳税所得额按50%分配给总机构。

总机构应纳税额＝200×50%×25%＝25(万元)

(2) 计算各分支机构应分配所得额和应纳税额：

分支机构一应分配所得额＝100×(400÷1 000×0.35＋10÷100×0.35＋500÷1 500×0.3)＝27.5(万元)

分支机构一应纳税额＝27.5×25%＝6.875(万元)

分支机构二应分配所得额＝100×(300÷1 000×0.35＋20÷100×0.35＋400÷1 500×0.3)＝25.5(万元)

分支机构二应纳税额＝25.5×25%＝6.375(万元)

分支机构三应分配所得额＝100×(200÷1 000×0.35＋30÷100×0.35＋300÷1 500×0.3)＝23.5(万元)

分支机构三应纳税额＝23.5×15%＝3.525(万元)

分支机构四应分配所得额＝100×(100÷1 000×0.35＋40÷100×0.35＋300÷1 500×0.3)＝23.5(万元)

分支机构四应纳税额＝23.5×15%＝3.525(万元)

四个分支机构应纳税额合计＝6.875＋6.375＋3.525＋3.525＝20.3(万元)

税费测算

对于总部而言，由于利润已确定、分配比例已确定、税率已确定，因此无法进行筹划。分支机构三和分支机构四适用的税率为15%，低于正常税率，如果能够增加分支机构三和分支机构四的分配数额，就可以利用其优惠税率来降低企业所得税。

在营业收入和工资总额确定的情况下，如果可以将分支机构一和分支机构二中的非核心资产转移至分支机构三和分支机构四，具体为将分支机构一中的100万元资产转移至分支机构三，将分支机构二中的100万元资产转移至分支机构四，则：

分支机构一应分配所得额＝100×(400÷1 000×0.35＋10÷100×0.35＋400÷1 500×0.3)＝25.5(万元)

分支机构一应纳税额＝25.5×25%＝6.375(万元)

分支机构二应分配所得额＝100×(300÷1 000×0.35＋20÷100×0.35＋300÷1 500×0.3)＝23.5(万元)

分支机构二应纳税额＝23.5×25％＝5.875(万元)

分支机构三应分配所得额＝100×(200÷1 000×0.35＋30÷100×0.35＋400÷1 500×0.3)＝25.5(万元)

分支机构三应纳税额＝25.5×15％＝3.825(万元)

分支机构四应分配所得额＝100×(100÷1 000×0.35＋40÷100×0.35＋400÷1 500×0.3)＝25.5(万元)

分支机构四应纳税额＝25.5×15％＝3.825(万元)

四个分支机构应纳税额合计＝6.375＋5.875＋3.825＋3.825＝19.9(万元)

节税金额＝20.3－19.9＝0.4(万元)

政策依据

《国家税务总局关于印发〈跨地区经营汇总纳税企业所得税征收管理办法〉的公告》(国家税务总局公告 2012 年第 57 号)第十五条

案例总结

总机构与分支机构之间所得分配的总原则和分支机构内部之间所得分配的原则确定的情况下,合理调整各个分支机构之间营业收入、资产、工资等的分配,将所得较多地分配至低税率的分支机构,可以实现节税。因此,设立分支机构时,可以优先选择设立在有税收优惠的地方。

1.9 上市公司滥用小微企业政策被要求补税

案例背景

2021 年 9 月 22 日,青岛 YW 智能家居科技股份有限公司在首发上市资料中披露了个人所得税的筹划:在异地陆续成立 18 家小微主体,公司通过向上述小微主体进行采购交易的方式支付资金,小微企业在扣除相关税费、手续费等支出后取出现金,体外为部分员工发放多份薪酬。具体细节如下:

(1) 18 家小微主体中包括 8 家个体工商户、8 家个人独资企业和 2 家有限合伙企业,上述主体均不符合合并及控制的要求,不能纳入发行人合并范围。

(2) 18 家小微主体分别设在上海市、天津市和兰州永登县。

(3) 报告期内，通过小微主体发放薪酬共涉及人员 2 061 人，主要为公司员工和为公司提供服务的非员工。

(4) 报告期内，通过小微主体发放的薪酬总额共计 7 307.11 万元。

(5) 通过小微主体发放薪酬的起止时间为 2018 年 1 月至 2020 年 2 月，因涉及的小微公司、薪酬发放方式等均存在差异，所以该事项可分为三个阶段：

第一阶段，天津的 2 家小微主体＋兰州市永登县的 6 家小微主体，路径如下：公司（转账）——→小微主体（转账）——→代发人员（取现）——→实际领薪人员。

第二阶段，上海的 10 家小微主体筹建期间代发人员借款，路径如下：公司（转账）——→代发人员（取现）——→实际领薪人员。

第三阶段，上海的 10 家小微主体，路径如下：公司（转账）——→上海的 10 家主体（转账）——→法定代表人（转账）——→代发人员（转账）——→实际领薪人员。

(6) 薪酬发放过程中，公司留存了小微主体、法定代表人等的重要账户流水，收集了代发人员取现凭证，签署了员工现金领用签字表等凭证资料，具备比较完善的制度体系及内部控制措施，满足了形式上合规的条件。

体外薪酬发放事项具备明确的人员及费用分拆标准，建立了较为完善的制度体系和内部控制措施，所发薪酬与领薪人员的职级和岗位具有匹配对应关系。

(7) 根据小微主体至领薪人员的资金流水穿透结果及领薪人员应发、实发薪酬对比结果等，小微主体的收入均来源于公司，所有收入在扣除必要的税费、手续费等相关支出后，全部通过前述薪酬发放流程支付给最终领薪人员，从公司到最终领薪人员的资金流向可以形成闭环，无其他资金流向，通过小微主体发放薪酬与公司入账薪酬的金额相符，因此，薪酬发放流程中的主体及人员均不存在帮助公司处理费用或代垫费用等情形。

(8) 领薪人员通过小微主体领取薪酬享受了一定的税收优惠政策，体外领取的薪酬存在未合并进行个人所得税申报和纳税的情形。

(9) 公司将领薪人员全部体外薪酬还原至各年进行了测算，共需补缴个人所得税金额约 859 万元，公司为能够协调的截至 2020 年 8 月底（补税测算基准日）仍在体系内任职的员工涉及的薪酬补缴了相关税款，剩余员工因离职等无法协调缴纳。所有人员的全部薪酬还原至各年测算需补缴税款 859 万元，可协调员工部分的薪酬实际补缴税款 900 万元。

公司实际为可协调员工补缴个人所得税金额共计约 900 万元，剩余人员虽无法协调补缴，但实际补税金额已足额覆盖所有薪酬还原后计算得出的个人所得税缺口,未造成国家税源流失。

（10）为了降低公司因涉嫌税收违法违规被处罚风险造成的损失、未来可能因个人所得税等导致的潜在纠纷的不良影响,公司控股股东承诺：若注销后被工商、税务等行政机关处罚,本单位将无条件承担发行人及控股子公司因处罚而遭受的一切罚款和费用。

（11）公司与领薪人员已作充分沟通,公司承担了全部应缴个人所得税,且已补缴完毕,公司控股股东已作出承诺,不存在因补税导致的纠纷或潜在纠纷。

（12）公司通过向上述小微主体进行采购交易的方式为部分员工发放多份薪酬,主要目的是利用小微主体注册地的税收优惠政策,为员工节省个人所得税税负,但上述薪酬实质上均为员工的应发薪酬,对应领薪人员为公司及其分公司、子公司提供劳务的实质。

（13）报告期内,涉及薪酬发放并取得小微主体发票的公司主体包括 B 青岛、BLN 北京、BLN 智能科技（青岛）有限公司北京分公司、BLN 智能科技（天津）有限公司北京分公司、BLN 衡水 5 家公司。截至目前,上述 5 家主体均已取得税务机关开具的专项证明,公司的上述行为不涉及虚开增值税发票。

税务证明如下：" ××公司（以下简称公司）系我局辖区内企业。2020 年 12 月 31 日,公司向我局说明了以向公司员工、前员工或亲属担任股东或法定代表人等单位采购服务的方式为员工发放薪酬的情况。员工通过上述模式从单位获得的薪酬已按照从公司获得薪酬的口径向我局补缴员工个人所得税税款。我局认为,公司采取上述模式的主要目的是降低员工个人所得税税负,公司以向单位采购服务的方式向员工发放薪酬并由单位给公司开具增值税发票的行为,对应员工提供劳务的业务实质,主观上不存在骗取国家增值税税款的非法目的,客观上最终未造成国家税款流失等严重不良的法律后果,以上行为不属于虚开增值税发票或专用发票的行为,不属于重大违法违规,情况属实。"

（14）公司已实际缴纳相关税款,相关员工已补缴个人所得税,未造成国家税款流失。公司通过小微主体向员工发放薪酬,实施过程中由小微主体向公司开具增值税专用发票和增值税普通发票,并根据小微企业所在地税收政策合法缴纳增值税税款,公司依照增值税专用发票的票面税额进行增值税抵扣,增值税普通发票税款不存在抵扣情形。公司增值税专用发票抵扣金额与小微主体缴纳的税款一致,未造成国家税款流失,同时增值税普通发票税款实质上增加了增值税缴纳金额。此外,公司已就小微主体相关员工按照合并纳税口径足额补缴个人所得税,也未造成国家税款流失。

政策依据

《最高人民检察院关于充分发挥检察职能服务保障"六稳""六保"的意见》

案例总结

本案例最终在公司补缴个人所得税、股东作出承诺、取得税务机关证明,且未造成国家税款流失的情况下,没有引发后续更严重的税务责任。

作为一家上市公司,青岛 YW 智能家居科技股份有限公司采用了大规模的小微主体来帮助员工降低个人所得税税负,虽然"情有可原",但从理论上讲,该筹划方案并非完全合规。形式上运用多个小微主体并没有改变业务的实质。现实中通过刻意分拆业务去适用小微企业政策的案例不在少数,但要注意的是,一定要从业务上去匹配,而不仅仅浮于形式。

第 2 章

股权取得的税务处理：资产换股权

上一章的案例主要围绕老板创业时宏观层面市场主体的选择来展开。本章开始切入与有限公司相对应的股权问题。

股权问题涉及的税务处理相对复杂，首先是取得股权。取得股权的本质是什么？一言以蔽之，即"以资产换股权"，这寥寥的几个字，讲清了有限公司中公司与股东的关系。股东用自己的资产向公司出资，换取了对公司享有的股权。这里有两个主体，一个是公司，另一个是股东。现实中很多老板混淆了主体的概念，认为公司的钱就是老板的钱，其本质就是未能深入理解公司与股东之间的关系。因为取得股权的本质是以资产换股权，所以股东对公司出资就是其持有股权的法定义务，这也就是为什么《公司法》对股东出资期限条款的修改能带来巨大的市场轰动。股东把原本属于自己的资产让渡给公司，这个过程就涉及资产所有权（特定情况下也可能是使用权）的让渡，让渡资产的过程就涉及资产的交易，而不同类型的资产交易带来的是不同的税务问题。

本章共有 9 个案例，有的涉及初始出资，包括货币出资与非货币出资、母公司对子公司的划转出资，有的涉及后续出资，包括留存收益和资本溢价转增注册资本等。

第 2 章案例列表

序　号	标　　题
010	最常见的货币出资也会涉及缴税
011	个人非货币出资之一：正常纳税

续　表

序　号	标　题
012	个人非货币出资之二：分期纳税
013	个人非货币出资之三：递延纳税
014	"货不真价不实"的专利出资的麻烦
015	不动产出资可能涉及多个税种
016	母子公司之间划转出资的税务处理
017	留存收益转增注册资本的税务处理
018	资本溢价转增注册资本的税务处理

2.1　最常见的货币出资也会涉及缴税

案例背景

2023年5月，拥有一家财务咨询公司的张某计划通过将自己多年从事企业服务的相关经验做成视频课程，直接销售给创业的老板，于是想成立一家文化传媒公司专门做线上培训业务。经过多方考量，张某最终决定把公司设立在海南省，注册资本为100万元。由于先期公司运营需要资金，因此张某向公司投入了30万元作为实收资本，在公司章程中约定，剩余的70万元在公司成立后15年内缴足。

问题：张某成立的公司，注册资金为100万元，实缴出资30万元，是否需要缴税？

案例分析

货币出资对于股东来说就是用钱买股权。由于是买而不是卖，因此股东层面不涉及税。在公司层面，营业账簿记载的实收资本（而非认缴注册资本）、资本公积合计金额需要依法缴纳印花税。

税费测算

企业营业账簿中实收资本（股本）和资本公积的印花税的税率为0.25‰。目前,增值税小规模纳税人、小型微利企业和个体工商户可享受除证券交易之外的印花税减半征收政策,该优惠持续到 2027 年 12 月 31 日。

若张某成立的文化传媒公司为小规模纳税人,则:

实缴部分应纳印花税＝300 000×0.25‰×50%＝37.5(元)

新修订的《公司法》下公司认缴出资的期限缩短,若张某在 2024 年 12 月将认缴的剩余 70 万元注册资本补齐,则只需要针对注册资本增加的 70 万元部分缴纳相应的印花税,之前实缴的 30 万元的部分不重复计税。

政策依据

《中华人民共和国印花税法》

《财政部 税务总局关于进一步支持小微企业和个体工商户发展有关税费政策的公告》(财政部 税务总局公告 2023 年第 12 号)

案例总结

印花税由于税率低,一般纳税金额小,因此经常被忽视。但在货币实缴出资环节,要依法及时缴纳印花税,避免因为小的金额而产生大的麻烦。

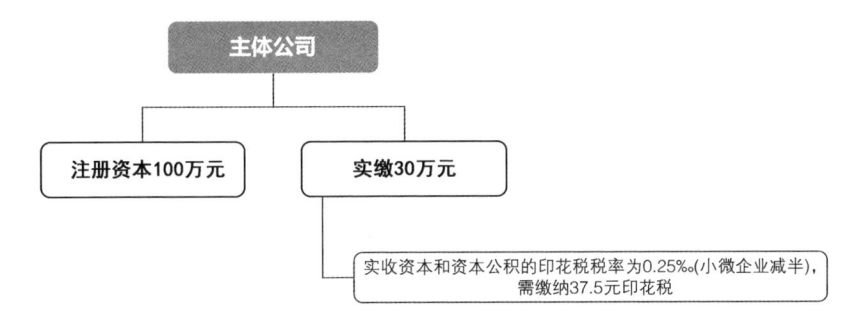

```
                主体公司
                   │
         ┌─────────┴─────────┐
    注册资本100万元        实缴30万元
                              │
                    实收资本和资本公积的印花税税率为0.25‰(小微企业减半),
                              需缴纳37.5元印花税
```

2.2 个人非货币出资之一:正常纳税

案例背景

赵先生以其持有的深圳 A 公司 100% 的股权向境内 B 公司出资,取得 B 公司 20% 的股权。作价投资时,赵先生持有的 A 公司股权的公允价值为 100 万元,取得 A 公司股权时原值为 50 万元。

问题：以非货币性资产投资应如何计算并缴纳相关税费？如果需要缴税但现金流紧张，是否有照顾性政策？

案例分析

虽然货币出资是最常见的出资方式，但现实中，由于现金流不足或其他因素，股东也常常用非货币性资产出资。非货币出资的基本逻辑是，股东将其所有的资产的所有权（特定资产的使用权）转让给公司，以换取公司的股权。一句话总结就是以资产换股权。

《公司法》第四十八条规定：股东可以用货币出资，也可以用实物、知识产权、土地使用权、股权、债权等可以用货币估价并可以依法转让的非货币财产作价出资；但是，法律、行政法规规定不得作为出资的财产除外。

《财政部 税务总局关于个人非货币性资产投资有关个人所得税政策的通知》（财税〔2015〕41号）（以下简称41号公告）明确：非货币性资产，是指现金、银行存款等货币性资产以外的资产，包括股权、不动产、技术发明成果以及其他形式的非货币性资产。

在新修订的《公司法》中，股权第一次被放入了明确列示的非货币出资方式中。然而股权作为非货币出资的明确形式，2015年在税务层面就已经被认可了。

根据《公司法》的规定，用来出资的非货币性资产需要满足两个基本条件：可用货币估价＋可依法转让。与货币出资不同，非货币出资涉及转让非货币性资产，于是就产生了潜在的相对复杂的涉税问题。

根据41号公告，个人以非货币性资产投资，属于个人转让非货币性资产和投资同时发生。对个人转让非货币性资产的所得，应按照"财产转让所得"项目依法计算缴纳个人所得税。

所以，非货币出资在税务上相当于先将非货币性资产转让，再用转让所得的价款进行出资。如此，非货币出资个人所得税核心的纳税环节发生在转让非货币性资产的时候。如果转让非货币性资产产生所得，就需要缴纳相应的财产转让所得的个人所得税。

税费测算

假设赵先生在投资过程中发生了与股权转移相关的税费250元，资产评估费为 1 万元。

转让非货币性资产的应纳税所得额＝1 000 000－500 000－250－10 000＝489 750(元)

转让资产应缴纳的个人所得税＝489 750×20％＝97 950(元)

假设 2024 年年底,赵先生仍持有原来的股权,B 公司盈利并分红,赵先生取得 B 公司分红 8 万元。

应缴纳的个人所得税＝8×20％＝1.6(万元)

赵先生有两种申报纳税的方式：一种是自行申报,另一种是由 B 公司为其代扣代缴税款并申报。

政策依据

《财政部 税务总局关于个人非货币性资产投资有关个人所得税政策的通知》(财税〔2015〕41 号)

案例总结

货币出资是最常见的出资形式,非货币出资最终也会转化为货币出资的形式,相当于先转让非货币性资产以取得货币。税法上很多关于非货币性资产的问题可以用该处理方式来解决。

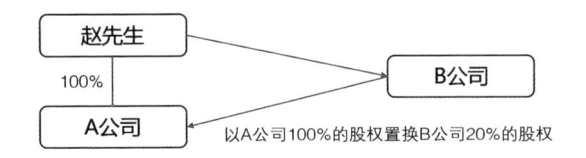

2.3 个人非货币出资之二：分期纳税

案例背景

接例 2.2,赵先生用其持有的 A 公司的股权向 B 公司出资取得 B 公司 20％的股权,需要缴纳约 9.8 万元个人所得税。由于赵先生现金紧张,因此其选择了以非货币性资产的股权作为出资方式,没想到依然面临需要缴税的困境。

问题：需要缴税但现金流紧张,是否有照顾性政策？

案例分析

个人以非货币出资,在视同转让非货币性资产的环节如果产生所得,就需要缴纳相应的个人所得税。缴税需要真金白银,但是该非货币性资产出资的过程却没有得到真金白银,这就面临需要缴税却没有取得纳税所必需的资金的尴尬。

个人非货币出资个人所得税政策制定的初衷是鼓励和引导民间个人投资,没钱缴税的尴尬会让很多个人投资者望而却步。(本书第 8 章企业重组中涉及的税务问题与之类似,解决的办法是明确特殊性税务处理的相关规则。)

实务中,个别非货币性资产投资者如果存在现金流不足的情况,可以分期缴纳税款。根据 41 号公告第三条,纳税人一次性缴税有困难的,可以合理确定分期缴纳计划并报主管税务机关备案后,自发生上述应税行为之日起不超过 5 个公历年度内(含)分期缴纳个人所得税。

纳税人需要制订分期缴纳计划,根据计划填写"非货币性资产投资分期缴纳个人所得税备案表",并提供纳税人身份证明、投资协议、非货币性资产评估价格证明材料、能够证明非货币性资产原值及合理税费的相关资料,于取得被投资企业股权之日的次月 15 日内报主管税务机关备案。完成备案后,纳税人可以自发生非货币性资产投资行为之日起不超过 5 个公历年度内(含)分期缴纳个人所得税。

税费测算

具体来说,赵先生本次股权出资需要缴纳的个人所得税为 9.8 万元,可以自行制订一个分期纳税的计划。比如分 5 年均匀缴税,每年缴税金额为 1.96 万元。

需要注意的是,41 号公告中只规定了最长 5 年的纳税期限,并没有要求每期缴税金额相同。纳税人可以根据自己的现金流情况,合理制订纳税计划。前期现金不足的,可以制订前面几年少缴税,后面几年多缴税的计划。

案例总结

根据 41 号公告,分期缴税政策是对于现金流不足的纳税人的一项税费支持政策,如果非货币性资产投资交易过程中取得现金补价的或者个人在分期缴税期间转让其持有的全部或部分股权并取得现金收入的,取得的现金收入就应优先用于缴税。由于非货币出资涉及的税务问题相比货币出资更为复杂,因此个人在采用非货币出资前要详细了解相关政策,并做好充分的纳税准备。

2.4 个人非货币出资之三：递延纳税

案例背景

自然人钱某为机械领域专家，拥有多项相关的专利技术，其好友孙某在某大型机械制造企业担任高管多年，拥有丰富的行业运营及营销经验。钱某、孙某二人筹划共同成立一家机械设计类的公司，注册资本为 400 万元。孙某以货币 200 万元出资，占股 50%。钱某以其 2 个专利出资。经评估，钱某的专利价值为 200 万元，占股也为 50%。

问题：钱某以专利出资如何进行个人所得税处理？

案例分析

前面的案例中已经讲解了个人非货币性资产出资个人所得税处理的基本原理，即视同先转让非货币性资产，再以转让所得进行出资，因此要以财产转让所得项目缴纳相应的个人所得税。但是由于出资视同转让非货币性资产的过程并未取得用以缴税的现金，因此 41 号公告规定了针对个人非货币出资可以申请分期缴纳个人所得税的政策。

分期缴纳虽然可以缓解纳税压力，但是毕竟需要在 5 年内缴纳，纳税压力依然存在。《财政部 国家税务总局关于完善股权激励和技术入股有关所得税政策的通知》（财税〔2016〕101 号）针对技术入股专门规定了更为特殊的处理方式，即个人以技术成果投资入股境内居民企业，被投资企业支付的对价全部为股票（权）的，个人可以选择继续按现行有关税收政策执行（5 年内分期纳税），也可以选择适用递延纳税优惠政策。选择技术成果投资入股递延纳税政策的，经向主管税务机关备案，投资入股当期可暂不纳税，允许递延至转让股权时，按股权转让收入减去技术成果原值和合理税费后的差额计算缴纳所得税。

税费测算

本案例中，钱某用来出资的专利属于典型的技术成果①，符合递延纳税的条

---

① 技术成果是指专利技术（含国防专利）、计算机软件著作权、集成电路布图设计专有权、植物新品种权、生物医药新品种，以及科技部、财政部、国家税务总局确定的其他技术成果。

件。因此，钱某用专利出资的个人所得税的处理可以有三种方式。假设专利原值为 50 万元，合理税费为 2 万元。

（1）在出资时纳税：

应纳个人所得税＝(200－50－2)×20％＝29.6（万元）

（2）分 5 年纳税。

（3）出资时不纳税，递延至钱某转让股权时纳税。

无论钱某选择哪种方式，均允许公司按照专利入股时的评估价值 200 万元入账并在企业所得税前摊销扣除。

如果钱某选择递延纳税，被投资公司就应于取得专利并支付股权的次月 15 日内向主管税务机关报送"技术成果投资入股个人所得税递延纳税备案表"、技术成果相关证书或证明材料、技术成果投资入股协议、技术成果评估报告等资料。

政策依据

《财政部 国家税务总局关于完善股权激励和技术入股有关所得税政策的通知》(财税〔2016〕101 号)

《国家税务总局关于股权激励和技术入股所得税征管问题的公告》(国家税务总局公告 2016 年第 62 号)

案例总结

税收优惠政策有其严格的适用条件，实务中关于出资的资产是否属于技术成果，纳税人不能凭借自己的主观判断，而应该严格按照相关政策执行。

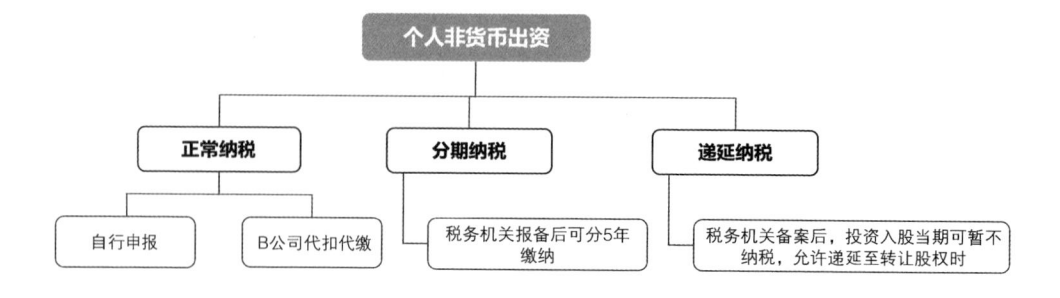

```
个人非货币出资
├── 正常纳税
│   ├── 自行申报
│   └── B公司代扣代缴
├── 分期纳税
│   └── 税务机关报备后可分5年缴纳
└── 递延纳税
    └── 税务机关备案后，投资入股当期可暂不纳税，允许递延至转让股权时
```

2.5 "货不真价不实"的专利出资的麻烦

案例背景

2023年周先生和朋友一起注册成立A公司,该公司注册资本为500万元,周先生认缴出资200万元,占股40%。之后不久,新修订的《公司法》在2023年年底颁布,自2024年7月1日起实施。随着注册资本认缴期限的缩短,周先生的出资压力增加。听朋友说专利可以实缴,周先生便于2024年8月以10万元购得一项专利,通过第三方评估机构将此专利评估为200万元并完成出资,该过程发生中介费、评估费等合计2万元。周先生选择递延纳税政策并按相关规定完成备案。由于A公司并未按预期实现盈利,因此周先生想投资做别的生意,遂按照专利的购入价10万元转让其持有的A公司40%的股权。税务机关认为周先生转让股权的价格不合理,于是按照周先生持股比例对应的账面净资产180万元核定股权转让收入为180万元,并要求周先生缴纳个人所得税。

案例分析

新修订的《公司法》施行后,专利出资成为比较"火爆"的出资方式。如例2.4所示,专利出资本身是合法的,但实务中很多人用来出资的专利本身的价值与出资的金额相比却严重不足。专利出资选择采用递延纳税的方式后,出资过程不纳税,递延至股权转让时纳税。(关于股权转让的具体案例,在本书第6章中会详细讲解。)

按照周先生设定的股权转让价格,不会产生所得,也不会涉及个人所得税。但股权转让价格并非纳税人可以随意确定的,当股权转让价格明显偏低且无正当理由时,税务机关有权进行核定。

税费测算

由于税务机关将股权转让价格核定为180万元,因此股权转让产生应税所得。周先生应缴纳个人所得税=(180-10-2)×20%=33.6(万元)

《公司法》规定,对作为出资的非货币财产应当评估作价,核实财产,不得高估或者低估作价。周先生用专利出资明显为高估作价,需要承担的责任如下:

(1)向公司足额缴纳出资;(2)对给公司造成的损失承担赔偿责任;(3)公司经董事会决议可以向周先生发出失权通知,周先生丧失出资不实部分对应的股权。

《公司法》规定:有限责任公司设立时,股东未按照公司章程规定实际缴纳出资,或者实际出资的非货币财产的实际价额显著低于所认缴的出资额的,设立时的其他股东与该股东在出资不足的范围内承担连带责任。因此,A公司设立时的其他股东与周先生在出资不足的范围内承担连带责任。

政策依据

《中华人民共和国公司法》

案例总结

专利出资可以解决出资现金不足的问题,还可以选择递延纳税的方式,但一定要确保用来出资的专利是货真价实的专利,而非根据实际需要任意评估价值的专利。不实出资不但要承担补足出资以及与之相关的法律责任,没有解决出资问题,反而可能直接失去股权。

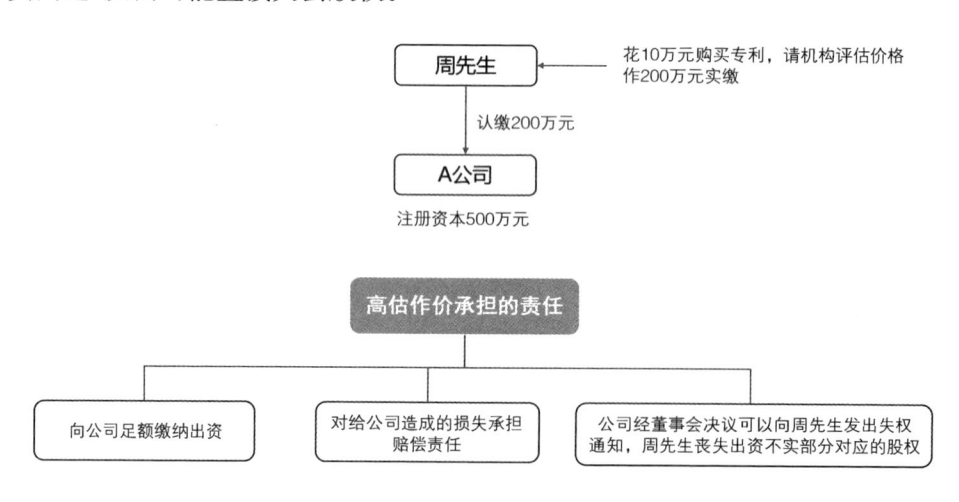

```
        ┌─────────┐    花10万元购买专利,请机构评估价格
        │ 周先生  │────作200万元实缴
        └────┬────┘
         认缴200万元
             ↓
        ┌─────────┐
        │  A公司  │
        └─────────┘
        注册资本500万元


        ┌──────────────────────┐
        │  高估作价承担的责任  │
        └──────────┬───────────┘
      ┌────────────┼────────────┐
┌──────────┐ ┌──────────┐ ┌────────────────────┐
│向公司足额│ │对给公司造成│ │公司经董事会决议可以│
│缴纳出资  │ │的损失承担  │ │向周先生发出失权通知│
│          │ │赔偿责任    │ │,周先生丧失出资不实 │
│          │ │            │ │部分对应的股权      │
└──────────┘ └──────────┘ └────────────────────┘
```

2.6 不动产出资可能涉及多个税种

案例背景

A公司为一家房地产开发企业,增值税一般纳税人,2016年12月以自行开

发后自用 2 年的一栋房产(该房产于 2014 年竣工)评估作价 4 000 万元入股增值税一般纳税人 B 公司,取得 B 公司 30％的股权。A 公司用以投资的房产已交付 B 公司使用,暂时未完成权属变更手续。

问题:已经交付但尚未变更不动产权属的房产投资是否属于出资完成?A 公司以房产投资会涉及哪些税?

案例分析

1. 关于是否完成出资的问题

非货币出资的本质是以资产换股权。《中华人民共和国民法典》物权编规定,不动产物权的设立、变更、转让和消灭,应当依照法律规定登记。所以,房产作为不动产,其所有权的变动以登记作为要件。本案例中,在只完成交付但尚未变更登记的情况下,A 公司的出资义务并未实际履行完毕。

2. 关于不动产出资涉税的问题

投资方涉及增值税(及城市维护建设税)、土地增值税、企业所得税和印花税。被投资方涉及契税和印花税。

税费测算

1. 投资方 A 公司

(1)增值税:用房产投资属于销售不动产。增值税一般纳税人转让其 2016 年 4 月 30 日前自建的不动产,可以选择适用简易计税方法计税,以取得的全部价款和价外费用为销售额,按照 5％的征收率计算应纳税额。本案例中,A 公司投资入股的房产为 2016 年 4 月 30 日前自建,因此,A 公司需缴纳增值税 190.48 万元[4 000÷(1+5％)×5％],税费测算暂不考虑城市维护建设税及附加。

(2)土地增值税:以房产投资入股是否涉及土地增值税,主要看投资主体及被投资企业是否为房地产企业。本案例中,投资方 A 公司为房地产开发企业,不适用土地增值税暂不征税的政策。假定该房产允许扣除项目金额为 2 900 万元(包括取得土地使用权所支付的金额、旧房及建筑物的评估价格、评估费用,与转让房地产有关的城市维护建设税、教育费附加、地方教育附加和印花税),则 A 公司应缴纳土地增值税 272.86 万元{[4 000÷(1+5％)−2 900]×30％}。

注:如果投资方和被投资方均不是房地产开发企业,则可以享受土地增值税暂不征收的政策。

(3)企业所得税：企业将开发的产品用于对外投资等行为应视同销售，于开发产品所有权或使用权转移，或于实际取得权利时确认收入（或利润）的实现。

(4)印花税：企业以房地产投资入股属于财产所有权的转移，根据印花税的相关规定应当按"产权转移书据"税目征收印花税，投资双方均要按 0.5‰ 的税率缴纳印花税。假设双方签订的合同未分别注明不含税金额和增值税税额，A 公司需缴纳印花税 2 万元（4 000×0.5‰）。

2. 被投资方 B 公司

(1)契税：假定契税税率为 3%，B 公司应缴纳契税 114.29 万元[4 000÷(1+5%)×3%]。

(2)印花税：投资双方均按照"产权转移书据"税目缴纳印花税，B 公司也要缴纳印花税 2 万元。

政策依据

《中华人民共和国民法典》第二百零八条

《国家税务总局关于发布〈纳税人转让不动产增值税征收管理暂行办法〉的公告》（国家税务总局公告 2016 年第 14 号）

《关于继续实施企业改制重组有关土地增值税政策的公告》（2023 年第 51 号）

案例总结

不动产出资涉及的税费问题相对复杂，尤其是投资方和被投资方存在房地产开发企业时，要做好土地增值税的事前规划；此外，还要做好不动产的所有权变更登记，只有完成变更登记才算出资到位。

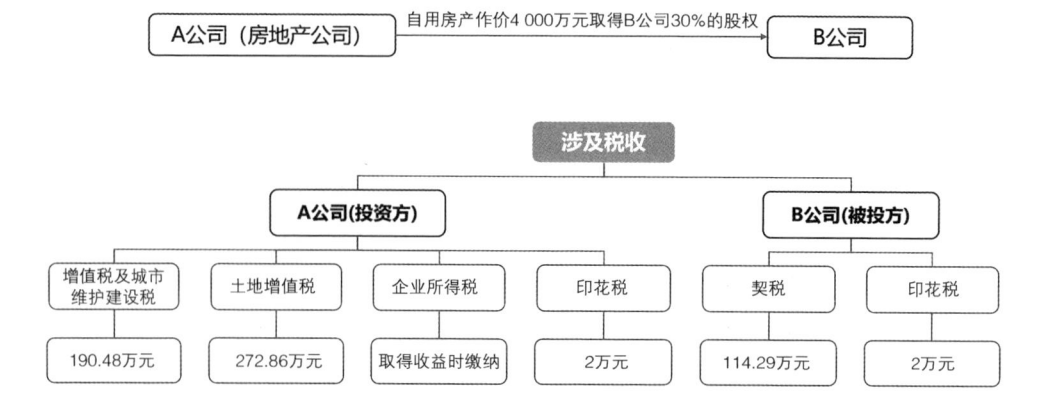

| A公司（房地产公司） | →自用房产作价4 000万元取得B公司30%的股权→ | B公司 |

涉及税收

A公司(投资方)
- 增值税及城市维护建设税：190.48万元
- 土地增值税：272.86万元
- 企业所得税：取得收益时缴纳
- 印花税：2万元

B公司(被投方)
- 契税：114.29万元
- 印花税：2万元

2.7 母子公司之间划转出资的税务处理

案例背景

2022年4月,汕头WS集团股份有限公司(以下简称WS集团)发布了《关于向全资子公司划转增资的公告》,要点如下:为整合内部资源、优化资产结构、促进业务发展、提高公司整体经营管理效率,公司拟将母公司现有的部分经营性资产和相关负债(包括部分地块及地上建筑物、光电科技分公司经营的相关固定资产、无形资产、存货等资产及与上述资产相关的债权债务)按以2022年3月31日为基准日的账面净值合计人民币54 058.17万元通过增资方式划转至全资子公司FL公司,划转基准日至划转日期间发生的资产变动情况或出现无法转移的情形将据实调整并予以划转;同时,按照"人随业务、资产走"的原则进行人员安置。在交割日进行资产划转时,公司以划转的净资产向FL公司增加注册资本48 500万元,注册资本由500万元增加至49 000万元。

问题:关于通过划转的方式增资如何进行税务处理?

案例分析

本案例属于母公司向全资子公司划转增资。截至2022年3月31日,拟划转资产情况如下表所示。

拟划转资产

单位:元

项　　目	账面原值	累计折旧	账面价值	评估价值
无形资产	36 822 263.56	10 759 181.76	26 063 081.80	124 288 067.00
固定资产	675 785 936.37	215 555 852.84	460 230 083.53	510 486 133.08
存货	83 597 303.03	45 150 643.57	38 446 659.46	41 813 782.18
预付款项	350 782.46		350 782.46	350 782.46
应收款项	18 023 202.55	7 401 867.93	10 621 334.62	10 621 334.62
其他资产	8 367 076.55		8 367 076.55	7 377 808.32

续　表

项　目	账面原值	累计折旧	账面价值	评估价值
应付账款	3 497 272.08		3 497 272.08	3 497 272.08
净资产	819 449 292.44	278 867 546.10	540 581 746.34	691 440 635.38

母公司按照账面净值合计 54 058.17 万元进行划转，不涉及增值，故本次划转采用特殊性税务处理。

《财政部 国家税务总局关于促进企业重组有关企业所得税处理问题的通知》明确，对 100% 直接控制的居民企业之间，以及受同一或相同多家居民企业 100% 直接控制的居民企业之间按账面净值划转股权或资产，凡具有合理商业目的，不以减少、免除或者推迟缴纳税款为主要目的，股权或资产划转后连续 12 个月内不改变被划转股权或资产原来实质性经营活动，且划出方企业和划入方企业均未在会计上确认损益的，可以选择按以下规定进行特殊性税务处理：(1) 划出方企业和划入方企业均不确认所得；(2) 划入方企业取得被划转股权或资产的计税基础，以被划转股权或资产的原账面净值确定；(3) 划入方企业取得的被划转资产，应按其原账面净值计算折旧扣除。

假设本案例满足特殊性税务处理的其他条件，选择适用特殊性税务处理，按照账面净值对子公司进行增资，不涉及价款的支付，具体税务处理如下：(1) WS集团和 FL 公司均不确认所得；(2) FL 公司取得 WS 集团资产的计税基础，以被划转资产的原账面净值确定；(3) FL 公司取得的被划转固定资产，按照原账面净值 460 230 083.53 元进行折旧，无形资产按照原账面净值 26 063 081.80 元进行摊销。

政策依据

《财政部 国家税务总局关于促进企业重组有关企业所得税处理问题的通知》(财税〔2014〕109 号)

案例总结

母公司按照资产划转的方式对全资子公司出资（增资），在满足特定条件的情况下，可适用特殊性税务处理。（关于特殊性税务处理的详细案例讲解将在本书第 8 章呈现。）

2.8 留存收益转增注册资本的税务处理

案例背景

广东 YS 服装销售有限公司（以下简称 YS 公司）成立于 2020 年。2024 年 4 月，由于业务需要，YS 公司拟将注册资本从 4 000 万元增加至 8 000 万元。由于 YS 公司自成立以来盈利情况良好，因此本次增资的 4 000 万元以留存收益转增注册资本的方式实现。截至 2024 年 4 月，YS 公司的股东只有其老板冯总夫妻二人。

问题：留存收益转增实收资本是否需要缴税？

案例分析

留存收益的本质就是公司经营过程中产生的利润在缴纳企业所得税后留存在公司的部分，分为盈余公积和未分配利润。所以，留存收益本质上是公司的钱，而注册资本也是公司的钱，看起来留存收益转增注册资本就是钱从公司的左口袋进入公司的右口袋，似乎是不需要缴税的。这也是很多老板的第一反应，觉得公司的钱就是老板的钱，用公司留存的利润转增公司的注册资本，没有缴税的必要。但事实并非如此，问题就在于，用来缴纳公司注册资本的钱应该由公司来付，还是应该由股东来付。

股东出资的本质就是股东以自己的资产来交换股东对公司持有的股权，所以出资是股东对公司应当履行的义务。留存收益转增注册资本的本质是留存收益先向股东分配，然后股东用从公司分得的钱来对公司出资。转增的过程可以省掉分配的过程一步到位，但是不能改变留存收益分配给股东的本质。

本案例中，YS 公司的股东冯总夫妻二人为自然人，需要依法缴纳分红所得的个人所得税。

应纳个人所得税＝4 000×20％＝800(万元)

在留存收益转增注册资本的过程中，冯总夫妻二人没有得到资金流入，但依然需要缴纳相应的个人所得税。

考虑到留存收益转增注册资本过程中,个人股东缺乏必要的纳税资金,税务层面对几类特殊的企业制定了优惠政策:

(1)中小高新技术企业:个人股东可以自行制订分期缴税计划,在不超过5个公历年度内分期缴纳,将有关资料报主管税务机关备案。

(2)"新三板"挂牌公司和北交所上市公司:个人股东持股超过1年的,可以享受免税待遇。

(3)除北交所之外的上市公司:个人股东持有的限售股自解禁之日起持股期限超过1年的,可以享受免税待遇。

政策依据

《国家税务总局关于进一步加强高收入者个人所得税征收管理的通知》(国税发〔2010〕54号)

案例总结

留存收益转增注册资本,个人股东要缴税的本质是"公"和"私"的问题,实务中公私不分的老板应格外关注这类问题,避免因为公私不分而承担本不应该由老板承担的责任。如果留存收益转增注册资本对应的股东为有限公司或合伙企业,则基本原理相同,只是适用政策有差异。

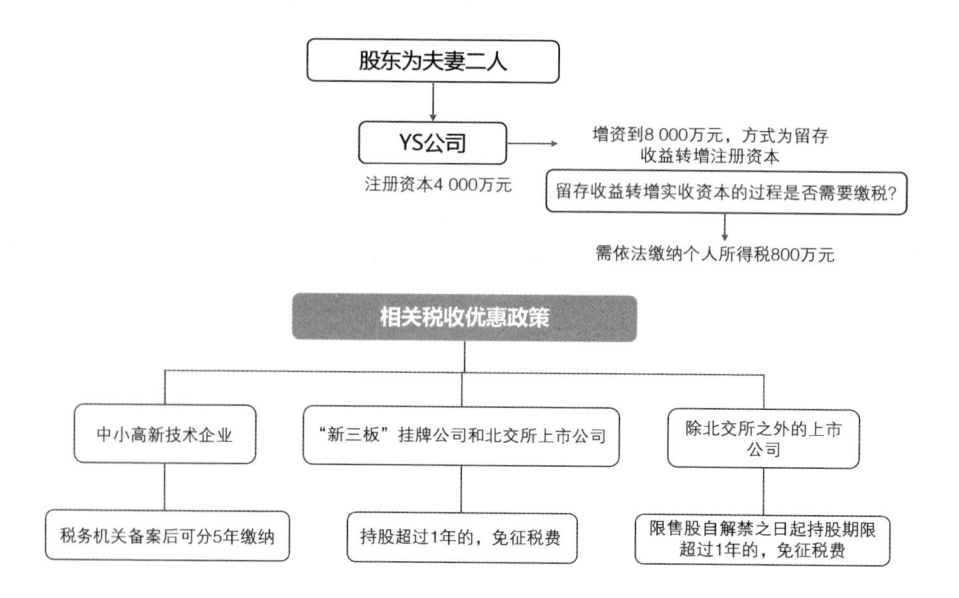

2.9 资本溢价转增注册资本的税务处理

案例背景

丁公司注册资本为 500 万元,由 A、B 两个自然人股东分别持股 60% 和 40%。2023 年,丁公司引入新的投资人 C 公司。投资协议约定,C 公司投资 1 000 万元,其中 500 万元作为公司注册资本,剩余 500 万元作为公司资本公积(资本溢价)。丁公司注册资本增至 1 000 万元,A、B、C 公司的持股比例分别是 30%、20% 和 50%。2024 年年底,丁公司股东会决定将 C 公司出资形成的 500 万元资本公积(资本溢价)按股东持股比例转增注册资本,即股东 A、B、C 公司分别转增注册资本 150 万元、100 万元、250 万元。

问题:A、B 两个自然人股东和 C 公司在本次资本公积转增注册资本的过程中是否需要缴纳个人所得税?

案例分析

1. A、B 两个自然人股东

根据国税发〔2010〕54 号文,对以未分配利润、盈余公积和除股票溢价发行外的其他资本公积转增注册资本和股本的,要按照"利息、股息、红利所得"项目,依据现行政策规定计征个人所得税。

出资形成的资本溢价与股票溢价发行形成的溢价的本质相同,因此 A、B 两个自然人股东在本次转增过程中无须缴纳个人所得税。

也有观点认为,只有股份公司才会有"股票溢价"的概念,因此"资本公积——资本溢价"转增注册资本需要缴纳个人所得税。

实务中遇到类似问题要与主管税务机关沟通以明确相应的税务处理,得到其认可。

2. 法人股东 C 公司

根据国税函〔2010〕79 号文,被投资企业将股权(票)溢价所形成的资本公积转为股本的,不作为投资方企业的股息、红利收入,投资方企业也不得增加该项长期投资的计税基础。

该政策明确无论是股权溢价还是股票溢价形成的资本公积转增股本,都不作为投资企业的收入，因此不涉及企业所得税，只是转增注册资本后，C公司持有丁公司股权的计税基础保持不变，不会因为转增注册资本而增加。

政策依据

《国家税务总局关于贯彻落实企业所得税法若干税收问题的通知》（国税函〔2010〕79号）

《国家税务总局关于进一步加强高收入者个人所得税征收管理的通知》（国税发〔2010〕54号）

案例总结

实务中对同一税务问题在适用政策时可能会出现争议或分歧，应重视与主管税务机关的沟通。同时，掌握争议项下不同观点的政策逻辑，也可以努力争取对自身更为有利的税务处理方式。

第 3 章

谁来当股东,结果很不一样

公司成立前,通常要做股权架构设计,其中有一个重要的问题就是谁来当股东。常见的股东类型有自然人股东、有限公司股东、有限合伙企业股东三种。不同的主体当股东,其税务处理截然不同。

股东从公司获取收益主要有两个渠道:一是从公司的盈利中分红,二是从转让持有的公司股权中获利。在分红的问题上,有限公司作为股东有天然的优势。在转让股权的问题上,个人股东有着最低的法定适用税率。合伙企业股东的税介于个人股东和有限公司股东之间,但因其不分散控制权等优点,在持股领域也有着广泛的应用。用什么主体当股东的问题和选择什么样的市场主体经营的问题,本质是一样的——没有最好的,只有特定情况下最合适的。当情况发生变化时,这种适合性也会发生变化。

有时候,实际出资的股东出于自身不方便或者不愿意等因素,需要找人代持股权,代持股权的人就成了工商登记中的显名股东,实际出资人成为隐名股东。代持股权的税务处理因个人代持或公司代持而有所不同。代持过程中双方都要承担相应的责任,面临一定的风险。隐名股东走到台前的股权代持还原过程的税务处理在实务中有一定的争议。

本章共有 10 个案例,主要讲解了不同主体当股东的税务处理问题、股权代持及还原的税务处理问题,以及股权架构中的税务问题。

第 3 章案例列表

序　号	标　　题
019	个人股东分红和股权转让如何纳税
020	公司股东分红和股权转让如何纳税
021	合伙股东分红和股权转让如何纳税
022	个人代持股东收益的纳税问题
023	公司代持股东收益的纳税问题
024	从形式课税角度看代持还原是否缴税
025	从实质课税角度看代持还原是否缴税
026	股权代持中的隐名股东被判偷税罪
027	非律师合伙人致律所执照被吊销
028	夫妻百分百持股股权的权属如何判断

3.1 个人股东分红和股权转让如何纳税

案例背景

2019 年,陈先生与丙公司共同成立了一家物业管理公司(以下简称物业公司),注册资本为 500 万元。其中:陈先生出资 200 万元,持股 40%;丙公司出资 300 万元,持股 60%。2020 年度,物业公司累计产生税后利润 500 万元,其中 400 万元可以向股东分配,公司股东会议决定将其中的 300 万元向股东分配,陈先生分得 120 万元。2021 年 4 月,陈先生将其持有的物业公司 15% 的股权作价 200 万元转让给楚先生。2024 年,物业公司业务严重萎缩,股东会决定将公司注销,陈先生收回 80 万元。

问题:陈先生取得分红、股权转让收益、注销时收回的资金应该如何缴纳个人所得税？

案例分析

《中华人民共和国个人所得税法》规定，个人取得的"利息、股息、红利所得"和"财产转让所得"应当缴纳个人所得税。

1. 取得分红

本案例中，陈先生取得的分红属于"利息、股息、红利所得"，以每次收入额为应纳税所得额，适用20%的个人所得税税率。

分红收益应纳个人所得税＝120×20%＝24（万元）

2. 取得股权转让收益

转让股权取得的收益属于财产转让所得，以转让股权的收入额减除股权原值和合理费用后的余额为应纳税所得额，适用20%的个人所得税税率。

股权转让收益应纳个人所得税＝(200－200×15%÷40%)×20%＝25（万元）

3. 注销时收回资金

公司注销时，陈先生持有的物业公司股权比例为25%，对应的投资成本为125万元（200×25%÷40%），收回投资产生的收益为－45万元（80－125），本质上就是投资亏本了，不涉及个人所得税。但其亏损的部分不能抵减其他环节应缴纳的个人所得税。

政策依据

《中华人民共和国个人所得税法》

案例总结

个人出资成立公司后，其从公司取得的收益主要来自两个方面：一是公司的税后利润向个人股东分红，个人股东取得分红收益；二是个人转让其持有的公司股权，取得转让收益。无论哪一种收益，个人股东都应该按照20%的税率缴纳个人所得税。

公司注销时，个人投资者从公司分得的收益，也要纳税。如果没有收益，就无须纳税，但也无法扣减其他项目的个人所得税。

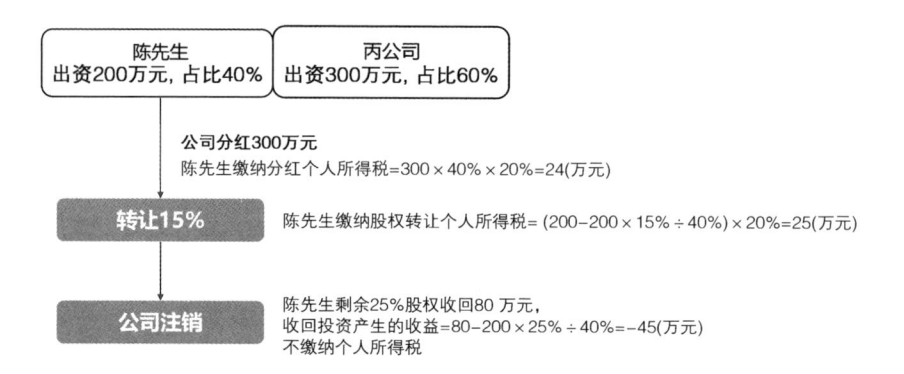

```
┌─────────────────────┐    ┌─────────────────────┐
│      陈先生          │    │      丙公司          │
│ 出资200万元,占比40%  │    │ 出资300万元,占比60%  │
└──────────┬──────────┘    └─────────────────────┘
           │
           │  公司分红300万元
           │  陈先生缴纳分红个人所得税=300×40%×20%=24(万元)
           ▼
      ┌─────────┐
      │ 转让15%  │   陈先生缴纳股权转让个人所得税=(200−200×15%÷40%)×20%=25(万元)
      └────┬────┘
           │
           ▼
      ┌─────────┐   陈先生剩余25%股权收回80万元,
      │ 公司注销 │   收回投资产生的收益=80−200×25%÷40%=−45(万元)
      └─────────┘   不缴纳个人所得税
```

3.2 公司股东分红和股权转让如何纳税

案例背景

接例 3.1,公司股东会议决定将可向股东分配的 400 万元中的 300 万元向股东分配,其中丙公司分得 180 万元。2021 年 4 月,丙公司将其持有的物业公司 30% 的股权作价 400 万元转让给丁公司。2024 年,物业公司业务严重萎缩,股东会决定将公司注销,丙公司收回 96 万元。

问题:丙公司取得物业公司分红、股权转让收益、注销时收回的资金如何缴纳企业所得税?

案例分析

《中华人民共和国企业所得税法》规定,企业以货币形式和非货币形式从各种来源取得的收入,为收入总额,包括转让财产收入、股息、红利等权益性投资收益等。企业每一纳税年度的收入总额,减除不征税收入、免税收入、各项扣除以及允许弥补的以前年度亏损后的余额,为应纳税所得额。符合条件的居民企业之间的股息、红利等权益性投资收益为免税收入。

注:上述免税收入指的是居民企业直接投资于其他居民企业取得的投资收益,不包括连续持有居民企业公开发行并上市流通的股票不足 12 个月取得的投资收益。

1. 丙公司取得分红

丙公司从物业公司取得的分红,符合居民企业直接投资于其他居民企业的投资收益,属于免税收入,因此该部分分红无须缴纳企业所得税。

2. 丙公司取得股权转让收入

丙公司取得股权转让收入产生所得为 250 万元(400－150),应纳企业所得税为 62.5 万元(250×25%)。

3. 物业公司注销时收回资金

物业公司注销时收回资金对应的投资成本为 150 万元(300×30%÷60%),收回 96 万元,属于亏本,亏损金额为 54 万元。

因为企业所得税的应纳税所得额是以年度为单位进行计算,所以丙公司收回投资的亏损可以抵减 2024 年度的盈利,产生亏损抵税的效果。

政策依据

《中华人民共和国企业所得税法》
《中华人民共和国企业所得税法实施条例》

案例总结

在公司持股情况下,从被投资企业取得的分红可以享受免税待遇,相比于个人股东需要按照 20% 的比例缴纳个人所得税,公司持股更有利,但持股公司取得的分红分配给其个人股东时,依然要按照分红的税率缴纳个人所得税。公司持股产生的股权转让收益需要按照 25% 的税率缴纳企业所得税,看似比个人的财产转让所得 20% 的税率高,但公司是以年为单位纳税,其他业务产生的亏损可以用来抵减利润,而个人股权转让是以次为单位纳税,每次交易独立纳税。在税的层面,是公司持股更优还是个人持股更优,需要视具体情况而定。

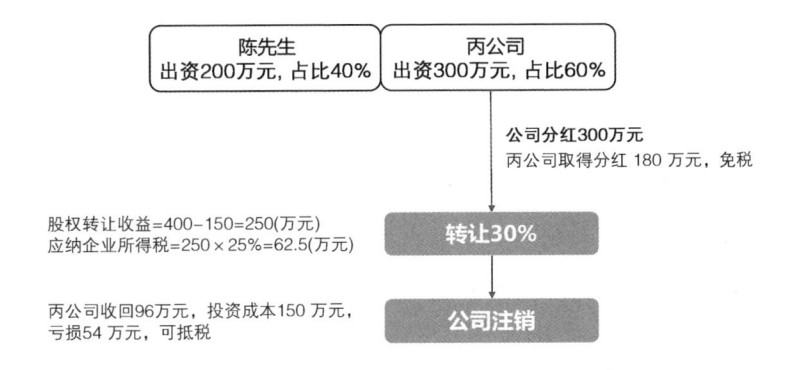

```
陈先生                    丙公司
出资200万元,占比40%       出资300万元,占比60%
                              │
                              │ 公司分红300万元
                              │ 丙公司取得分红 180 万元,免税
股权转让收益=400-150=250(万元)
应纳企业所得税=250×25%=62.5(万元)    转让30%

丙公司收回96万元,投资成本150 万元,     公司注销
亏损54万元,可抵税
```

3.3 合伙股东分红和股权转让如何纳税

案例背景

2019年,陈先生与丙公司、A合伙企业共同成立一家物业管理公司(以下简称物业公司),注册资本为500万元,其中:陈先生出资200万元,持股40%;丙公司出资200万元,持股40%;A合伙企业出资100万元,持股20%。

2020年度,物业公司累计产生税后利润500万元,其中400万元可以向股东分配。公司股东会议决定,将其中的300万元向股东分配,A合伙企业分得60万元。

2021年4月,A合伙企业将其持有的物业公司10%的股权作价130万元转让。2024年,物业公司业务严重萎缩,股东会决定将公司注销,A合伙企业收回32万元。

问题: A合伙企业取得物业公司分红、股权转让收益、注销时收回的资金如何纳税?

案例分析

《中华人民共和国合伙企业法》规定,合伙企业的生产经营所得和其他所得,按照国家有关税收规定,由合伙人分别缴纳所得税。因此,合伙企业不是所得税的纳税主体,以每一个合伙人为纳税义务人。合伙企业的合伙人是自然人的,缴纳个人所得税;合伙企业的合伙人是法人和其他组织的,缴纳企业所得税。

合伙企业生产经营所得和其他所得采取"先分后税"的原则,原因在于,合伙企业中的合伙人是所得税的纳税主体,必须先将所得分配给合伙人,合伙人才能有计税的依据,从而才能缴纳所得税。所以,与其说合伙企业采用"先分后税",倒不如说合伙企业必须"先分后税"。

合伙企业对外投资分回的利息或者股息、红利,不并入企业的收入,而应单独作为投资者个人取得的利息、股息、红利所得,按"利息、股息、红利所得"应税项目计算缴纳个人所得税。因此,A合伙企业取得的60万元分红,由其个人合伙人按照其持有的财产份额的比例分得的部分按照20%的税率缴纳个人所得税。

A合伙企业取得的股权转让收益和物业公司注销时收回的资金,并入A合伙企业的经营所得,由其个人合伙人按照 5%～35% 的经营所得税税率缴纳个人所得税。需要注意的是,A 合伙企业的经营所得,既包括其分配给合伙人的所得,也包括当年利润留存的部分,即不论是否向合伙人分配,合伙人均应纳税。

A 合伙企业应在次年的 3 月 31 日前汇总当年的经营所得,按照"先分后税"的原则,计算个人合伙人应当缴纳的个人所得税,向主管税务机关代为申报缴纳。

政策依据

《中华人民共和国合伙企业法》第六条

《财政部 国家税务总局关于合伙企业合伙人所得税问题的通知》(财税〔2008〕159 号)

《国家税务总局关于〈关于个人独资企业和合伙企业投资者征收个人所得税的规定〉执行口径的通知》(国税函〔2001〕84 号)

案例总结

合伙企业的分红收入不并入合伙企业的收入,直接由合伙人纳税。合伙企业的股权转让收益则要并入合伙企业的收入,按照"先分后税"的原则纳税。

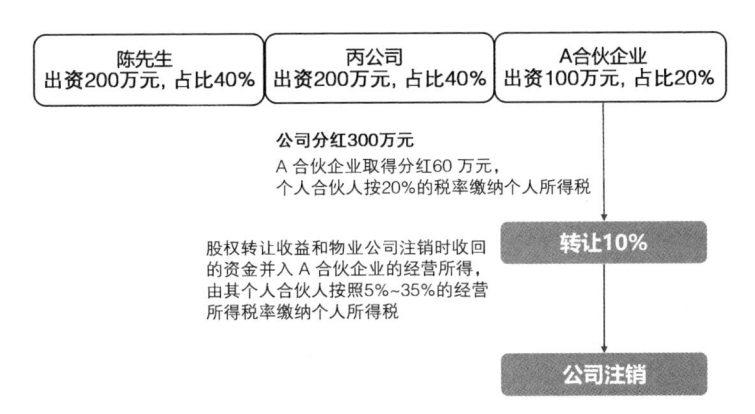

```
陈先生                丙公司                A合伙企业
出资200万元,占比40%   出资200万元,占比40%   出资100万元,占比20%

             公司分红300万元
             A 合伙企业取得分红60 万元,
             个人合伙人按20%的税率缴纳个人所得税

                                          转让10%

             股权转让收益和物业公司注销时收回
             的资金并入 A 合伙企业的经营所得,
             由其个人合伙人按照5%~35%的经营
             所得税率缴纳个人所得税
                                          公司注销
```

3.4 个人代持股东收益的纳税问题

案例背景

股权一般情况下是由实际的出资人享有的,但实务中,出于种种原因,股权代持的现象十分常见。在代持关系中，隐名股东作为实际出资人，享有投资收益，而该投资收益要转经显名股东之手来实现。

上海DH管理咨询有限公司（以下简称DH公司）成立于2018年，主营知识付费业务，创始股东为朱先生（持股40%）、秦先生（持股30%）、许女士（持股30%）。出于不方便公开的原因，成立之初许女士的股权由其朋友金女士代持，双方签订了股权代持协议。

问题：许女士和金女士在DH公司股权代持关系中产生的相关收益应该如何纳税？

案例分析

股权代持期间涉及的税务问题主要有三个业务场景：股权代持期间分红、股权代持期间转让全部或部分代持股权、隐名股东走到前台解除代持关系。

1. 股权代持期间分红

假设2019年，DH公司产生税后净利润500万元，经股东会研究决定，其中的400万元向各股东分配，许女士隐名持有的30%的股权分得120万元。由于该30%的股权由金女士代持，因此金女士成为工商登记中的股东，也成为名义上的义务人。

应纳分红个人所得税＝120×20%＝24（万元）

金女士将剩余的款项96万元（120－24）支付给许女士，因该笔款项已经完税，所以许女士拿到后无须再纳税。

2. 股权代持期间转让全部或部分代持股权

假设股权代持期间，金女士接受许女士的指示，将10%的股权转让，取得股权转让净收益84万元。

应纳股权转让个人所得税＝84×20%＝16.8（万元）

金女士将剩余的款项67.2万元（84－16.8）支付给许女士，因该笔款项已经完税，所以许女士拿到后无须再纳税。

3. 隐名股东走到前台解除代持关系

2022年，经许女士和金女士协商一致，解除代持关系。彼时金女士代持的DH公司20%股权的市场价值为200万元，成本为60万元。金女士以60万元的价格将其名义持有的股权转让给许女士。

如果按照60万元作为股权转让价格，则属于平价股权转让，没有产生所得，无须缴纳个人所得税。但在实务中，股权代持还原时平价转股是否合理，主要存在两种观点：一种观点认为,平价转让股权,转让价格明显偏低,且没有正当理由,税务机关有权核定转让价格；另一种观点认为,虽然转让价格明显偏低,但因为是代持还原,有正当理由,所以无须核定收入。实务中要与税务机关沟通确认。

☑ 案例总结

处理股权代持过程中涉税问题的基本原理是,显名股东作为明面上的纳税义务人,要按照税法的规定缴纳相应的所得税。将税后的收益支付给隐名股东,隐名股东无须纳税,否则就会构成重复纳税。

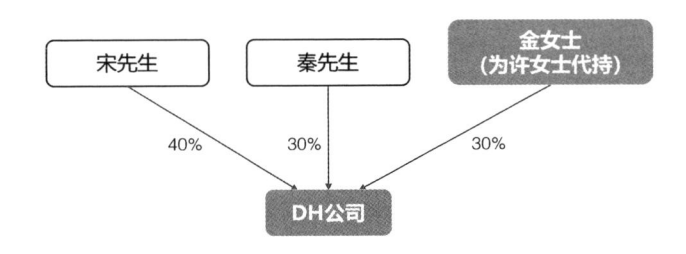

```
    宋先生        秦先生      金女士
                            (为许女士代持)
       \          |          /
        40%      30%       30%
          \      |       /
              DH公司
```

事　项	金女士	许女士
DH 分红	取得分红＝400×30％＝120(万元) 应纳分红个人所得税＝120×20％＝24(万元) 支付许女士余款＝120－24＝96(万元)	无须再纳税
金女士转股 10%	取得股权转让净收益 84 万元 应纳股权转让个人所得税＝84×20％＝16.8(万元) 支付许女士余款＝84－16.8＝67.2(万元)	无须再纳税
剩余 20％解除代持	20％股权市场价 200 万元,成本 60 万元,按 60 万元平价转让,无须纳税 实务中两种观点：(1) 税务机关有权核定转让价格；(2) 无须核定收入	无须再纳税

3.5　公司代持股东收益的纳税问题

📝 案例背景

实务中除了有个人作为代持的显名股东外,公司也常常作为代持的显名股东。SX 服装销售有限公司(以下简称 SX 公司)为注册在云南某少数民族自治县,为当地招商引资的企业。成立之初,SX 公司工商登记的股东有三个,分别是 A 公司(持股 67%)、韩先生(持股 20%)、杨女士(持股 13%)。其中,控股股东 A 公司为名义股东,其所持有股权为代韩先生持有,双方签订了股权代持协议。

问题:A 公司和韩先生在股权代持关系中产生的相关收益应该如何纳税?

案例分析

1. 股权代持期间分红

SX 公司向 A 公司分红,A 公司取得分红款项后转付给韩先生。由于居民企业之间的分红满足免税的条件,因此 SX 公司向 A 公司分红时,不涉及所得税。分红的收益最终由隐名股东韩先生缴纳个人所得税。该类代持分红在税法上没有明确的税务处理规则,实务中主要有三种处理方式:

(1) SX 公司向 A 公司支付分红款时,直接代扣代缴隐名股东韩先生的个人所得税,韩先生拿到税后的分红收益无须纳税。

(2) SX 公司向 A 公司支付分红款时不代扣代缴税款,A 公司向隐名股东韩先生支付分红款时代扣代缴个人所得税。

(3) SX 公司向 A 公司支付分红款、A 公司向韩先生支付分红款时均不代扣代缴税款。韩先生收到款项后,自行申报缴纳个人所得税。

无论采用何种方式,都要确保隐名股东韩先生对分红的收益缴纳个人所得税。

2. 股权代持期间转让全部或部分代持股权

A 公司按照韩先生的指示,转让代持的 SX 公司 16% 的股权,并将转让股权的投资收益支付给韩先生,有两种税务处理思路:

(1) 形式课税:A 公司作为名义股东承担纳税义务,将股权转让收入扣除原值和合理税费后的余额作为股权转让所得,缴纳企业所得税,然后将完税款项支付给韩先生,韩先生不再申报纳税。

(2) 实质课税:A 公司作为名义股东不承担纳税义务,由实际出资人韩先生针对股权转让所得申报缴纳个人所得税。

《国家税务总局关于企业转让上市公司限售股有关所得税问题的公告》明确,因股权分置改革造成原由个人出资而由企业代持的限售股,企业在转让时取得的收入,应作为企业应税收入计算纳税。上述限售股转让收入扣除限售股原值和合理税费后的余额为该限售股转让所得。

一般的公司代持股权转让与上述政策中股权分置改革的背景并不相同,因此并不能完全适用该政策。但从上述条文所体现的思路来看,国家税务总局对该问题的税务处理更倾向于采用形式课税。因政策不明确,实务中遇到该问题时,应积极与主管税务机关沟通。

3. 隐名股东走到前台解除代持关系

A 公司与韩先生协商一致后,向市场监督管理局提出申请,将 A 公司持有的股权变更至实际出资人韩先生名下。对于该过程是否需要视同股权转让缴纳企业所得税,并没有明确的规定,企业需要提供代持相关证据,与主管税务机关沟通。

☑ 案例总结

无论是公司作为名义股东代持股权,还是自然人作为代持股东代持股权,其中涉及的税务问题在现行税收政策下均存在不同的处理方式。代持方应妥善保存好与代持相关的资料,在遇到税务问题时积极与税务机关沟通,争取更为有利的结果。

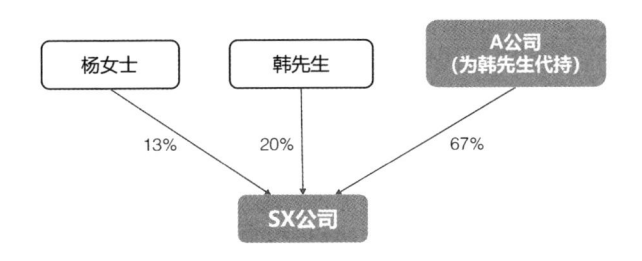

```
杨女士        韩先生      A公司
                        (为韩先生代持)
   13%        20%         67%
              SX公司
```

事　　项		SX 公司	A 公司	韩先生
SX 公司分红		代扣代缴韩先生个人所得税	无须纳税	无须纳税
		无须纳税	代扣代缴韩先生个人所得税	无须纳税
		无须纳税	无须纳税	自行申报缴税
股权转让	形式课税	—	股权转让所得缴纳企业所得税	无须纳税
	实质课税	—	无须纳税	股权转让所得缴纳个人所得税
解除代持		—	无明确规定,与主管税务机关沟通	

3.6 从形式课税角度看代持还原是否缴税

案例背景

2021年9月30日,广东BH医疗科技股份有限公司(以下简称BH公司)在科创板首次公开发行股票招股说明书中披露了发行人代持股的形成原因及解除情况。

BH公司在1999年11月设立时,实际出资人岳某出于工作精力和企业经营风险等因素,暂时难以全身心参与新设公司的经营,也不愿作为显名股东,故委托其表兄马某代持股权,以尽快将公司设立起来。自BH公司设立至2011年5月期间,岳某委托马某代持的股权出资比例为51%。

2011年5月,岳某将与马某之间的代持安排还原为真实持股情况,具体方式是由马某将其持有的BH公司47.4%的股权转让给岳某,转让价格为474万元,岳某将474万元转给马某,之后马某又返还给了岳某;同时,为对马某之前的工作进行奖励,岳某将剩余3.6%股权无偿赠与马某。

案例分析

股权代持还原是否需要视同股权转让缴税,处理方式并不统一。目前实务中,税务机关通常采用的是形式课税的原则,即视同显名股东向隐名股东转让股权,按照股权转让所得,由显名股东承担所得税纳税义务。

厦门市税务局针对《关于降低厦门股权代持关系下实际出资人双重税负的提案》(市政协十三届四次会议第1112号)的答复中指出,显名股东作为登记在股东名册上的股东,可以依股东名册主张行使股东权利,依据《中华人民共和国企业所得税法》《中华人民共和国个人所得税法》,是符合税法规定的转让股权和取得投资收益的纳税人,其取得的股息、红利所得,股权转让所得,应当依法履行纳税义务。

本案例中,经税务局审核后确认,上述股权转让应按照实际转让价格与每股净资产之间的差额核定征收个人所得税139.45万元。2014年1月,马某按规定向税务部门申报缴纳个人所得税,相关税款实际由岳某支付。

案例总结

按照形式课税是目前税务机关对股权代持还原问题相对主流的处理方式。

很多人认为,隐名股东通过代持还原只是拿回了本来就属于自己的东西,针对这种行为征税很不合理。这样的说法在情理上有一定的道理,但是采用逆向思维,站在税收征管的角度,如果在政策端明确股权代持还原不需要纳税,那么各种披着股权代持还原外衣的股权转让行为就会如雨后春笋般冒出来,反而会让本就复杂的股权转让市场变得更加混乱。因此,当前以形式课税原则处理股权代持还原的做法在相当程度上具有合理性。

```
          47.4%代持还原,核定征收个人所得税139.45万元

    ┌─────────┐              ┌─────────┐
    │ 岳某51% │              │ 马某代持 │   剩余3.6%无偿赠与
    └────┬────┘              └─────────┘
         │
         ▼
    ┌─────────┐
    │  BH公司  │
    └─────────┘
```

3.7 从实质课税角度看代持还原是否缴税

案例背景

LX 科技股份有限公司(以下简称 LX 公司)申请创业板上市,最终未能通过,其申报上市的申报文件披露的信息显示,在其股权变更的历史沿革中,存在股权代持还原的事项。由于历史原因,其个人股东张某的股权由赵某代持。后来张某想要解除代持关系,成为名义上的股东,但代持还原的事项与赵某未能达成一致意见,实际出资人张某于 2013 年 10 月向法院提起诉讼,最终调解结案。调解书中明确让代持人赵某将股权返还张某。LX 公司召开股东会作出决议,同意根据司法调解的结果,将公司股权结构恢复至实际出资的情况。LX 公司披露为该次股权变动不涉税,未就此项申报纳税。

案例分析

针对股权代持还原的处理主要有形式课税和实质课税两种,本案例中税务机关按照实质课税的原则进行处理。

实质课税原则最早出现于德国租税调整法,具体规定:对税法进行解释时,必须考虑国民思想、税法目的、经济意义及诸情势的发展。根据该条款,在对税法进行解释时，必须考虑其经济意义。实质课税原则也是我国税法领域的基本原则之一。

从实质课税的角度来看，股权代持还原虽涉及股权变更登记，但其股权变更的本质并不是股权转让，而是委托代持关系的解除。股权代持还原本质上并没有取得溢价收入，因此无须缴纳所得税。

在很多业务场景中，人们习惯于将某个业务的常见特征作为该种业务的定义。比如，股权转让涉及股权的变更，因此只要发生了股权变更，就一定伴随着股权转让，这样的逻辑显然是无法自洽的。所以，从实质课税的角度，税务机关认定股权代持还原不涉及所得税的缴纳，是可以形成逻辑闭环的。

很多人可能会有疑问，案例 3.6 中讲到的股权代持还原采用形式课税是合理的，本案例中讲到股权代持还原采用实质课税也是合理的，运用两个不同的原则对同一个问题进行处理，出现了截然相反的两种方式，到底谁对谁错呢？如果实质课税是对的，那么为什么实务中形式课税会成为处理股权代持还原问题的主流做法呢？

其实税法的很多问题并不是非黑即白，很多时候所处的立场不同，会得出不同的结论。所处的时间不同，结果也可能不同。案例的细节发生细微的变化，结果就可能逆转。我们了解这种看似冲突的做法的目的是认识到争议的存在，从而在具体案例中争取更为有利的结果。

☑ 案例总结

在股权代持还原领域，相比形式课税，实质课税的案例较少。本案例中税务机关之所以认可实质课税，是因为司法层面的调解书起到了一定的作用，这就启示我们遇到此类问题的时候，可以尝试着用法律的手段去解决。

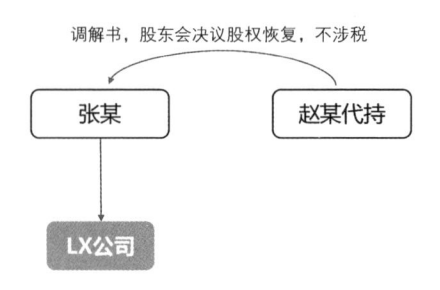

3.8 股权代持中的隐名股东被判偷税罪

案例背景

张三在 2017 年 2 月 17 日前任安徽某药业公司(以下简称药业公司)法定代表人。张三在该公司持股 20%,李四在该公司持股 40%(帮张三代持)。2017 年 1 月 17 日,张三、李四与王七签订股权转让协议,将药业公司 51.09% 的股权(其中,李四 40% 的股权,张三 11.09% 的股权)转让给王七,转让价格为 7 000 万元。同年 1—3 月,王七分六次转账给张三 5 356 万元。同年 1 月 20 日,王七一次性转账给李四 1 644 万元。同年 2 月 15 日,张三持虚假的股权转让协议到税务机关申报缴纳个人股权转让所得个人所得税,51.09% 的股权在虚假股权转让协议中仅作价 326.05 万元。同年 2 月 17 日,药业公司法定代表人变更为王七。2017 年 9 月 7 日、11 月 2 日,稽查局分别对张三、李四涉税情况进行检查,查明其有虚假纳税申报而少缴税款的违法事实。2018 年 8 月 28 日,稽查局依法决定追缴李四少缴的个人所得税税款 9 176 067.64 元、印花税税款 26 123.6 元并给予罚款,追缴张三少缴的个人所得税税款 2 545 404.09 元、印花税税款 7 246.1 元并给予罚款。2018 年 9 月 20 日,李四、张三共计补缴税款 480 万元。因李四在药业公司所持的 40% 股权是帮张三代持,所以张三作为实际纳税人应缴纳李四所欠税款。2020 年 6 月 17 日,公安局对张三涉嫌逃税立案侦查时,张三逃税数额合计 6 954 841.43 元。2021 年 1 月 22 日,张三缴纳罚款 7 246.1 元。截至 2021 年 2 月 26 日,张三所逃税款已全部缴纳,但滞纳金和剩余罚款仍未缴纳。经二审法院审理,判决被告张三犯逃税罪,判处有期徒刑 4 年,并处罚金 50 万元。

案例分析

本案例中,实际出资人张三逃税的方式属于典型的"阴阳合同"。

所谓"阴阳合同",是指当事人以虚假意思表示隐藏真实意思表示的行为。合同当事人出于规避政府管理或经济利益最大化的动机而对同一单交易签订两份内容不一致的合同,其中一份提交给相关部门查验和备案,具有公示性,但合同当事人并不实际履行,称为"阳合同";另一份为当事人实际履行的合同,具有隐蔽性,称为"阴合同"。实践中,在股权转让、房屋买卖、影视文娱等领域签订

"阴阳合同"的情况频发。当事人签订"阴阳合同",往往是以逃避国家税收或规避法律法规的限制等为目的,"阴阳合同"在给当事人带来利益的同时预示着风险。

2024年3月15日,最高人民法院、最高人民检察院联合发布了《关于办理危害税收征管刑事案件适用法律若干问题的解释》,首次将签订"阴阳合同"作为逃税手段列举,明确对纳税企业在从事商事活动中以"阴阳合同"的形式隐匿真实收入躲避国家税收的行为定性,为司法机关今后办理此类案件提供了确切的依据。

本案例中,张三作为隐名股东,最后因为逃税罪被判处有期徒刑,而李四作为名义股东,虽然没有构成犯罪,但也被税务机关追缴税款,也有相应的税务责任和税务风险。

案例总结

股权代持非常普遍,在代持及其还原的过程中,隐名股东和显名股东均存在一定的风险。双方应明确相关风险,做好协议的签订和相关资料的留存,以应对可能存在的争议和纠纷。

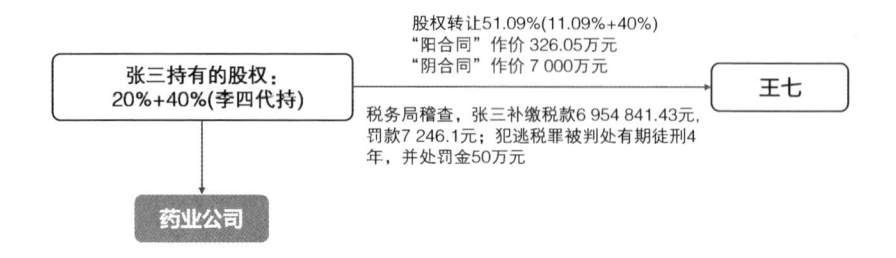

```
张三持有的股权:          股权转让51.09%(11.09%+40%)
20%+40%(李四代持)  ──►  "阳合同"作价326.05万元        ──►  王七
                         "阴合同"作价7 000万元
       │                 税务局稽查,张三补缴税款6 954 841.43元,
       ▼                 罚款7 246.1元;犯逃税罪被判处有期徒刑4
    药业公司              年,并处罚金50万元
```

3.9 非律师合伙人致律所执照被吊销

案例背景

2014年10月15日,海南TH律师事务所(以下简称律所)经海南省司法厅批准成立,登记的合伙人为陈某伟、蒋某杰、陈某泽。经查,律所的实际出资合伙人为陈某伟、蒋某杰、陈某泽、张甲、张乙。在律所成立前,张甲、张乙跟陈某伟、蒋某杰、陈某泽就相互认识,是朋友。张甲原在海南某律师事务所就职,后转入海南TH律师事务所。张乙与张甲是大学校友,无律师执业资格证,张乙出资

8万元作为律所的合伙人,没有与律所及其合伙人签订协议。

海南省司法厅认为,海南 TH 律师事务所将非律师作为合伙人,情节特别严重,违反了《中华人民共和国律师法》第十五条的规定,已构成违法。2020 年 9 月 29 日,海南省司法厅决定给予海南 TH 律师事务所吊销执业证书的行政处罚。

案例分析

合伙企业财产份额的代持参考股权代持,虽然法律层面认可了一般的股权代持效力,但类似于律师事务所等特定的专业领域有着更特殊的规定。

《中华人民共和国律师法》第十五条规定,设立合伙律师事务所,应当有 3 名以上合伙人,设立人应当是具有 3 年以上执业经历的律师。因此,非律师不能担任合伙制律师事务所的合伙人。

律师事务所也可以采用特殊普通合伙的形式,个别地区特殊普通合伙律师事务所的合伙人可以由其他非律师专业人员担任,例如:(1)2019 年 10 月 1 日起施行的《海南经济特区律师条例》第十八条明确,注册会计师、注册税务师、注册造价工程师、专利代理人等其他专业人员可以成为特殊的普通合伙律师事务所的合伙人,但其出资份额和人数比例不得超过 25%,不得担任律师事务所负责人。(2)2021 年 6 月 11 日公布的《上海司法行政"十四五"时期律师行业发展规划》提出,支持符合条件的律师事务所改制为特殊的普通合伙制。支持引导注册会计师、注册税务师、注册造价工程师、专利代理人等其他专业人员担任律师事务所的特别合伙人。

因此,律师事务所、会计师事务所等专业服务机构的合伙人一定要严格遵守法律的有关要求,既对客户负责,也对自身的经营安全性负责。

案例总结

近年来,互联网律师事务所呈现蓬勃发展的态势。互联网律师事务所打破了传统律师事务所的营销模式和业务模式,呈现独特的风格。但其背后的风险来自代持,一定数量的互联网律师事务所背后实际出资的老板并非专业律师。过重的商业化使得部分互联网律师事务所只在乎赚快钱而不在意专业服务。互联网律师事务所的合伙协议、税务合规问题、利润分配的资金流向等都使得该类机构在实际经营中面临巨大风险。

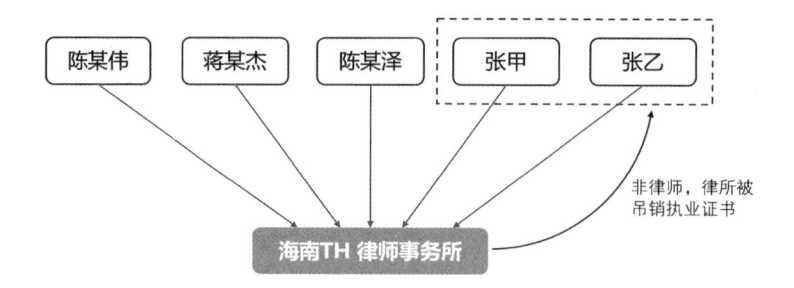

```
陈某伟    蒋某杰    陈某泽   │ 张甲    张乙 │
                            └──────────────┘
                                    │ 非律师，律所被
                                    │ 吊销执业证书
         海南TH律师事务所
```

3.10 夫妻百分百持股股权的权属如何判断

案例背景

张某与谢某为夫妻关系，两人于2004年4月12日设立一家商贸公司，注册资本为100万元，张某与谢某分别持股90%和10%，谢某担任法定代表人兼执行董事，张某担任监事。公司章程第十一条规定，股东会会议作出修改公司章程、增加或者减少注册资本的决议，以及公司合并、分立、解散或者变更公司形式的决议，必须经代表全体股东2/3以上表决权的股东通过。股东会会议作出除前款以外事项的决议，须经代表全体股东1/2以上表决权的股东通过。

2022年12月9日，张某通过邮寄和短信方式向谢某发送关于提议召开商贸公司临时股东会会议的函，提议召集临时股东会会议，谢某未予回复。同年12月15日，张某通过多种方式再向谢某发送关于召开商贸公司临时股东会会议的通知，提及张某作为商贸公司持有90%股权的股东及监事，决定自行召集和主持临时股东会会议，会议的时间、地点和线上会议码在通知上均已写明。同年12年24日，谢某复函称，对2022年12月30日召开会议的事知晓但不同意。同年12月30日，张某召开临时股东会会议，形成商贸公司临时股东会会议决议，决议内容涉及更换商贸公司的执行董事、法定代表人、（总）经理，谢某不再担任商贸公司的执行董事、法定代表人、（总）经理，以上职务由黄某担任。该决议下方表决同意股东1人，占全体股东表决权的90%；弃权股东1人，占全体股东表决权的10%。决议上有张某与黄某的签字，另附会议纪要。决议作出后，张某将表决结果告知了谢某。

张某向一审法院起诉请求确认商贸公司于2022年12月30日作出的临时股东会会议决议有效。谢某则认为，虽然商贸公司登记中张某占股90%，谢某占股10%，但根据《中华人民共和国民法典》第一千零六十二条的规定，夫妻在婚姻存续期间所得财产为夫妻共同财产。商贸公司的全部股权是双方婚后取得,以夫妻共同财产出资,双方实际各享有商贸公司一半的股权,故 2022 年 12 月 30 日作出的临时股东会会议决议未达到表决权要求,该决议实际未获通过,内容应属无效。

裁判观点

一审法院经审理认为,案涉决议内容属于公司一般事项,代表 1/2 以上表决权的股东通过即可,决议内容不存在违反法律、行政法规的情形,应为有效。商贸公司所抗辩的两位股东为夫妻关系,实质为一人有限公司,不受公司法的约束,且股权是各持股 50% 的意见,一审法院认为,商贸公司作为公司主体当然受公司法的约束,至于股权比例问题,有限责任公司股东依法享有股东身份和股权财产权益,股东身份具有人身专属性,不因为夫妻关系而自然取得,股权比例不应与夫妻共同财产相混淆。一审法院判决确认商贸公司于 2022 年 12 月 30 日作出的股东会会议决议有效。商贸公司不服一审判决,提起上诉。

二审法院经审理认为,股权登记中,张某和谢某分别持股 90% 和 10%,意味着公司的股权特别是具有人身权专属性的权能,如表决权等,应当按照此种比例进行判断,而非各自 50%。至于各自股权上附着的分红等具有财产权属性的权利及据此引发的财产争议,则由夫妻内部根据夫妻共同财产制度分配。一审法院认定事实清楚,适用法律正确,判决并无不当,应予维持。

案例总结

夫妻百分百持股,在实务中十分常见,除了本案例中的纠纷类型外,夫妻百分百持股的公司还有被认定为一人有限公司的风险。最高人民法院在判决书中有这样的表述:"夫妻公司与一人有限责任公司在主体构成和规范适用上具有高度相似性,因此认定为实质意义上的一人有限责任公司。"因此,在可能的情况下,要尽量避免夫妻百分百持股。

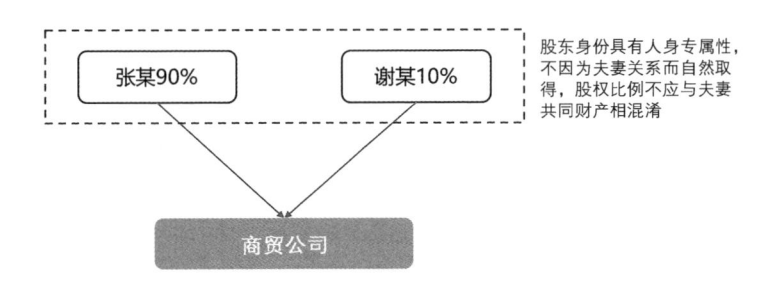

第 4 章

股权合作：股东利益的平衡

除了以自己为核心创业之外，多数情况下，创业需要进行股权合作。以一个人为核心进行创业主要考虑的是风险和收益，不涉及利益平衡问题。股权合作时，不仅要考虑风险和收益，而且要考虑股东之间的利益平衡问题。如果是股权合作中的小股东，则还要考虑如何保证自身的股东权益不被大股东侵蚀。

股权合作的常见模式包括内部独立核算、成立项目部、设立合资公司等。而在引入外部投资人时，通常会采用增资扩股的模式。财务投资的引入往往会采用对赌的模式，对赌如何进行税务处理以及对赌失败后已缴纳的税款是否退税在理论和实务界都有一定的争议，是股权领域相对复杂的问题。

本章共有 8 个案例，主要讲解了不同股权合作模式下的税务处理、增资扩股是否需要缴税、明股实债的特殊案例，以及对赌失败退税的问题。

第 4 章案例列表

序　号	标　　题
029	股权合作模式之一：内部独立核算
030	股权合作模式之二：成立项目部
031	股权合作模式之三：成立合资公司
032	增资扩股是否缴税之情形一：不缴税
033	增资扩股是否缴税之情形二：分情况
034	明股实债：不同税种的处理方式不同

续　表

序　号	标　题
035	对赌失败能否退税之成功案例介绍
036	对赌失败税款不退的首例司法判例

4.1　股权合作模式之一：内部独立核算

案例背景

MHY 游戏公司成立于 2014 年，其主要业务由研发、运营、渠道及支付等环节组成。几年后，该公司在行业中拥有了一席之地。随着市场竞争越来越激烈，MHY 公司急需更高质量的研发团队来增强其技术能力。A 游戏研发团队拥有 6 名技术能力出色的技术工程师，拟与 MHY 公司合作。经协商确认，双方的合作不成立独立的公司，而是在 MHY 公司内部以 A 工作室的名义独立运营。A 工作室的成员均与 MHY 公司签订劳动合同。A 工作室拥有独立的财务核算权和用人权。MHY 公司提供财务、招聘、美工、营销等中后台支持。MHY 公司与 A 工作室对 A 工作室研发的游戏产品产生的利润按照 4∶6 的比例分成。

2024 年 A 工作室开发的游戏共取得 2 000 万元收入，扣除相关成本后，利润为 800 万元。其中，MHY 公司分得 320 万元，A 工作室分得 480 万元。

问题：A 工作室分得的利润应该如何纳税？

案例分析

A 工作室按照团队成员的贡献在内部进行分配，可以有两种处理思路：

1. 作为工资、薪金

A 工作室分得的 480 万元作为工资、薪金，A 工作室的成员需要将其并入每月工资、薪金，按照"工资、薪金所得"税目缴纳个人所得税，其税率为 3%～45% 的超额累进税率，年应纳税所得额超过 96 万元时将会适用 45% 的税率。

2. 作为股息

如果分配给 A 工作室的 480 万元作为股息、红利，其团队成员就只需要缴纳 20% 的个人所得税。想法很好，但操作起来却无法实现。因为 MHY 公司和

A 工作室本质上是独立的市场主体,虽然双方针对合作事项有明确的协议约定,但无法改变纳税关系。MHY 公司将 480 万元支付给 A 工作室可以作为独立主体之间的业务往来,但 A 工作室团队的成员在 MHY 公司是作为正式的员工存在,而不是作为股东存在,因而从形式上无法适用分红的个人所得税税率。

在本案例中,A 工作室的团队成员分得的收益只能按照工资、薪金的方式处理。MHY 公司支付给 A 工作室的 480 万元可以在企业所得税税前扣除。

☑ 案例总结

本案例中,双方的本质是合作,共担风险,利润分成,但由于形式上不满足条件,因此不能用分红的方式处理。在涉及股权问题的税务处理中,重形式或重实质,通常会得出不一样的结论。有些情况在政策、实务处理上是明确的,即这种不一样的结论只是一种情理上的争议;有些则是由于政策未做明确规定导致实务处理有不同的方式。因此,合作前应提前做好税务规划及应对。

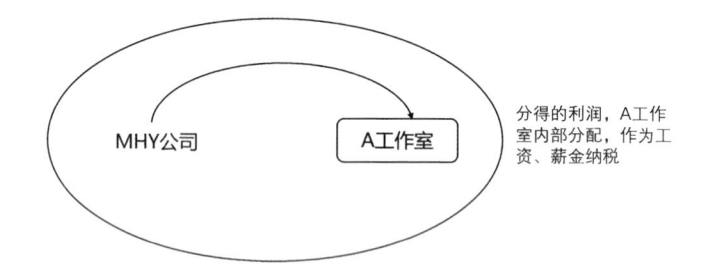

MHY公司 → A工作室

分得的利润,A工作室内部分配,作为工资、薪金纳税

4.2 股权合作模式之二:成立项目部

📋 案例背景

CK 公司为一家房地产开发公司,名下有接近 50 亩的住宅用地,但苦于没有资金开发。同城有另一家 ZJ 公司拥有充足的资金,但一直没有找到合适的土地。后经别人介绍,两家公司准备合作开发房地产项目。由于直接成立子公司面临复杂的法律和税务问题,因此双方决定采用一种"简单"的合作方式,即在 CK 公司内部成立一个"项目部"专门用来核算双方合作的项目。该项目部独立核算、独立运营,双方共担风险、共享利润,只需要约定好彼此的分红和管理事项,就可以很快投入项目的开发。双方签订了合作开发协议,对合作的具体事项

进行了细化。

开发开始后,项目部陆续支付了 1.3 亿元开发成本,资金均来源于 ZJ 公司。具体资金流向:ZJ 公司将开发费用支付到项目部账户,项目部再付给施工企业。房子销售取得 2.55 亿元,所有购房人均将购房款项汇入 CK 公司账户。

案例分析

合作项目结束后涉及一系列税务问题。

1. 合作双方如何分摊所得税

由于项目部是以 CK 公司名义设立的,因此项目涉及的发票、合同等都是以 CK 公司的名义签发的。双方合作的房地产开发项目虽然是盈利的,但是 CK 公司整体上却是亏损的。那么,项目部是否需要独立计算并缴纳企业所得税?

企业所得税的计算是以公司为单位进行的,虽然双方约定项目部独立核算,但不能改变 CK 公司是一个独立法人的事实。CK 公司是以整体作为企业所得税的纳税单位,并不因为双方合作项目的盈利就缴纳企业所得税。然而 CK 公司认为,虽然整体没有缴纳企业所得税,但项目部却是盈利的,不缴企业所得税的原因是 CK 公司的其他项目存在亏损,而该部分亏损与 ZJ 公司无关,不能用 CK 公司的亏损抵消合作项目的盈利。ZJ 公司则认为,既然不存在真实的企业所得税缴纳,ZJ 公司就无须就合作项目的盈利缴纳企业所得税。双方就所得税分摊事项发生争议。由于该争议发生的根本原因在于双方在协议中未对相关的事项作出明确的约定,并非法定纳税人的争议或真实税款的争议,因此双方的争议属于纯民事领域的争议。

2. 开发收益是否缴纳流转税

合作项目运营过程中,ZJ 公司陆续向项目部投入资金 1.3 亿元,从项目销售过程中陆续分回 1.8 亿元,ZJ 公司是否需要就 1.8 亿元缴纳营业税(本案例发生在"营改增"前)?

项目所在省税务局内部有两种截然相反的观点。由于这种用项目部开发房地产的业务有其特殊性,因此省税务局请示了国家税务总局,国家税务总局明确回复,不征收营业税。

国家税务总局在专门下发的文件中表示:鉴于该项目开发建设过程中,土地使用权人和房屋所有权人均为甲方,未发生《中华人民共和国营业税条例》规定的转让无形资产的行为,因此,甲方提供土地使用权,乙方提供所需资金,以甲方名义合作开发房地产项目的行为,不属于合作建房,不适用有关合作建房征收营业税的相关规定。

✓ 案例总结

用项目部的方式合作要充分认识到双方共担风险、共享利润的本质,也应充分意识到项目部是以其中一方的名义设立的,要充分考虑盈利和亏损的种种情况,并对不同情况下双方的权利和义务尽可能细化。

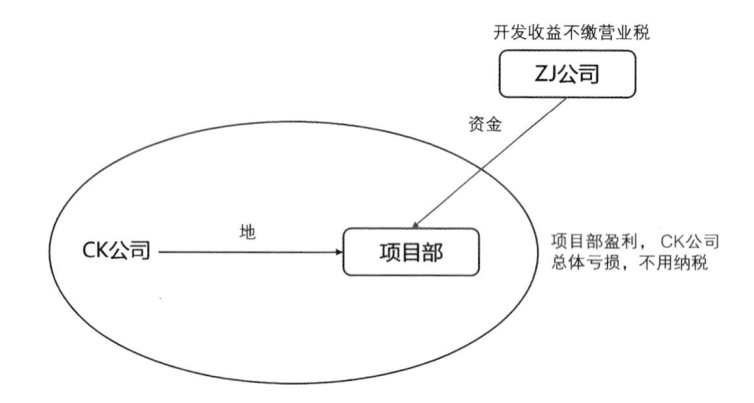

```
                            开发收益不缴营业税
                              ┌──────┐
                              │ ZJ公司 │
                              └──────┘
                                 │ 资金
                                 ▼
    ┌──────┐    地    ┌──────┐   项目部盈利,CK公司
    │ CK公司 │────────▶│ 项目部 │   总体亏损,不用纳税
    └──────┘          └──────┘
```

4.3 股权合作模式之三:成立合资公司

📝 案例背景

NH生物科学仪器(上海)有限公司(以下简称NH生物)成立于2017年,所属行业为科学研究和技术服务业,经营范围包含许可项目、第二类医疗器械生产等。

高博士为美籍华人,一直深耕于生物医疗器械研发,取得过多项医疗器械领域的发明专利。

经人介绍,NH生物找到高博士,希望与其建立长期稳定的合作关系,并提出两种合作方案:

方案一:NH生物以1 000万元的价格购买高博士的发明专利,同时聘请高博士担任技术总裁。

方案二:高博士以专利技术出资,成为NH生物的股东。

高博士经过权衡后,选择了方案二。由于拟成为NH生物的股东,因此为了更好地了解NH生物的财务状况、规避自身风险,高博士委托专业的会计师对

NH 生物进行了财务尽职调查。会计师发现 NH 生物的财务非常不规范,有较为严重的税务风险。于是,高博士提议成立一家"干干净净的合资公司",重新开展相关业务。NH 生物同意以厂房及附属设备出资(占股 60%),高博士依然以专利出资(占股 40%),成立合资公司。

案例分析

1. NH 生物出资涉税分析

NH 生物出资的核心资产是厂房,母公司与全资子公司之间的厂房划转或出资可以免征契税,但合资公司中 NH 生物只持股 60%,不符合免契税的条件。可以将共同出资设立合资公司的顺序变为 NH 生物先以出资设立全资子公司,再由高博士以专利对新公司增资,用流程上的烦琐换取节约契税的税务成果。

2. 高博士出资涉税分析

(1) 个人所得税:高博士用技术出资的本质是用技术资产换取其对新公司的股权。由于高博士"转让"专利的过程中没有获得用来纳税的资金,因此可以选择分期或递延缴纳个人所得税。

① 分期纳税:自行确定分期纳税计划并报税务机关备案,可以在不超过 5 个公历年度的期间内缴纳个人所得税。

② 递延纳税:向税务机关备案,投资入股当期暂不纳税,递延至转让股权时纳税。

注:备案的税务机关为新成立的合资公司的主管税务机关,即使高博士选择了上述税收优惠,合资公司也依然可以以专利投资入股时的评估价值在企业所得税税前扣除。

(2) 增值税:技术转让所得免征增值税。高博士可以持技术转让合同到合资公司所在地省级科技主管部门进行认定并报主管税务机关备案。

(3) 印花税:技术转让适用"产权转移书据"缴纳印花税;同时,合资公司实收资本和资本公积增加,也需要缴纳印花税。

政策依据

《关于继续实施企业、事业单位改制重组有关契税政策的公告》(财政部 税务总局公告 2023 年第 49 号)

《财政部 国家税务总局关于完善股权激励和技术入股有关所得税政策的通

知》(财税〔2016〕101 号)

《国家税务总局关于股权激励和技术入股所得税征管问题的公告》(国家税务总局公告 2016 年第 62 号)

《财政部 国家税务总局关于全面推开营业税改征增值税试点的通知》(财税〔2016〕36 号)

☑ 案例总结

成立合资公司意味着要设立一家新的公司作为市场主体，合作方可能会使用不同的出资方式，在不改变整体合作框架的情况下，可以通过协商的方式选择税务成本更低的出资方式，比如本案例中对于契税的筹划。

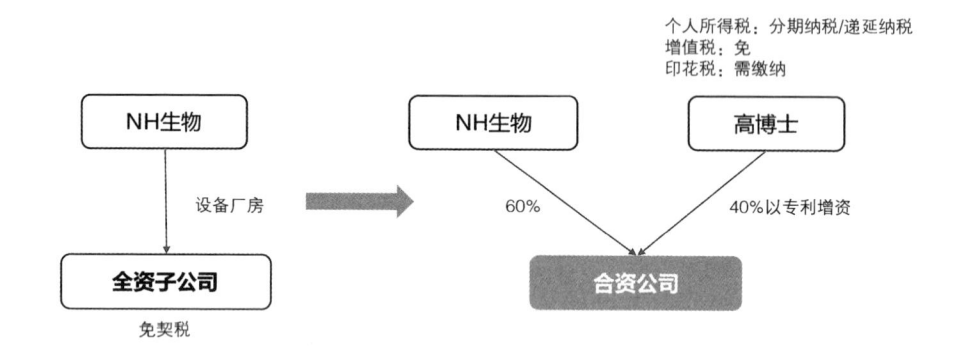

4.4 增资扩股是否缴税之情形一：不缴税

📝 案例背景

A 公司属于张三投资的一人有限责任公司，公司注册资本为 100 万元。为了扩大经营，引入新的战略投资者李四进行增资扩股，增加注册资本，签订的增资协议如下：李四出资 100 万元，占 A 公司 20% 的股权。

问题：张三股权比例减少是否属于股权转让？是否需要缴纳个人所得税？

📰 案例分析

1. A 公司的会计处理

假定李四投入的 100 万元在 A 公司体现的实收资本为 X，则：

$X \div (X + 1\,000\,000) = 20\%$

$X = 250\,000$ 元

因此，A公司的账务处理如下：

借：银行存款　　　　　　　　　　　　　　　　　　1 000 000

　　贷：实收资本——李四　　　　　　　　　　　　　　250 000

　　　　资本公积——资本溢价　　　　　　　　　　　　750 000

从上述会计处理来看，增资后，张三的股权比例由原来的100%变更为80%，股东所拥有的所有者权益增加。

2. 该增资扩股引起股权比例变更不缴纳个人所得税

（1）增资扩股是企业行为，是企业增加投资，扩大股权，从而增加企业的资本金。《国家税务总局关于发布〈股权转让所得个人所得税管理办法（试行）〉的公告》（国家税务总局公告2014年第67号）明确规定，个人股权转让情形包括：① 出售股权；② 公司回购股权；③ 发行人首次公开发行新股时，被投资企业股东将其持有的股份以公开发行方式一并向投资者发售；④ 股权被司法或行政机关强制过户；⑤ 以股权对外投资或进行其他非货币性交易；⑥ 以股权抵偿债务；⑦ 其他股权转移行为。上述情形中并不包括企业增资扩股。

（2）股权转让所得征收个人所得税的前提是发生了股权转让行为，而股权转让是指个人将股权转让给其他个人或法人的行为。企业增资过程中，原股东并未发生股权转让行为，并且原股东也未收到对价，更谈不上个人取得所得的问题。在增资过程中，增资扩股资金的接受方是企业，资金的性质属于标的公司的资本金，并且属于法人财产，原股东未实现收益。我国所得税制度对于所得时点的确认都是按实现原则进行的，新股东增资导致原股东持股比例变动，原股东并未取得任何所得。

（3）虽然增资扩股后，原股东持有公司的所有者权益有所增加，属于法人财产的增加，但不能由此确认为原股东实现了"所得"。按照现行法律法规，有限责任公司及股份有限公司股东所持股的公司账面所有者权益增加并不代表相关股东产生了纳税义务。例如，公司经营中实现盈利积累的未分配利润也带来公司净资产的增加，从而导致公司账面所有者权益增加，但并不代表个人所得税纳税义务的发生。

基于上述理由，企业增资扩股而导致原股东持有的股权比例自然稀释，并不是股东转让股权造成的；虽然被投资企业资本公积有所增加，但企业并未对股东进行分配或将资本公积转增股本，因此不涉及缴纳个人所得税问题。

☑ 案例总结

本案例中的核心观点来自纳税人向税务局官网咨询后得到的回复，代表了关于增资扩股是否需要缴税的其中一种观点，而非唯一的观点，另一种观点将在案例 4.5 中呈现。

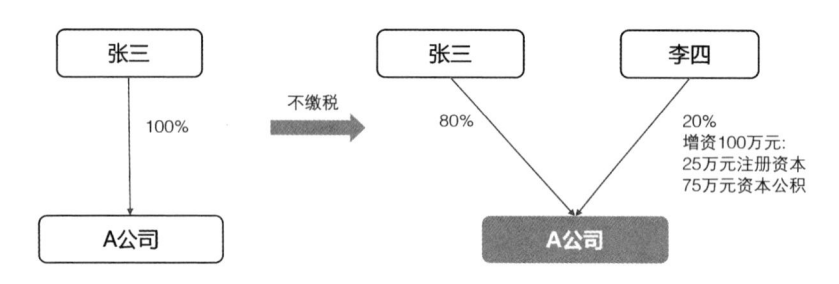

4.5 增资扩股是否缴税之情形二：分情况

📝 案例背景

甲、乙两个自然人在广东成立了一家贸易公司，2018 年 12 月因生产经营需要资金。甲因资金不足并未参与本次投资，只有乙增资扩股实缴 1 亿元以增加贸易公司的注册资本。

问题：税务机关认为乙增资扩股需要缴个人所得税，该观点是否正确？

📰 案例分析

关于上述问题，不同的税务机关做过不同的回复。

回复一：个人股东若按公允价格增资扩股，没有稀释股权，则不需要缴个人所得税；若低于公允价格增资扩股，存在稀释股权的行为，则增资扩股的股东实际获得的股权份额比应获得的股权份额多，而不增资股东应获得的股权份额比实际获得的股权份额少，减少了股权份额，存在低价转让股权行为，需要缴纳个人所得税。

回复二：以大于或等于公司每股净资产公允价值的价格增资的行为，不属于股权转让行为,不征个人所得税;以低于每股净资产公允价值的价格增资的行为,原股东实际占有的公司净资产公允价值发生转移的部分应视同转让行为,应依税法相关规定征收个人所得税。

回复三：以大于或等于公司每股净资产公允价值的价格增资的行为,不属于股权转让行为,不征个人所得税。上述行为中高于每股净资产账面价值的部分应计入资本公积,对于股份制企业,该部分资本公积在以后转增资本时不征收个人所得税;对于其他所有制企业,该部分资本公积转增资本时应按照"利息、股息、红利所得"税目征收个人所得税。以平价增资或以低于每股净资产公允价值的价格增资的行为,原股东实际占有的公司净资产公允价值发生转移的部分应视同转让行为,依税法相关规定征收个人所得税。

政策依据

《国家税务总局关于发布〈股权转让所得个人所得税管理办法（试行）〉的公告》(国家税务总局公告 2014 年第 67 号)第二条、第四条、第十条、第十一条、第十二条、第十三条

案例总结

本案例是关于增资扩股是否视同股权转让缴税的另一种处理方式,其核心观点是分情况判断是否缴税,即增资是溢价还是折价。折价增资存在稀释股权的行为,不增资股东应获得的股权份额比其实际获得的股权份额少,实际占有的公司净资产公允价值发生转移的部分应视同转让行为。

4.6 明股实债：不同税种的处理方式不同

案例背景

A 公司是甲公司的股东之一,以货币资金认缴 1 亿元,占注册资本的比例为 12%,2022 年度取得甲公司按约定分回的投资收益 1 000 万元,利润分配方案中约定双方采取一致的税务处理原则。

A 公司具有一般股东的权利,如选举公司董事、监事,要求召开股东会,公司新增资本时有优先认缴权,对公司的经营提出建议和质询,清算解散后按出资比

例分享剩余资产等。此外，公司章程还约定，A 公司在投资期限内每个年度只获取所持股权 1% 的固定投资收益，甲公司 10 年内分三次回购 A 公司持有的公司股权。

问题：A 公司取得的 1 000 万元投资收益，当年需要缴纳哪些税？

案例分析

1. 增值税

增值税相关政策规定，以货币资金投资收取的固定利润或者保底利润，按照贷款服务缴纳增值税。

A 公司以货币资金认缴甲公司 1 亿元资本金，形式上满足股权性投资的特征。但股权性投资的业务本质是不确定性，即投资是否有收益、收益是多少都是未知的、不确定的。本案例中，A 公司每年获得所持股权 1% 的固定投资收益，该收益与甲公司的利润无关，符合债权利息的特征，应按照"贷款服务"缴纳增值税。

2. 企业所得税

上述业务在按照"贷款服务"缴纳增值税的情况下，企业所得税是否当然也采用债权相关规则进行处理呢？

本案例中的投资兼具债权和股权的双重特征，属于混合型投资。企业所得税相关政策规定，同时符合五个条件的混合型投资业务，按照债务工具处理，即投资企业应于被投资企业应付利息的日期确认收入的实现并计入当期应纳税所得额：(1) 被投资企业接受投资后，需要按投资合同或协议约定的利率定期支付利息（或定期支付保底利息、固定利润、固定股息）；(2) 有明确的投资期限或特定的投资条件，并在投资期满或者满足特定投资条件后，被投资企业需要赎回投资或偿还本金；(3) 投资企业对被投资企业净资产不拥有所有权；(4) 投资企业不具有选举权和被选举权；(5) 投资企业不参与被投资企业日常生产经营活动。

本案例中，A 公司投资甲公司后，有选举董事、监事的权利，可以对公司的经营提出建议和质询，清算解散时可以按出资比例分享剩余资产等，不符合后面三个条件，因此不属于当然按照债务工具处理的情形。

A 公司和甲公司应按照一致性的税务原则进行所得税处理：

(1) 将混合型投资判定为权益工具：甲公司分配的利息支出不得在企业所

得税前扣除,A公司取得的收益适用居民企业之间的股息、红利等权益性投资收益免征企业所得税的规定。

(2)将混合型投资判定为债务工具:甲公司的利息支出准予在企业所得税税前扣除,A公司取得的收益依法纳税。

政策依据

《财政部 国家税务总局关于全面推开营业税改征增值税试点的通知》(财税〔2016〕36号)

《关于企业混合性投资业务企业所得税处理问题的公告》(国家税务总局公告2013年第41号)

案例总结

不同税种立法的底层逻辑不尽相同,同一项业务在不同税种的处理上可能适用不同的政策,应根据不同的税种进行独立分析和判断。

```
        ┌─────────┐
        │  A公司   │
        └─────────┘
    1亿元  ↓    ↑ 分回1 000万元投资收益
    占比12%
        ┌─────────┐
        │  甲公司  │
        └─────────┘
```

增值税: 按照贷款服务缴纳
所得税: 混合型投资判定为权益工具,甲公司不允许税前扣除,A公司免税

4.7 对赌失败能否退税之成功案例介绍

案例背景

《广东YX科技股份有限公司关于XK电子科技原股东陈某相关业绩补偿股份注销完成的公告》披露,2016年6月,广东YX科技股份有限公司(以下简称YX科技)与XK电子科技有限公司(以下简称XK电子科技)原股东胡某、陈某、许某、高某签订的"广东YX科技股份有限公司与认购方之业绩承诺补偿协议"(以下简称"业绩承诺补偿协议")约定,胡某、陈某、许某和高某作为业绩补偿义务人承诺:XK电子科技2016—2018年度的净利润(扣除非经常性损益后)不

低于 2 亿元、2.4 亿元和 2.9 亿元，并同意就 XK 电子科技实际净利润数不足承诺净利润数的部分进行补偿。

XK 电子科技 2016 年度至 2018 年度累计实现扣除非经常性损益后的净利润为－5 609 万元，而 2016 年度至 2018 年度 XK 电子科技累计承诺业绩为 73 000 万元，XK 电子科技业绩承诺完成率为 0。根据"业绩承诺补偿协议"，胡某、陈某、许某、高某需对公司进行业绩补偿（对公司进行股份及现金补偿并退还已从公司取得的分红款）。

案例分析

1. 该对赌案件的税务处理

《广东 YX 科技股份有限公司关于收到 XK 电子科技原股东部分业绩补偿款的公告》披露：公司于 2019 年 7 月向东莞市税务局提交了个人所得税退税申请，根据 XK 电子科技原股东胡某、许某、高某补偿的股票申请退税 112 550 463.36 元（其中，许某和高某二人合计申请退税金额为 44 675 838.29 元），若上述个人所得税得以退回，XK 电子科技原股东胡某、许某、高某的该部分退税就可冲抵其业绩补偿款现金补偿部分金额。

2. 该案件的处理结果

《关于收到 XK 电子科技原股东部分业绩补偿款的公告》（2019 年 9 月 26 日）披露：公司已收到胡某、许某、高某现金补偿款合计 112 550 462.76 元，其中，胡某的现金补偿款为 67 874 624.87 元，许某的现金补偿款为 24 802 239.26 元，高某的现金补偿款为 19 873 598.63 元。

结合以上公告信息，东莞市税务局已就 YX 科技于 2019 年 7 月提交的个人所得税退税申请办理了多缴税款退税。

案例总结

根据国家税务总局 2014 年第 67 号《股权转让所得个人所得税管理办法（试行）》的公告，股权转让协议已签订生效，个人即应确认股权转让所得申报缴纳个人所得税，而自然人税收征管没有关于退税的明文规定，也无法进行损益调整，一旦对赌失败，前期已缴纳的个人所得税欲申请退税就存在极大的不确定性。本案例中，东莞税务局对股份补偿义务对应的已缴纳个人所得税进行了退税处理。但在更多时候，对赌失败退税是很难实现的。

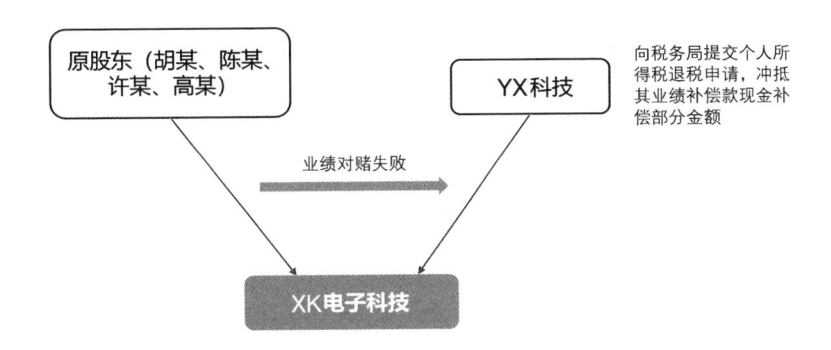

```
原股东（胡某、陈某、    ──────→    YX科技        向税务局提交个人所
许某、高某）                                      得税退税申请，冲抵
                                                 其业绩补偿款现金补
                                                 偿部分金额
            业绩对赌失败
                    ↘    ↙
                   XK电子科技
```

4.8 对赌失败税款不退的首例司法判例

案例背景

2015—2016 年甲公司以 115 000 万元购买王某、袁某某各持股 50％的乙公司股权，支付方式为支付现金及发行股份。王某出让乙公司股权的现金对价为 25 000 万元，股票对价为 32 500 万元。王某、袁某某承诺乙公司 2016—2019 年度净利润目标分别不低于一定金额。若乙公司未达到承诺净利润数，王某、袁某某就须按照协议约定进行补偿。

2017 年 3 月，王某缴纳个人所得税 5 000 万元。2017 年 11 月 15 日补缴个人所得税 6 400 万元。

乙公司 2018 年度、2019 年度净利润未达标，2018 年度王某补偿 20 730 949 股股份，2019 年度王某补偿 6 717 799 股股份。

2022 年 10 月 11 日，王某认为业绩补偿的部分应该冲减初始股权转让所得，整个股权转让交易多缴纳个人所得税 53 744 652.18 元，于是，王某向上海市青浦税务局申请退还。上海市青浦税务局不予退税。该案几经周折，经过行政复议、一审、二审，最后的结果依旧是不予退税。

案例分析

1. 二审法院裁判的核心观点

（1）补偿义务的履行不影响涉案股权转让所得的确定：在民商事交易中，王某因履行协议而导致股权转让的实际所得减少，但该所得的减少并不是对股权转让交易总对价的调整，而是对经营风险的补偿。同时，由于个人所得税法意义上的个人财产转让所得并不采用预缴加汇算清缴的模式，因此王某补偿甲公司股份的行为不改变税收征管意义上的股权转让所得。

（2）补偿义务的履行不是退税的理由：对于因履行补偿义务而导致股权转让所得实际减少的情形，个人所得税征管领域的法律法规及政策文件尚未作出相应的退税规定。故上海市青浦税务局根据现行法律法规及政策文件，对王某的退税申请经审核后决定不予退税，并无不当。

2. 税法如何恰当应对综合性的民商事交易？是应当与民商事交易的整体框架保持一致，采取综合视角处理，还是依据税法独立原则进行分割处理？

在对赌协议履行过程中，如果目标公司未达到约定的业绩标准，导致对赌失败，就可能涉及股权转让方（通常是自然人）退还部分股权转让款或进行业绩补偿。关于是否可以申请退回个人所得税的问题，一般有如下两种观点：

（1）一次交易法：将股权转让协议和对赌协议视为一项整体交易，将对赌失败后的业绩补偿视为对股权转让价格的调整，从而追溯调整当年转让方股权转让协议对应的所得。

法律依据：部分税务机关和学者认为，根据实质课税原则，应允许纳税人申请退税。

（2）二次交易法：将股权转让和对赌失败后的业绩补偿视为两项独立的交易，分别进行税务处理。股权转让时按实际收入缴纳个人所得税，对赌失败后的业绩补偿则视为投资损失，由个人承担，不申请退税。

法律依据：现行税收法律法规对于退税没有明确规定，且多数税务机关在实际操作中更倾向于采用"二次交易法"，即本案例判决中采纳的观点。

二审法院上海市第三中级人民法院基于民商事交易的本质特征，将本案例中的股份补偿义务解读为对 A 公司运营风险的补偿措施，而非对交易总价款的直接调整。

☑ 案例总结

关于对赌失败是否退税的问题，未有明确的法律依据，因此实践中税务机关的处理方式也不尽相同。本案例为全国首例对赌失败申请退税司法案例，对于

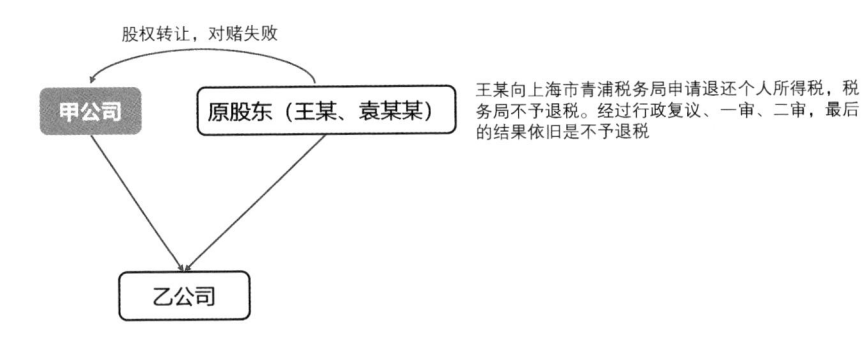

后续的税务实践和司法实践将起到一定的指引作用。

```
                股权转让，对赌失败
         ┌─────────────────────┐
         ↓                     │
      ┌──────┐          ┌──────────────────┐
      │ 甲公司│          │原股东（王某、袁某某）│
      └──────┘          └──────────────────┘
          │                    │
          │                    │
          ↓                    ↓
              ┌──────┐
              │ 乙公司│
              └──────┘
```

王某向上海市青浦税务局申请退还个人所得税，税务局不予退税。经过行政复议、一审、二审，最后的结果依旧是不予退税

第5章

分红收益：不同主体处理规则不同

对股东来说，投资成立公司的目的是获取收益。收益主要来自两个方面，分红就是其中的一个方面。有限公司经营过程中产生利润时，先要依法缴纳企业所得税。税后利润要依据《公司法》的规定提取法定公积金和任意公积金，之后可以向股东分配。

公司股东和个人股东取得分红的纳税规则截然不同，个人股东需要缴纳20%的分红个人所得税，而公司股东可以享受分红免税的政策。由于这个差异的存在，因此公司股东持股在分红上有着天然的优势。在搭建股权架构的过程中，公司股东的主要优势之一就是分红免税。基于此，一些公司还在公司章程中约定，公司股东比自然人股东享有更大分红比例。该方法在税务上是否需要做调整，存在一定的争议。由于个人股东分红比例税率较高，因此在符合业务逻辑的前提下，采取给股东发工资的方式可以缓解股东获取收益的税务负担。

本章共有4个案例，讲解了不同持股主体分红的纳税规则、不按照持股比例分红在实务中的可操作性、股东借款被视同分红的情形，以及发工资和股东分红的区别等问题。

第5章案例列表

序 号	标 题
037	不同股东主体对应的分红纳税规则
038	不按出资比例分红是否需纳税调整

续表

序号	标题
039	借款视同分红公司和股东均要担责
040	股东从公司提取收益的不同方式比较

5.1 不同股东主体对应的分红纳税规则

案例背景

A 有限公司有 3 个股东，分别是自然人(持股 20%)、合伙企业(持股 10%)和有限公司(持股 70%)，公司拟将税后利润 1 000 万元按照持股比例对股东进行分红。

问题：不同主体分别应如何进行分红的税务处理？

案例分析

1. 自然人股东

根据《中华人民共和国个人所得税法》第五条的规定，利息、股息、红利所得，适用比例税率，税率为 20%。

自然人股东应纳个人所得税＝1 000×20%×20%＝40(万元)

注：股息、红利所得的税收优惠政策存在于上市公司、"新三板"挂牌公司，根据《关于上市公司股息红利差别化个人所得税政策有关问题的通知》(财税〔2015〕101 号)、《关于继续实施全国中小企业股份转让系统挂牌公司股息红利差别化个人所得税政策的公告》(财政部 税务总局 证监会公告 2019 年第 78 号)，持股超过 1 年的上市公司、"新三板"挂牌公司股票的红利免征个人所得税；持股时间不足 1 年但超过 1 个月的，减半征收；持股时间不足 1 个月的，全额计税无优惠。该政策主要是鼓励自然人对资本市场股票进行长期持有，本案例中的 A 公司并非上市公司和"新三板"挂牌公司，不适用上述规则。

2. 有限公司股东

居民企业直接投资于其他居民企业取得的投资收益为免税收入。前述投资收益不包括连续持有居民企业公开发行并上市流通的股票不足 12 个月取得的投资收益。

本案例中,A 公司并非上市公司,其有限公司股东从 A 公司分得的投资收益可以免征企业所得税。这也是实务中在股权架构环节采用有限公司来持股的一个重要的税收考量因素。

3. 合伙企业股东

根据《财政部 国家税务总局关于合伙企业合伙人所得税问题的通知》,合伙企业以每一个合伙人为纳税义务人。合伙企业合伙人是自然人的,缴纳个人所得税;合伙企业合伙人是法人和其他组织的,缴纳企业所得税。

本案例中,假设合伙企业股东有 3 个自然人合伙人,分别持有 40%、30%、30% 的财产份额。

合伙企业股东应分得的收益=1 000×10%=100(万元)

3 个合伙人分别分得 40 万元、30 万元和 30 万元,按照 20% 的税率缴纳分红个人所得税。

合伙企业本身不是所得税的纳税主体,无法享受居民企业股息、红利免税政策。合伙企业的个人股东能否享受个人所得税相关的优惠政策,实务中存在争议,需与主管税务机关沟通确定。

政策依据

《财政部 国家税务总局关于合伙企业合伙人所得税问题的通知》(财税〔2008〕159 号)

《中华人民共和国企业所得税法》第二十六条

《中华人民共和国企业所得税法实施条例》第八十三条

《中华人民共和国个人所得税法》

案例总结

在设计股权架构时,分红的税务处理需要提前筹划。个人持股在分红时需要按照 20% 的比例税率缴纳个人所得税。有限公司持股通常可以享受免税优惠,但不代表可以一直不缴税,有限公司再向个人分红时依然需要缴纳个人所得税,因此只要分红到个人,分红的个人所得税就是无法规避的。

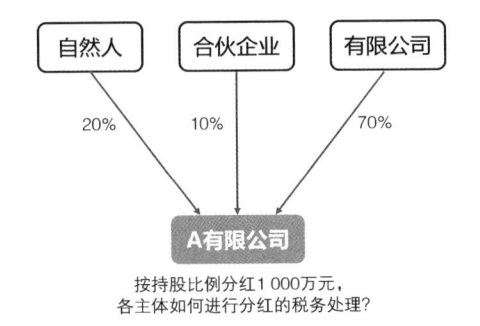

自然人：
按20%缴纳个人所得税
应纳个人所得税=1 000×20%×20%=40(万元)

合伙企业：
以每一个合伙人为纳税义务人

有限公司：
免征企业所得税

自然人 20% 合伙企业 10% 有限公司 70% → A有限公司
按持股比例分红1 000万元，各主体如何进行分红的税务处理？

5.2 不按出资比例分红是否需纳税调整

案例背景

某有限公司由 A(有限公司)、B(有限公司)和 C(自然人)出资组成，出资比例为 3∶3∶4，公司章程约定分红比例为 4∶4∶2。2012 年度公司分红 100 万元。

问题：A 和 B 各分得的 40 万元是否可以全部享受居民企业之间分红免税的政策？

案例分析

个人股东分红需要缴纳分红的个人所得税，而有限公司股东可以享受免税的政策，有着天然的分红免税优势。站在分红节税的角度，从理论上讲，如果公司同时存在公司股东和个人股东，则公司股东分配的比例越高，分红的当下需要缴纳的税费就越少。不按出资比例分红是否符合相关的法律规定呢？

《公司法》规定：公司弥补亏损和提取公积金后所余税后利润，有限责任公司按照股东实缴的出资比例分配利润，全体股东约定不按照出资比例分配利润的除外；股份有限公司按照股东所持有的股份比例分配利润，公司章程另有规定的除外。所以，有限责任公司通常按照实缴的出资比例向股东分配利润，但是全体股东约定可以例外；而股份有限公司通常按照所持有的股份比例分配利润，但公司章程另有规定的可以除外。

总结一句话：无论是有限责任公司还是股份有限公司，都可以不按照出资比例分红。

既然不按出资比例分红在《公司法》的层面有法律依据，行得通，是不是就意味着在税法的层面一定能获得认可呢？

《中华人民共和国企业所得税法》规定：企业与其关联方之间的业务往来，不符合独立交易原则而减少企业或者其关联方应纳税收入或者所得额的，税务机关有权按照合理方法调整。公司和其持股的股东之间，属于关联方，分配利润的比例会直接影响分红涉及的所得税。站在这个角度，向公司股东分红如果不符合独立交易原则，税务机关就有权对不按持股比例分配利润做纳税调整。实务中如果遇到此问题，企业就须证明其分配方案具有合理的商业目的、符合真实交易原则，否则有被纳税调整的风险。

政策依据

《中华人民共和国企业所得税法》第四十一条

《中华人民共和国公司法》第二百一十条

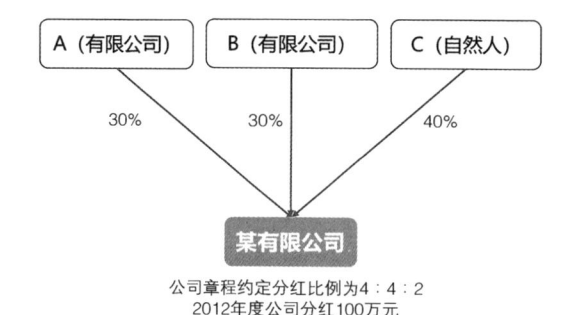

```
    A（有限公司）   B（有限公司）   C（自然人）
         30%           30%          40%
                    某有限公司
         公司章程约定分红比例为4∶4∶2
         2012年度公司分红100万元
```

A和B各分得的40万元是否可以全部享受免税政策？
企业须证明其分配方案具有合理的商业目的、符合真实交易原则，否则有被纳税调整的风险

5.3 借款视同分红公司和股东均要担责

案例背景

甲市地方税务局稽查局根据上级交办的外汇管理局线索和税务稽查任务的工作安排，于2011年12月向A有限公司送达"税务检查通知书"，对A有限公司税款属期为2010年1月1日至2011年12月31日的涉税情况进行检查。通过调取A有限公司账簿资料，发现A有限公司存在股东卞某、程某借款在该纳税年度终了未归还又未用于企业生产经营的情况。

对于上述调查结果，甲市地方税务局稽查局于2015年11月向A有限公司送达了"税务处理事项告知书"和"税务行政处罚事项告知书"，对A有限公司的

违法事项、拟处理决定及税务处罚的事实依据、法律依据、拟作出的处罚决定进行告知，同时告知 A 有限公司依法享有陈述、申辩的权利。

2015 年 12 月 3 日，甲市地方税务局稽查局进行税务行政处罚听证，听取了 A 有限公司的陈述和申辩。

2016 年 5 月 16 日，甲市地方税务局稽查局向 A 有限公司送达了"税务处理决定书"和"税务行政处罚书"，认定 A 有限公司存在股东向公司借款用于非生产经营超过 1 年未归还且未按规定代扣代缴个人所得税的事实，并对 A 有限公司处以未代扣代缴个人所得税税款 1.5 倍的罚款。

随后经过复议等程序，A 有限公司不服，向甲市人民法院提起行政诉讼。一审判决后，A 有限公司仍不服，遂提起上诉，法院驳回了 A 有限公司的申请，维持原判。

案例分析

法院裁判核心观点：

A 有限公司对于股东卞某向其借款 75 000 元未用于企业经营且未在该纳税年度内归还的事实无异议，法院予以确认。A 有限公司主张，股东程某借款的 6 128 000 元系用于企业的经营，并提供了与程某签订的协议、董事会决议等证明借款是用于企业经营。在甲市地方税务局稽查局对企业法定代表人程某所做的询问笔录中，程某对借款在纳税年度内未归还的事实也予以确认，但未主张该借款系用于企业经营；同时，A 有限公司在诉讼中也未提供相应的证据佐证该借款系用于企业经营。在甲市地方税务局稽查局检查过程中及听证时，A 有限公司虽提交了借款说明及部分还款证明，但银行支付系统专用凭证等还款证明体现的时间均在借款年度终了后，也在税务部门立案检查后，A 有限公司关于程某借款系用于企业生产经营的主张不能成立。甲市地方税务局稽查局认定 A 有限公司的两位股东卞某、程某共借款 6 203 000 元，未用于企业生产经营，且在该纳税年度内未归还，依据财税〔2003〕158 号通知第二条的规定，经甲市地方税务局稽查局重大案件审理委员会会议审议，对于两位股东向 A 有限公司借款 6 203 000 元视为企业对个人投资者的红利分配，依照"利息、股息、红利所得"项目按税率 20% 计征个人所得税。A 有限公司应扣未扣"利息、股息、红利所得"个人所得税税款 1 240 600 元应补扣缴。

甲市地方税务局稽查局在作出本案被诉行政处罚决定前，已于 2015 年

11月向A有限公司送达"税务处理事项告知书",已告知了A有限公司应补缴的税款以及在税务行政处罚决定前主动补缴的,则处以未代扣代缴个人所得税税款 5 319 179.4 元 0.5 倍的罚款。但A有限公司在2016年5月16日甲市地方税务局稽查局作出被诉处罚决定前未能主动补缴税款。据此,甲市地方税务局稽查局根据《中华人民共和国税收征收管理法》第六十九条的规定,对A有限公司应扣未扣个人所得税的行为处以应扣未扣税款 1.5 倍的罚款,计 7 978 769.1 元。

政策依据

《财政部 国家税务总局关于规范个人投资者个人所得税征收管理的通知》(财税〔2003〕158号)

《中华人民共和国个人所得税法》第九条

《中华人民共和国税收征收管理法》第六十九条

案例总结

实务中,股东向公司借款长期挂账的现象十分普遍,应按照政策严格控制还款期限,否则将面临被视同分红补缴税款和滞纳金的风险。同时,公司未履行税款代扣代缴的义务,也将面临罚款。

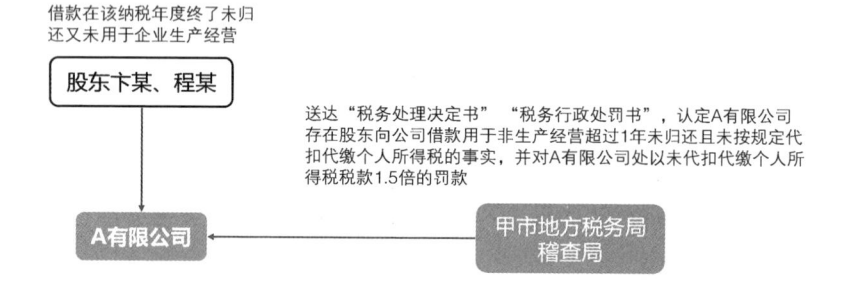

```
股东卞某、程某 ──借款在该纳税年度终了未归还又未用于企业生产经营──> A有限公司
                                                                    <── 甲市地方税务局稽查局
送达"税务处理决定书""税务行政处罚书",认定A有限公司存在股东向公司借款用于非生产经营超过1年未归还且未按规定代扣代缴个人所得税的事实,并对A有限公司处以未代扣代缴个人所得税税款1.5倍的罚款
```

5.4 股东从公司提取收益的不同方式比较

案例背景

老板经营公司,最终是要从公司的盈利中合法合规地拿钱出来,最常见的收

益来源有股东分红收益和股权转让收益；除此之外，老板也经常从公司借钱，有些老板会给自己发工资。

案例分析

方式一：分红

根据《中华人民共和国个人所得税法》的相关规定，股东从公司取得分红，应该按照"利息、股息、红利所得"项目缴纳个人所得税，税率为20%。需要注意的是，企业所得税税后利润才能给股东分红，企业所得税的法定税率为25%，小微企业的实际税负为5%（2027年12月31日前）。所以，分红对公司来说要先缴纳至少5%的企业所得税，到股东个人还需要缴纳个人所得税，税负成本较高。

方式二：借款

股东可以从公司取得借款，但是年末未归还且未用于企业生产经营的，其未归还的借款可以视为企业对个人投资者的分红，依照"利息、股息、红利所得"项目缴纳20%的个人所得税。因此，股东个人向公司借款要避免出现跨年[①]未归还的情况，否则将面临补税风险。

方式三：工资

法律并未限制公司给股东个人发工资，因此发工资是老板从公司拿钱的一种合理的方式。

居民个人的工资要并入综合所得，按照3%~45%的七级超额累进税率缴税，详见下表。

"综合所得"个人所得税税率表

级数	全年应纳税所得额	税率	速算扣除数
1	不超过36 000元的	3%	0
2	超过36 000元至144 000元的部分	10%	2 520
3	超过144 000元至300 000元的部分	20%	16 920
4	超过300 000元至420 000元的部分	25%	31 920

[①] 此处的跨年指的是跨会计年度，而非自借款之日起超过1年。

续 表

级数	全年应纳税所得额	税率	速算扣除数
5	超过 420 000 元至 660 000 元的部分	30%	52 920
6	超过 660 000 元至 960 000 元的部分	35%	85 920
7	超过 960 000 元的部分	45%	181 920

表中第二列的数据为应纳税所得额,并非收入额,个人可以在收入的基础上减除每年 60 000 元的基本费用、个人承担的"三险一金"、专项附加扣除(具体包括婴幼儿照护、子女教育、继续教育、大病医疗、住房贷款利息、住房租金、赡养老人 7 项,按照每月 2 000 元、一年 24 000 元测算),以及依法确定的其他扣除。

年工资不超过 84 000 元的,无须缴纳工资个人所得税;年工资为 120 000 元的,应纳个人所得税为 1 080 元(36 000×3%),实际税负为 0.9%;年工资为 228 000 元的,应纳个人所得税为 11 880 元(144 000×10%－2 520),实际税负为 5.2%(11 880÷228 000)。

除了每月的固定工资之外,老板还可以给自己发放全年一次性奖金,根据《财政部 税务总局关于延续实施全年一次性奖金个人所得税政策的公告》(财政部 税务总局公告 2023 年第 30 号)的相关规定,在 2027 年 12 月 31 日前,全年一次性奖金可以选择单独计税,也可以选择并入综合所得合并计税。

按照临界点测算,年终奖发放 36 000 元,适用 3%的税率,即应纳个人所得税为 1 080 元,税负率为 3%。若与前面的 228 000 元工资结合,个人所得税合计数就为 12 960 元(11 880＋1 080),税负率为 4.9%(12 960÷264 000)。

若年终奖发放 144 000 元,适用 10%的税率,即应纳个人所得税为 14 190 元(144 000×10%－210),税负率为 9.85%(14 190÷144 000)。若与前面的 228 000 元工资结合,个人所得税合计为 26 070 元(14 190＋11 880),综合税负率为 7%(26 070÷372 000)。

因此,工资和年终奖结合的税负较低的模式主要有两种:

(1) 工资 228 000＋年终奖 36 000＝264 000 元,税负率为 4.9%。

(2) 工资 228 000＋年终奖 144 000＝372 000 元,税负率为 7%。

案例总结

股东从公司取得收益采用分红方式时,税率是确定的20%。发工资在一定金额范围之内的税负明显低于分红,可以减轻部分税务负担。本案例中关于工资的测算只是数据的测算,实务中要确保工资发放的合法性和合理性。借款要注意归还的期限和借款的用途。

第6章

最常见的股权交易：股权转让

随着公司数量的增多，公司股权的交易成为股权领域最常见的市场行为之一。股权转让是前股东获取股权持有收益的一种方式，但其获取的差额收益须缴纳相应的所得税。不同主体做股东时股权转让的纳税规则不同，个人股东的股权转让所得按照"财产转让所得"项目缴纳个人所得税，合伙企业股东的股权转让所得并入经营所得征税，公司股东的股权转让所得原则上依照25%的法定税率计征企业所得税。

股权转让产生的所得要依法纳税，现实中为了减少甚至规避这部分税款，交易方采取了各种各样的办法。其中，有些是合法合规的；有些是非法的，比如用"阴阳合同"分拆股权转让价款恶意逃避纳税，其结果是补税、缴纳罚款和滞纳金；还有些采用"平价转股""零元转股""一元转股"，也被税务机关核定股权转让收入。

税务机关核定股权转让收入的首选方法是"净资产核定法"，即股权转让收入按照每股净资产或股权对应的净资产份额核定。其基本原理是，股权转让的交易标的物是股权，股权也即股东权益，而股东权益在公司的资产负债表中就表现为所有者权益。所以，税务机关以资产负债表中的所有者权益数为依据核定股权转让收入就成了既直观又相对科学的方法。

股权转让领域的税务处理在实务中也存在一定的争议，本章的案例在讲解股权转让普遍的税务处理方法、合法合规降低股权转让税负的同时，会在一定程度上体现这种实务中的争议。

第6章案例列表

序　号	标　　　　题
041	自然人转让股权的基本纳税规则
042	自然人平价转股被税务核定补税
043	自然人转股少缴税的不同税务处理
044	自然人转股至其名下的一人公司
045	自然人等比例转股至其合伙企业
046	自然人转股争议解决的思路探讨
047	股改后股权变动频繁被要求说明
048	法人股东转让股权的不同方式比较
049	未分配利润在何时分配税负更低
050	以股权方式转让不动产是否更优
051	股权转让不成功完成退税案例的启示
052	选择股权转让还是增资的结果出人意料

6.1 自然人转让股权的基本纳税规则

案例背景

2018年10月，王先生以现金100万元设立一家公司。2020年2月，王先生以150万元的价格将公司100%的股权转让给李先生，截至转让前，被转让公司的所有者权益为150万元，其中，实收资本为100万元、未分配利润和盈余公积为50万元。

问题：王先生转让股权应该如何纳税？

案例分析

1. 个人股权转让的股权是指什么？

股权是指自然人股东投资于在中国境内成立的企业或组织（以下统称被投资企业，不包括个人独资企业和合伙企业）的股权或股份。

2. 个人股权转让如何计算缴纳个人所得税？

个人转让股权，以股权转让收入减除股权原值和合理费用后的余额为应纳税所得额，按"财产转让所得"缴纳个人所得税。合理费用是指股权转让时按照规定支付的有关税费。根据《中华人民共和国个人所得税法》第三条的规定，利息、股息、红利所得，财产租赁所得，财产转让所得和偶然所得，适用比例税率，税率为20%。

3. 亲属之间无偿转让股权，需要缴纳个人所得税吗？

亲属之间无偿转让股权是否征税，需区分情形。

符合以下情形的无偿转让股权，可认可其低价合理：继承或将股权转让给其能提供具有法律效力身份关系证明的配偶、父母、子女、祖父母、外祖父母、孙子女、外孙子女、兄弟姐妹以及对转让人承担直接抚养或者赡养义务的抚养人或者赡养人。

除以上情形外的亲属之间的股权转让，若申报的转让收入明显偏低且无正当理由的，税务机关可以核定其转让收入并计征个人所得税。

4. 个人股权转让，股权原值如何确认？

个人转让股权的原值依照以下方法确认：（1）以现金出资方式取得的股权，按照实际支付的价款与取得股权直接相关的合理税费之和确认股权原值；（2）以非货币性资产出资方式取得的股权，按照税务机关认可或核定的投资入股时非货币性资产价格与取得股权直接相关的合理税费之和确认股权原值；（3）通过无偿让渡方式取得股权，具备《股权转让所得个人所得税管理办法（试行）》第十三条第二项所列情形的，按取得股权发生的合理税费与原持有人的股权原值之和确认股权原值；（4）被投资企业以资本公积、盈余公积、未分配利润转增股本，个人股东已依法缴纳个人所得税的，以转增额和相关税费之和确认其新转增股本的股权原值；（5）除以上情形外，由主管税务机关按照避免重复征收个人所得税的原则合理确认股权原值。

5. 个人股权转让的纳税申报地点如何确认？

个人股权转让所得个人所得税以被投资企业所在地税务机关为主管税务机关。

税费测算

本案例中的王先生在转让其自然人股权，计算其股权转让所得时的投资成本或股权原值是 100 万元。

该项股权转让的财产转让所得＝150－100＝50（万元）

王先生应缴纳个人所得税＝50×20%＝10（万元）

政策依据

《中华人民共和国个人所得税法》

《国家税务总局关于发布〈股权转让所得个人所得税管理办法（试行）〉的公告》（国家税务总局公告 2014 年第 67 号）

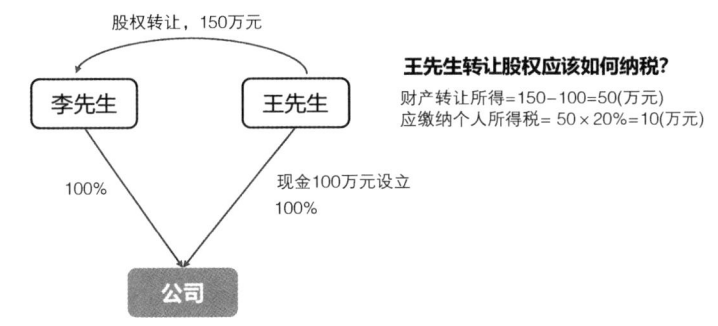

6.2 自然人平价转股被税务核定补税

案例背景

2014 年 6 月，CT 有限公司召开股东会并作出决议，同意股东吴某将其持有 CT 有限公司 7% 的股权（成本 98 万元）以 98 万元的价格平价转让给陈某；股东徐某将其持有 CT 有限公司 11% 的股权（成本 160 万元）以 160 万元的价格平价转让给陈某。上述股权交易均签署了股权转让协议，股权转让价款已支付完毕。

税务机关认为股权转让价格明显偏低且没有正当理由，于是对转让价格进行核定并要求股权转让方申报缴纳相应的个人所得税。

问题：税务机关核定股权转让价格的标准是什么？

案例分析

由于个人股权转让所得要按照20%的税率缴纳个人所得税，因此在设定股权转让价格时，纳税人有较为强烈的节税动机。如果股权转让价格过低，就会侵蚀国家的税收利益，因此税务机关对于股权转让价格的核定主要是保障税款。

《股权转让所得个人所得税管理办法(试行)》第十四条规定，主管税务机关应依次按照下列方法核定股权转让收入：

（1）净资产核定法：股权转让收入按照每股净资产或股权对应的净资产份额核定。被投资企业的土地使用权、房屋、房地产企业未销售房产、知识产权、探矿权、采矿权、股权等资产占企业总资产比例超过20%的，主管税务机关可参照纳税人提供的具有法定资质的中介机构出具的资产评估报告核定股权转让收入。6个月内再次发生股权转让且被投资企业净资产未发生重大变化的，主管税务机关可参照上一次股权转让时被投资企业的资产评估报告核定此次股权转让收入。

（2）类比法：参照相同或类似条件下同一企业同一股东或其他股东股权转让收入核定，参照相同或类似条件下同类行业企业股权转让收入核定。

（3）其他合理方法：主管税务机关采用以上方法核定股权转让收入存在困难的，可以采取其他合理方法核定。

从上述规定可以看出，虽然税务机关核定股权转让收入有三种方法，但首选是净资产核定法。

股权转让的标的是股东权益，股东权益在资产负债表中表现为所有者权益。虽然资产负债表中的数据不一定公允，但这是税务机关可以掌握的企业最直接的数据，以此标准来衡量股权转让价格是合理的。

案例总结

自然人在确定股权转让价格时，可以参照股权对应的净资产数据确定。在所有者权益数据虚高的情况下，也可以通过合理降低所有者权益数据的方式来对股权转让的个人所得税进行筹划。

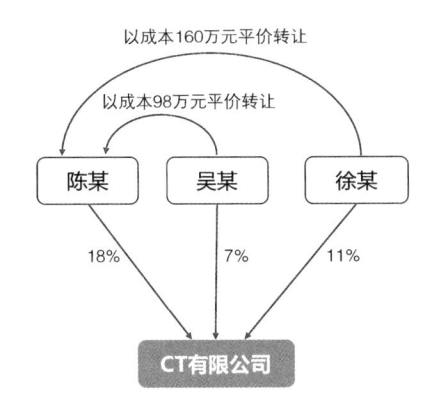

```
以成本160万元平价转让
    以成本98万元平价转让
   ┌──────┐  ┌──────┐  ┌──────┐
   │ 陈某 │  │ 吴某 │  │ 徐某 │
   └──────┘  └──────┘  └──────┘
     18%       7%        11%
         ┌──────────┐
         │ CT有限公司│
         └──────────┘
```

税务机关认为股权转让价格明显偏低且没有正当理由，于是对转让价格进行核定并要求股权转让方申报缴纳相应的个人所得税

税务机关核定股权转让价格的标准：① 净资产核定法；② 类比法；③ 其他合理方法

6.3 自然人转股少缴税的不同税务处理

案例背景

同样是自然人转让股权少缴税，下面两个案例中的税务处理却完全不同。

案例一："阴阳合同"股权转让被税务机关认定偷税，追缴税款、滞纳金并罚款

2020年9月23日，陕西省税务局稽查局向肖某、吴某送达税务处理、处罚决定，认定以下事实：2017年8月，肖某等7人分别与吴某签订了股权转让协议（"阴合同"），转让各自持有的A公司股权。其中，肖某的股权转让价款为8 190万元。为降低税费负担，肖某与吴某在工商机关变更登记时，另行签订了一份股权转让协议（"阳合同"），约定股权转让价款与股权的注册认缴资金等额，为840万元。2017年9月，肖某与吴某依据"阳合同"在工商局完成涉案股权的股东变更登记。

陕西省税务局稽查局认为，肖某的行为属于"纳税人伪造记账凭证，不列、少列收入，不缴应纳税款"，构成偷税，决定对肖某追缴少缴的税款1 469万元，加收滞纳金，并处以少缴税款1倍的罚款1 469万元。吴某的行为属于"扣缴义务人应扣未扣、应收而不收税款"，决定对吴某处以应扣未扣税款1倍的罚款，即1 469万元。

案例二：股权转让未申报纳税被税务机关认定为漏税，因超过5年而不予处理和处罚

2022年1月24日，咸宁市税务局第一稽查局向倪某送达税务处理、处罚决定，认定以下事实：2013年8月，倪某签订股权转让协议，转让B公司10%的股权给张某，转让价格为249万元，该股权取得成本为178万元，倪某未就股权转

让申报缴纳个人所得税。

2021年4月,通山县税务局第二分局向倪某下达"责令限期改正通知书",通知倪某就上述股权转让行为限期申报个人所得税14万元。经税务机关通知申报后,倪某仍未申报。

咸宁市税务局第一稽查局认为,倪某的行为属于"纳税人不进行纳税申报,不缴或者少缴应纳税款",不构成偷税。因倪某少缴税款已经超过5年追征期,所以决定不予追缴税款。因倪某少缴税款的违法行为已经超过5年追罚时效,所以决定不予行政处罚。

案例分析

两个案例都是自然人股权转让少缴税款。在案例一中,吴某进行了代扣代缴申报,但通过"阴阳合同"的方式,申报了虚假的计税依据。税务机关据此认定肖某构成偷税,要求其补缴税款、加收滞纳金,并处以1倍罚款;认定吴某构成应扣未扣,对其处以1倍罚款。在案例二中,倪某及其扣缴义务人均没有进行纳税申报或代扣代缴申报,税务机关反而认为其不构成偷税,同时因该案已经超过5年的追征期和追罚时效而没有作出任何处理、处罚。

政策依据

《中华人民共和国税收征收管理法》第六十三条和第六十九条

案例总结

两个自然人股权转让少缴税的案例,税务处理完全不同,其根本区别在于对行为定性的不同。案例一被认定为偷税,而案例二被认定为一般的税务违法行为。实务中遇到类似税务争议时,如何解决行为定性的问题,是最核心、最首要的问题。

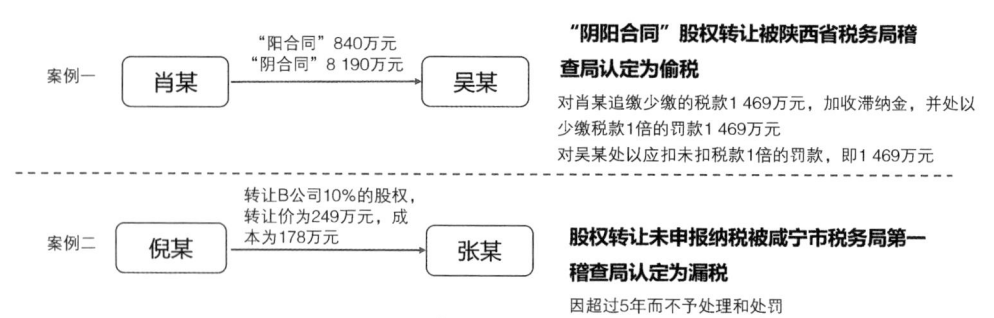

案例一 肖某 —"阳合同"840万元 / "阴合同"8 190万元→ 吴某

"阴阳合同"股权转让被陕西省税务局稽查局认定为偷税

对肖某追缴少缴的税款1 469万元,加收滞纳金,并处以少缴税款1倍的罚款1 469万元

对吴某处以应扣未扣税款1倍的罚款,即1 469万元

案例二 倪某 — 转让B公司10%的股权,转让价为249万元,成本为178万元 → 张某

股权转让未申报纳税被咸宁市税务局第一稽查局认定为漏税

因超过5年而不予处理和处罚

6.4 自然人转股至其名下的一人公司

案例背景

股权转让价格明显偏低且无正当理由时,税务机关有权核定转让收入。

问题:自然人将股权转让至其名下的一人有限公司时是否属于上述的正当理由?

案例分析

案例一:视为正当理由,不征收个人所得税

上市公告:在辽宁 DJD 石化股份有限公司 IPO 保荐书中载明,为调整股权架构,两个自然人股东将持有的该公司股份转让给各自设立的一人有限公司,根据营口市老边区地方税务局出具的《关于自然人股东股权转到其设立的一人有限公司是否缴纳个人所得税请示的回复》,鉴于公司目前的实际情况,该局暂未查到此行为征收个人所得税相关政策依据,暂按国家税务总局公告 2014 年第 67 号《股权转让所得个人所得税管理办法》第十三条第(四)款,股权转让双方能够提供有效证明其合理的其他合理情形,视为有正当理由,不征收个人所得税。

案例二:不属于正当理由,依法缴纳个人所得税

自然人 A 持有甲有限责任公司 70% 的股权(自然人 A 向甲公司出资的成本是 1 元/每元注册资本)。A 计划将其持有的甲公司 30% 的股权转让给乙公司(乙公司系 A 持股 100% 的一人有限公司),作价是 1 元/每元注册资本。目前甲有限责任公司每元注册资本的净资产约为 1.4 元。问:该股权转让行为是否需要缴纳个人所得税?如需纳税,请提供计税依据、纳税时点等政策法规;如需缴纳个人所得税,是否有相关规定可以申请延期纳税?是否可以申请地方留存部分个人所得税返还?

东莞税务局答复:不属于有正当理由情形,低于净资产份额的属明显偏低

根据《国家税务总局关于发布〈股权转让所得个人所得税管理办法(试行)〉的公告》(国家税务总局公告 2014 年第 67 号)第十二条的相关规定,纳税人拟进行股权转让的收入低于其股权对应的净资产份额的,视为股权转让收入明显偏低。同时,根据该公告第十三条的相关规定,纳税人将股权转让给其 100% 持

股的一人有限公司,不符合第十三条规定的有正当理由的情形。因此,主管税务机关应根据该公告第十四条的方法核定股权转让收入。

纳税人发生股权转让行为的,应根据国家税务总局公告2014年第67号第二十条的规定,扣缴义务人、纳税人应当依法在次月15日内向主管税务机关申报纳税,包括下列情形:(1)受让方已支付或部分支付股权转让价款的;(2)股权转让协议已签订并生效的;(3)受让方已经实际履行股东职责或者享受股东权益的;(4)国家有关部门判决、登记或公告生效的;(5)上述办法第三条第四项至第七项行为已完成的;(6)税务机关认定的其他有证据表明股权已发生转移的情形。

目前针对非货币性资产投资入股和技术成果投资入股等情形有分期缴纳和递延纳税优惠政策,由于不同情况下所涉及的政策较为复杂,因此建议携带相关资料到主管税务机关进一步咨询。

地方留存部分个人所得税返还事项请向财政部门咨询。

政策依据

《股权转让所得个人所得税管理办法(试行)》(国家税务总局公告2014年第67号)第十三条

案例总结

关于股权转让价格明显偏低的正当理由,2014年67号公告第十三条列举了三条明确的理由,另有一条兜底条款,即股权转让双方能够提供有效证据证明其合理性的其他合理情形。关于自然人将股权转让至其名下的一人有限公司的情形,并非列明的正当理由,只能适用兜底条款。然而兜底条款因为没有明确的情形,所以很容易出现不同的解释。

案例一	辽宁DJD石化股份有限公司为调整股权架构,两个自然人股东将持有的该公司股份转让给各自设立的一人有限公司	→	暂按国家税务总局公告2014年第67号第十三条第(四)款,股权转让双方能够提供有效证明其合理的其他合理情形,**视为有正当理由,不征收个人所得税**
案例二	自然人A持有甲有限责任公司70%的股权,A计划将其持有的甲公司30%的股权以成本价转让给乙公司(乙公司系A持股100%的一人有限公司)	→	不属于有正当理由的情形,低于净资产份额的属明显偏低,**依法缴纳个人所得税**

6.5 自然人等比例转股至其合伙企业

案例背景

TP(上海)智能科技有限公司(以下简称 TP 公司)成立于 2003 年 7 月,是 AR 领域的一家公司,属于中外合资企业,专业从事 AR 开发及智能硬件制造,集硬件、软件、内容、生态和用户为一体,拥有 AR 方面"平台+内容+终端+应用"完整的生态系统,具有广阔的市场前景。由于 AR 的研发需要投入大量资金,因此公司于 2015 年起陆续引入投资,具体如下表所示。

融资明细

单位:元

时　　间	融资金额	增加注册资本 初始:5 530 000	计入资本公积
2015 年 7 月	38 500 000	1 283 333	37 216 667
2015 年 11 月	1 328 600	664 300	664 300
2016 年 5 月	1 533 000	766 500	766 500
2017 年 5 月	200 000 000	2 748 044	197 251 956
合　　计	241 361 600	10 992 177	235 899 423

在上述融资过程中,公司创始人与投资人签订对赌协议。由于近几年公司经营不善,连年亏损,未能完成对赌协议中约定的业绩要求,因此对赌失败。公司作为原告,以创始人损害公司利益为由对其提起诉讼,在此情况下,创始人被迫将其股权进行转让,拟引入新的投资人。为此,两位创始股东先将股权平价转让给其二人创立的合伙企业(二人在合伙企业的财产份额与其在公司的股权比例相同),再由合伙企业对外转让给新的投资人以达成变更股东的目的。

问题:站在 TP 公司的角度,如何用合理的理由说服税务机关认可其两个创始人股东将股权平价转让给其等比例成立的合伙企业属于转让价格明显偏低的正当理由?

案例分析

本案例与案例 6.4 中的情形类似。本案例中由于多次融资，公司账面积累了超过 2 亿元的资本公积，平价转股显然不是公允的转让价格。要想说服税务机关认可平价转股的价格，可以从两个角度展开：一是转让股权前后的纳税人未发生变化，此处主要依据的是合伙企业不是所得税纳税主体；二是转让的过程未产生实质的所得。具体表述如下：

（1）持股本质未发生变化，属于"自己转给自己"：从实质课税原则的角度出发，××合伙企业不属于个人所得税的纳税主体，其合伙人张某、李某二人才是个人所得税的纳税义务人。若对该股权转让行为征税，则意味着张某、李某二人在股权转让交易中既是转让方，也是受让方，对其二人的股权转让行为征税有违实质课税和税收公平两大税法领域的基本原则。国家税务总局公告 2014 年第 67 号第十三条列举了股权转让价格明显偏低的正当理由，其中第三条是转让给特定的近亲属。如果转让给近亲属属于正当理由，那么转让给自己理应也属于正当理由。

（2）未产生实质所得：根据国家税务总局公告 2014 年第 67 号第四条的规定，个人转让股权，以股权转让收入减除股权原值和合理费用后的余额为应纳税所得额，按"财产转让所得"缴纳个人所得税。在本次股权转让中，张某、李某二人的转让价格均与其在公司的出资额相同，其转让收入与股权原值相同，未产生任何溢价，应纳税所得额为 0，故虽然该转让行为属于应税行为，但其应纳税额应为 0。

案例总结

本案例属于探讨型的案例，其中的观点和表述仅供参考。实务中应在与主管税务机关积极沟通的基础上，以主管税务机关的意见为准。

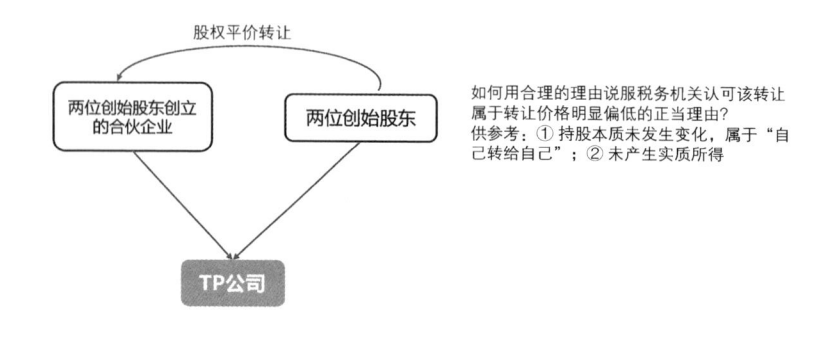

股权平价转让

两位创始股东创立的合伙企业 → TP公司 ← 两位创始股东

如何用合理的理由说服税务机关认可该转让属于转让价格明显偏低的正当理由？
供参考：① 持股本质未发生变化，属于"自己转给自己"；② 未产生实质所得

6.6 自然人转股争议解决的思路探讨

案例背景

A 是甲公司 100％股权的持有人，甲公司注册资本为 1 000 万元，已由 A 实缴 300 万元，现 A 个人急需资金周转，将 30％的股权以 300 万元转让给 B，并在公司章程中约定，B 已经实缴 300 万元，A 认缴 700 万元。

关于是否要缴纳个人所得税，税企双方存在争议：税务局认为，当时公司 100％股权的成本是 300 万元，30％就是 90 万元，A 收取 300 万元转让 30％的股权，赚取 210 万元，要就 210 万元缴纳个人所得税。A 认为，A 并没有在此次股权转让中获得收益（平价转让），所以无须缴纳个人所得税。股权转让协议说了转让实缴部分，价格是 300 万元，股权转让后变成 B 实缴 300 万元，A 仍然需要负担剩余 700 万元的出资义务，其本次股权转让并没有实际收益。

注：本次股权转让时，公司处于亏损状态，亏损 20 万元。股权转让协议等资料已提交给税务局，章程已备案。

案例分析

根据《股权转让所得个人所得税管理办法（试行）》（2014 年第 67 号公告）第四条的规定，个人转让股权，以股权转让收入减除股权原值和合理费用后的余额为应纳税所得额，按"财产转让所得"缴纳个人所得税。合理费用是指股权转让时按照规定支付的有关税费。第十五条规定，个人转让股权的原值，以现金出资方式取得的，按照实际支付的价款与取得股权直接相关的合理税费之和确认股权原值。

对于股权转让收入，税企双方没有异议，都认为是公允的，关键是对股权转让的原值问题理解有差异。税务局认为按税法规定，股权原值就是"实际支付的价款"300 万元加上相关税费（在此先忽略），而不管注册资本为多少，未实缴的不能算成本，那么股权转让协议说转让 30％的股权，成本就是 90 万元（300×30％），应纳税所得额就是 210 万元，按 20％的税率就要缴 42 万元的个人所得税。而 A 认为股权转让协议明确写着"转让实缴部分"，实缴部分成本就是 300 万元，属于平价转让，不用缴税。

问题：相关协议已提交，已无修改的可能，如何解决呢？

税费测算

思路一：向税务局递交书面解释说明

从实质上来说，此次股权转让是没有溢价的。章程和股权转让协议都注明转让的是"实缴部分"的股权，其他股权是认缴，并无实际发生的成本，所以实缴部分的股权成本是300万元，而不是90万元。问题出在协议有瑕疵——写着转让30%股权，这个30%股权是指1 000万元的30%还是300万元的30%，容易产生歧义。另外，计算口径不一致，计算股权收入时股权占比按1 000万元计算，而计算成本时股权占比按300万元计算。按收入与成本配比原则，计算时口径要统一，要么都按1 000万元计算，要么都按300万元计算。如果股权成本按300万元计算，那么转让的是100%股权，而不是30%股权。A可以从这个方面去与税务局沟通，争取税务局的理解。

思路二：用过桥资金完成700万元实缴并出具验资报告

有人建议通过过桥资金把剩下的700万元实缴出资并验资。但是过桥有风险，且要增加成本。一方面需支付高额利息，且有抽逃资本的风险，严重的要承担刑事责任。另一方面如果税务局最后认为是股权转让后实缴，不认可该成本，那就白费功夫了。对于事后的补救措施，税务局基本上不会认可。所以这个思路完全不可行。

案例总结

股权转让涉及的问题相对复杂，从价格的制定到合同的签订再到种种细节的敲定，转让前一定要做细致的评估，咨询专业人士，以减少后期的麻烦。

将30%股权以300万元转让给B，并在公司章程中约定，B已经实缴300万元，A认缴700万元

A → 100% → 甲公司

注册资本1 000万元，A实缴300万元

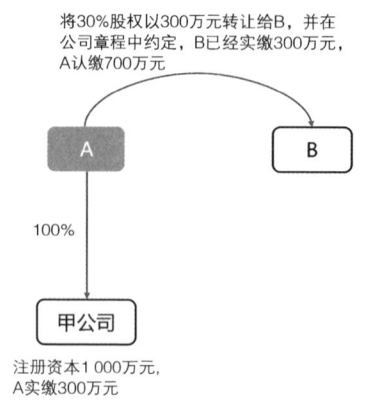

关于是否要缴纳个人所得税，税企双方存在争议：

税务局认为：
30%股权成本是90万元，A收取300万元转让30%股权，赚取210万元，要就210万元缴纳个人所得税

A认为：
A并没有在此次股权转让中获得收益（平价转让），所以无须缴纳个人所得税

解决思路：
(1) 向税务局出示书面解释说明，说明转让的是实缴部分，成本为300万元，与税务局计算口径不一致
(2) 用过桥资金完成700万元实缴，并出具验资报告，但不可行

6.7 股改后股权变动频繁被要求说明

案例背景

YP 有限公司成立于 2013 年 5 月，设立时股东为 JP 制药、JP 集团，同年 8 月前述股东将股权转让给 YP 有限公司的实际控制人控制的 ZHYP 有限公司以及张×等人。YP 有限公司于 2015 年改制后，股权变动较为频繁，共有 4 次增资及近 20 次股权转让。

请 YP 有限公司说明设立并短期转让给其实际控制人的决策程序合规性，是否存在潜在纠纷、国有资产流失、税收监管等合规风险。

案例分析

具体书面说明：

JP 集团及 JP 制药设立 YP 有限公司并将 100％的股权转让给 ZHYP 有限公司及张×、黄××、苏××、王××的事宜已经 JP 集团及 JP 制药内部有权决策机构审议通过，该等股权转让完成后，JP 制药及 JP 集团不再是 YP 有限公司的股东，不对 YP 有限公司享有任何权益。根据《国家税务总局关于企业取得财产转让等所得企业所得税处理问题的公告》（国家税务总局公告 2010 年第 19 号）的相关规定，企业取得财产转让收入应一次性计入确认收入的年度计算缴纳企业所得税，因此，法人股东股权转让涉及的所得税计入企业年度应纳税所得额，由法人股东自行进行企业所得税纳税申报及汇算清缴。根据 JP 制药及 JP 集团的工商底档，JP 制药及 JP 集团已于当年度汇算清缴中结清本次股权转让涉及的企业所得税应缴税款，JP 制药及 JP 集团不存在因本次股权转让被税务主管机关要求补缴税款或者行政处罚的情形。同时，ZHYP 有限公司作为股权受让方，为公司制法人，不存在税收代扣代缴义务，与发行人也不存在税收法律关系，因此，本次股权转让不存在税收监管风险。

政策依据

《国家税务总局关于企业取得财产转让等所得企业所得税处理问题的公告》（国家税务总局公告 2010 年第 19 号）

案例总结

股权转让方为自然人时,为了便于对交易进行税务监管,会有受让方代扣代缴税款的规定。而股权转让方为公司时,公司自行申报纳税的渠道更为通畅,不存在代扣代缴的问题。

6.8 法人股东转让股权的不同方式比较

案例背景

A 公司投资 M 公司的初始投资成本为 6 000 万元,占 M 公司股份的 60%,B 公司出资 4 000 万元占 M 公司 40% 的股份,A 公司准备将持有的 M 公司 60% 的股份全部转让给自然人 C,然后用股权转让款购买自然人 C 持有的 N 公司 100% 的股份。截至股权转让前,M 公司的未分配利润为 5 000 万元,盈余公积为 5 000 万元。2021 年 11 月 A 公司将其股份作价 13 000 万元全部转让给自然人 C。

问题:在 A 公司股权转让环节,如何操作可以合法合规地降低企业所得税?

案例分析

如果 A 公司直接转让股权给自然人 C,则 A 公司发生的股权转让所得为 7 000 万元(13 000−6 000),应缴企业所得税 1 750 万元(7 000×25%),税负较高。

方案一:先分红后转让

M 公司先分红,A 公司根据持股比例可以分得 3 000 万元(5 000×60%),分红后 A 公司的股权转让收入变为 10 000 万元(13 000−3 000),A 公司分得的股息、红利 3 000 万元免征企业所得税。

A 公司发生的股权转让所得=10 000−6000=4 000(万元)

股权转让所得缴纳企业所得税=4 000×25%=1 000(万元)

节税金额=1 750−1 000=750(万元)

方案二:先"分红+盈余公积转增资本"再转让

M 公司的盈余公积 5 000 万元恰恰是注册资本 1 亿元的 50%。M 公司可以 2 500 万元(所留存的该项公积金不得少于转增资本前公司注册资本 1 亿元的 25%)盈余公积转增资本,转股后公司的注册资本增加至 1.25 亿元,其中 A 公司的投资成本变为 7 500 万元(6 000+2 500×60%)。

由于 M 公司先分红,因此 A 公司根据持股比例可以分得 3 000 万元(5 000×60%),分红后 A 公司的股权转让收入变为 10 000 万元(13 000-3 000),A 公司分得的股息、红利 3 000 万元免征企业所得税。

分红后 A 公司股权转让收入是 10 000 万元,同时 M 公司通过盈余公积转增资本的方式,致使 A 公司的投资成本变为 7 500 万元。

A 公司的股权转让所得=10 000-7 500=2 500(万元)

应缴企业所得税=2 500×25%=625(万元)

节税金额=1 750-625=1 125(万元)

方案三:先撤资后增资

A 公司和 B 公司达成减资协议约定,A 公司先从 M 公司撤出 60%的出资份额,获得 13 000 万元补偿;同时自然人 C 和 M 公司签订增资协议约定,由 C 出资 13 000 元占有 M 公司 60%的股权。在这些操作都满足法定流程的前提下,6 000 万元算投资资本的收回,不缴企业所得税;按撤资比例 60%应享有的 M 公司盈余公积和未分配利润的份额 6 000 万元[(5 000+5 000)×60%]应确认为股息所得,免征企业所得税;其余部分 1 000 万元(13 000-6 000-6 000)应确认为股权转让所得。

应缴企业所得税=1 000×25%=250(万元)

节税金额=1 750-250=1 500(万元)

方案四:关联公司之间先"定向分红+盈余公积转增资本"再转让

有限责任公司在分配股息、红利时,允许将公司的未分配利润只分配给某些股东,而另外一些股东放弃分红。该事项需要股东在公司章程中约定,公司章程的修改属于公司股东会特别决议事项,需要经 2/3 以上有表决权的股东同意。

通过修改公司章程,A 公司优先分红 5 000 万元后,股权转让价格变为 8 000 万元(13 000-5 000),再将 2 500 万元(所留存的该项公积金不得少于转增资本前公司注册资本 1 亿元的 25%)盈余公积转增资本,转增后 A 公司的投资成本变为 7 500 万元(6 000+2 500×60%)。

A 公司股权转让所得=8 000-7 500=500(万元)

应缴企业所得税=500×25%=125(万元)

节税金额=1 750-125=1 625(万元)

政策依据

《国家税务总局关于贯彻落实企业所得税法若干税收问题的通知》(国税函〔2010〕79号)第三条

《中华人民共和国公司法》

《国家税务总局关于企业所得税若干问题的公告》(国家税务总局公告2011年第34号)第五条

《中华人民共和国企业所得税法》第二十六条

《中华人民共和国企业所得税法实施条例》第八十三条

案例总结

直接转让股权方式的流程是最简单的,但同时意味着要承担较高的税费。通过一些间接的方式也可以达到最终转让股权的目的。这些方式没有绝对的好坏,税负较低的方式通常伴随着流程的复杂化。所以不同方案之间的选择往往是在做取舍。

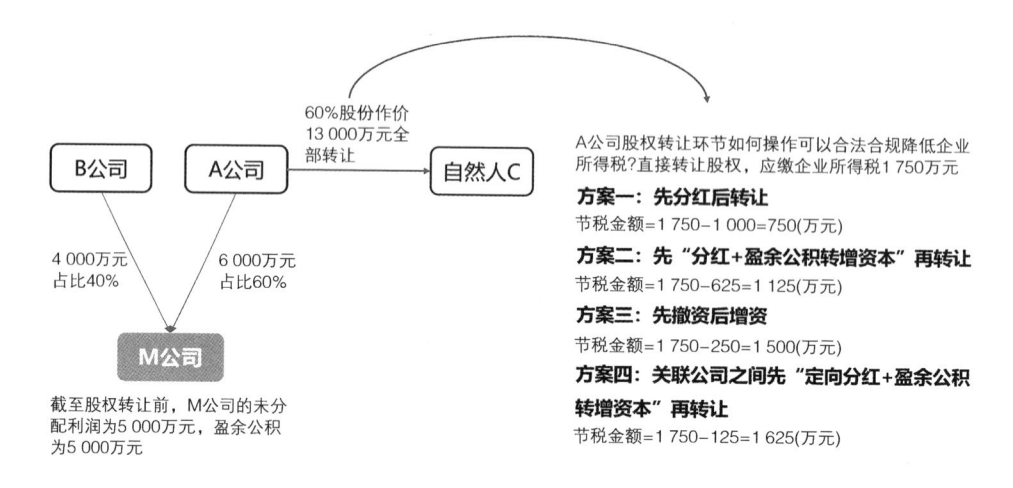

B公司 4 000万元 占比40%，A公司 6 000万元 占比60%，共同持股 M公司。A公司将60%股份作价13 000万元全部转让给自然人C。截至股权转让前,M公司的未分配利润为5 000万元,盈余公积为5 000万元。

A公司股权转让环节如何操作可以合法合规降低企业所得税?直接转让股权,应缴企业所得税1 750万元

方案一：先分红后转让
节税金额=1 750-1 000=750(万元)

方案二：先"分红+盈余公积转增资本"再转让
节税金额=1 750-625=1 125(万元)

方案三：先撤资后增资
节税金额=1 750-250=1 500(万元)

方案四：关联公司之间先"定向分红+盈余公积转增资本"再转让
节税金额=1 750-125=1 625(万元)

6.9 未分配利润在何时分配税负更低

案例背景

自然人甲持有A公司100%的股权,持有B公司100%的股权。A公司账

面净资产为 1 000 万元,其中,注册资本 500 万元、未分配利润 500 万元。B 公司账面净资产为 150 万元,其中,注册资本 100 万元、未分配利润 50 万元,经评估市场价值为 180 万元。现甲决定以其持有的 B 公司股权对 A 公司进行股权增资。

问题：甲从 B 公司拿走 50 万元的未分配利润是否更为有利？

案例分析

方案一：先增资后分红

自然人甲将 B 公司股权以 180 万元对 A 公司进行股权增资,增资后甲通过 A 公司取得 B 公司 50 万元未分配利润。

(1) 增值税：不征。

(2) 个人所得税：此业务环节甲涉及两次个人所得税。第一次：甲以 B 公司股权对 A 公司进行增资,甲将以"财产转让所得"按照 20% 缴纳个人所得税。第二次：股权增资后甲通过 A 公司分回 B 公司账面留存的 50 万元未分配利润,该笔分红从 A 公司到 B 公司,符合居民企业间利润分配免征企业所得税政策,不需要缴纳企业所得税,但甲从 A 公司取得该笔分红需要按照"股息、红利所得"缴纳个人所得税。

甲个人所得税(财产转让所得)=(180−100)×0.2=16(万元)

甲个人所得税(股息、红利所得)=50×20%=10(万元)

甲需要缴纳个人所得税总计=16+10=26(万元)

方案二：先分红后增资

甲先对 B 公司 50 万元未分配利润进行分配,再以利润分配后的 130 万元(180−50)为对价向 A 公司进行股权增资。

(1) 增值税：不征。

(2) 个人所得税：甲在此环节中将涉及两次个人所得税。第一次：分红环节的股息、红利所得按照 20% 的税率缴纳个人所得税。第二次,甲以 B 公司股权对 A 公司进行增资,实际上就是甲将其持有的 B 公司的股权转让给 A 公司,甲将以财产转让所得按照 20% 的税率缴纳个人所得税。

甲个人所得税(股息、红利所得)=50×20%=10(万元)

甲个人所得税(财产转让所得)=(130−100)×20%=6(万元)

甲需要缴纳个人所得税总计=10+6=16(万元)

通过对比，方案二比方案一少缴税 10 万元。

📚 政策依据

《中华人民共和国增值税暂行条例》

☑ 案例总结

股权增资实质就是股权转让行为。在个人股权转让（股权增资）中，不论是先分红再转让，还是直接全部转让，在转让环节所缴纳的个人所得税其实都是一样的，但如果最终实际受益人是同一人且需要对未分配利润进行分配，则采用先分配后转让（在增资前分配）的方式会更有利于受益人。股权转让时往往会有不止一种做法，可以在统筹每一种做法的优劣势的基础上作出选择。

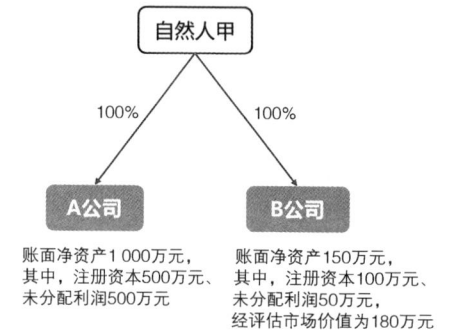

```
            自然人甲
           /        \
      100%/          \100%
         /            \
      A公司          B公司

账面净资产1 000万元，    账面净资产150万元，
其中，注册资本500万元、  其中，注册资本100万元、
未分配利润500万元       未分配利润50万元，
                       经评估市场价值为180万元
```

甲决定以其持有B公司股权对A公司进行股权增资

方案一：先增资后分红
甲个人所得税（财产转让所得）=(180－100)×0.2=16(万元)
甲个人所得税（股息、红利所得）=50×20%=10(万元)
甲需要缴纳个人所得税合计=16+10=26(万元)

方案二：先分红后增资
甲个人所得税（股息、红利所得）=50×20%=10(万元)
甲个人所得税（财产转让所得）=(130－100)×20%=6(万元)
甲需要缴纳个人所得税合计=10+6=16(万元)

通过对比，方案二比方案一少缴税10万元

6.10 以股权方式转让不动产是否更优

📝 案例背景

M 公司为房地产开发企业，A 公司为其母公司。2021 年 M 公司以 3 000 万元土地出让金为对价取得了一宗土地的使用权拟开发非普通住宅项目。同年，M 公司投入房地产开发成本共计 1 500 万元，三项期间费用共 500 万元。后 M 公司由于现金流问题无法继续开发，欲将该未完工的在建工程以 8 500 万元（不含增值税）的价格转让给 B 公司。除该房地产项目外，M 公司无其他业务，契税适用的税率为 3%。

问题：如何降低本次在建工程转让的整体税负？

案例分析

在直接转让资产的情况下，双方的税负分析如下：

A 公司：

(1) 应纳增值税 = 8 500 × 5% = 425(万元)

(2) 应纳城市维护建设税及附加 = 425 × (7% + 3% + 2%) = 51(万元)

上述两项税费合计 = 425 + 51 = 476(万元)

(3) 土地增值税：

不含税收入为 8 500 万元。

可扣除项目金额 = (3 000 + 1 500) × (1 + 20% + 10%) + 51 = 5 901(万元)（涉及房地产行业加计扣除相关规则）

增值额 = 8 500 − 5 901 = 2 599(万元)

增值率 = 2 599 ÷ 5 901 × 100% = 44%

适用土地增值税税率为 30%，速算扣除数为 0。

应纳土地增值税 = 2 599 × 30% − 5 901 × 0 = 779.7(万元)

(4) 企业所得税：

应纳企业所得税 = (8 500 − 3 000 − 1 500 − 500 − 51 − 779.7) × 25% = 667.33(万元)

税费合计 = 476 + 779.7 + 667.33 = 1 923.03(万元)

B 公司：

B 公司作为受让方，需要缴纳契税 255 万元(8 500 × 3%)。

双方合计总体税负 = 1 923.03 + 255 = 2 178.03(万元)

方案分析

为了降低转让环节的整体税负，A 公司可以从土地增值税入手，选择运用转让股权的方式完成不动产项目的转让，具体的操作流程如下：A 公司先将其股份的 80% 转让给 B 公司，20% 转让给 C 公司；然后 C 公司将其从 A 公司取得的 M 公司 20% 的股权转让给 B 公司，至此，B 公司取代 A 公司成为 M 公司的母公司，通过股权转让的手段实现了房地产开发项目的实质转移。（之所以分两次转让，主要是为了回避国税函〔2000〕687 号中规定的关于"单次 100% 转让股权且这些以股权形式表现的资产主要是土地使用权、地上建筑物及附着物的，本着实质重于形式的原则应征收土地增值税"的问题。)

税负分析如下：

(1) 增值税：股权转让不属于增值税的应税行为，不涉及增值税。

(2) 土地增值税：股权转让不属于土地增值税的应税行为，不涉及土地增值税。

(3) 企业所得税=(8 500−5 000)×25%=875(万元)

A公司要缴纳的税负总计为875万元，与直接转让资产的方式相比，股权转让节税金额为1 303.03万元(2 178.03−875)。

方案后续

上述方案看似已经结束，其实只是完成了上半场而已，因为B公司拿到项目后还要继续开发。B公司拿到项目后继续投入约7 500万元进行项目开发建设，其间一共发生期间费用800万元。该部分项目为非普通住宅，后续取得不含增值税销售收入共计26 000万元。在以股权转让的方式完成上半场的开发后，后续税负情况分析如下：

(1) 应纳增值税=26 000×5%=1 300(万元)

(2) 应纳城市维护建设税及附加=1 300×(7%+3%+2%)=156(万元)

上述两项合计=1 300+156=1 456(元)

(3) 土地增值税：

不含税收入为26 000万元。

可扣除项目金额的合计数=(3 000+1 500+7 500)×(1+20%+10%)+156=15 756(万元)

增值额=26 000−15 756=10 244(万元)

增值率=10 244÷15 756=65%

适用土地增值税税率为40%，速算扣除数为5%。

应纳土地增值税=10 244×40%−15 756×5%=3 309.8(万元)

(4) 企业所得税

应纳企业所得税=(26 000−3 000−1 500−500−7 500−800−156−3 309.8)×25%=2 308.55(万元)

税费合计=1 456+3 309.8+2 308.55=7 074.35(万元)

在上个环节采用资产转让方式后，纳税情况如下：

(1) 应纳增值税=(26 000−8 500)×5%=875(万元)

（2）应纳附加税费＝875×12％＝105（万元）

两项合计＝875＋105＝980（万元）

（3）土地增值税

不含税收入为 26 000 万元。

可扣除项目金额＝（8 500＋7 500＋255）×（1＋20％＋10％）＋105＝21 236.5（万元）

增值额＝26 000－21 236.5＝4 763.5（万元）

增值率＝4 763.5÷21 236.5×100％＝22％

适用土地增值税税率为 30％，速算扣除数为 0。

应纳土地增值税＝4 763.5×30％－21 236.5×0＝1 429.05（万元）

（4）企业所得税

应纳企业所得税＝（26 000－8 500－7 500－800－105－255－1 429.05）×25％＝1 853（万元）

税费合计＝1 853＋980＋1 429.05＋255＝4 517.05（万元）

在股权转让方式中，前后两个环节税费合计 7 949.35 万元[875（A 公司）＋7 074.35（B 公司）]。在资产转让方式中，前后两个环节税费合计 6 440.08 万元[1 923.03（A 公司）＋4 517.05（B 公司）]。

税费差＝7 949.35－6 440.08＝1 509.27（万元）

税费差占资产转让方式的比例＝1 509.27÷6 440.08×100％＝23.44％

通过对第二阶段税负的分析可知，如果单纯从 A 公司转让不动产项目角度考虑，股权转让的方式可以实现节税的效果；如果综合后续 B 公司开发后对房产项目进行销售的话，股权转让的方式反而导致税费增加 1 509.27 万元。

政策依据

《国家税务总局关于以转让股权名义转让房地产行为征收土地增值税问题的批复》（国税函〔2000〕687 号）

案例总结

判断一种交易方式的好坏，不能只看一方，也不能只看一个阶段，而是要全面综合考量才能得出科学客观的结论。本案例中以股权的方式转让不动产是常见的操作手法，但在实务中是否会被税务机关认定为转让不动产进而按照转让不动产征税存在一定的不确定性。

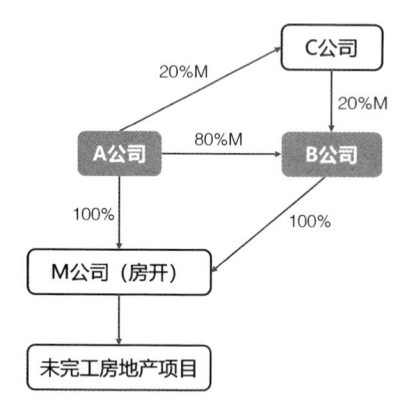

```
         C公司
   20%M ↙    ↘ 20%M
  A公司 ——80%M——→ B公司
   ↓100%           ↓100%
  M公司（房开）
   ↓
  未完工房地产项目
```

A公司将未完工房地产项目卖给B公司，如何降低整体税负？
直接转让资产：双方合计总体税负=1 923.03+255=2 178.03(万元)
转让股权：A公司要缴纳的税负总计为875万元，与直接转让资产的方式相比，
股权转让节税金额=2 178.03-875=1 303.03(万元)

考虑B公司拿到项目后继续开发并对外出售：
在股权转让方式中，前后两个环节税费合计=875(A公司) +7 074.35(B公司) =7 949.35(万元)
在资产转让方式中，前后两个环节税费合计=1 923.03(A公司) +4 517.05(B公司)=6 440.08(万元)
资产转让节税金额=7 949.35-6 440.08=1 509.27(万元)

6.11 股权转让不成功完成退税案例的启示

案例背景

2020年某上市公司披露，因股权转让交易终止，交易对方股权转让交易已经缴纳的三千多万元税款成功实现退税。2017年，该上市公司与其余三家公司的自然人股东签订股权转让协议，由于后续受到国家货币政策的影响，公司无法依约按时支付后续款项，从而达成了终止协议。根据协议约定，上述交易产生的税费由上市公司承担，包括税款、可能产生的罚款和滞纳金等。随后上市公司起诉确认相关交易合法有效并要求相关自然人返还转让款，后法院在双方达成调解协议的基础上出具了民事调解书。税务机关将本次交易认定为未完成交易。为了实现退税，上市公司派人与主管税务机关多次沟通，并前往国家税务总局就上述问题进行咨询，最终税务机关同意了其退税申请。

案例分析

上述案例之所以能够顺利实现退税，主要是因为税务机关认可了交易失败后对于已缴纳个人所得税的处理问题。本案例是一个比较典型的对赌交易案例，当事人提出的退税要求符合对赌交易税法处理的基本原则。由于投资方不能按照之前的合同约定支付转让价款，因此合同无法履行而被解除，从而导致交易不成立，对赌失败，这也就形成了退税的基础。本案例中交易方对对赌交易条款的设计以

及最终处理退税的方式有着较强的专业性：一方面采用了正向对赌即分期付款的形式，如果采用反向对赌的方式，就有被税务机关认定为二次交易的风险，为本案的退税结果增加较大的变数；另一方面交易当事方采用了民事诉讼的方式来解除交易合同，这样的情形更容易获得税务机关的认可，这也为退税结果的实现做了铺垫。要想实现退税，最重要的是要得到税务机关的认可。虽然本案例的退税历时半年之久，过程也相对曲折，但是在相关人员不懈的努力下，税务机关最终认可了交易方的对赌模式，认可了股权交易不成立的事实，从而认可了退税的结果。

☑ 案例总结

运用法律手段解决税务争议是非常有效且高效的做法。很多税务争议最终结果不尽如人意就是因为没有充分运用法律的手段或者法律手段介入的时间太晚。

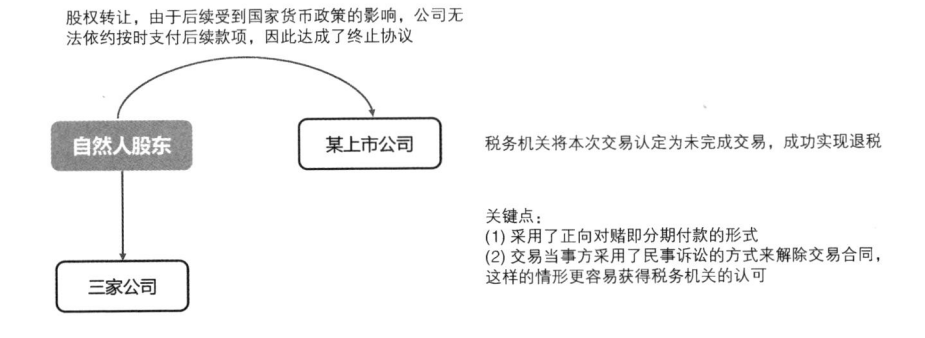

股权转让，由于后续受到国家货币政策的影响，公司无法依约按时支付后续款项，因此达成了终止协议

自然人股东 → 某上市公司

自然人股东 → 三家公司

税务机关将本次交易认定为未完成交易，成功实现退税

关键点：
(1) 采用了正向对赌即分期付款的形式
(2) 交易当事方采用了民事诉讼的方式来解除交易合同，这样的情形更容易获得税务机关的认可

6.12 选择股权转让还是增资的结果出人意料

📋 案例背景

上海 LH 生物科技有限公司（以下简称 LH 公司）成立于 2015 年，注册资本为 500 万元，其老板为殷总。LH 公司的产品技术性很强，2023 年 7 月拟引入一位技术股东李博士。李博士投资 500 万元，持股比例为 30%。当前 LH 公司由殷总 100% 持股。

问题：李博士用什么样的方式可以实现持有 LH 公司 30% 股权的目的？

📰 案例分析

李博士加入 LH 公司通常可以采用股权转让或增资扩股的方式，两种方式的税务处理不同。

1. 股权转让方式

殷总将其持有的LH公司30%的股权转让给李博士。LH公司过去几年盈利状况良好,截至李博士加入前,LH公司资产负债表中有一定金额的未分配利润。经初步测算,股权转让需要缴纳5万元个人所得税。双方约定,股权转让相关的税费由李博士承担。

2. 增资扩股方式

李博士认缴出资500万元(其中,部分计入实收资本,部分计入资本公积),成为LH公司持股30%的股东。在认缴出资的情况下,不涉及印花税的缴纳,货币出资也没有其他税费。因此从当下角度看,增资的方式暂时不用纳税。李博士当前资金紧张,考虑到未来成为LH公司股东后能有不错的分红收益,用增资的方式出资当前没有资金压力,似乎是更好的选择。

经过权衡,相比股权转让当下要缴纳5万元资金的压力,李博士更在意认缴出资虽然认缴期限可以设定为20年以上,但是早晚都要面临出资的压力。李博士最终选择了当下支付5万元税费股权转让的方式而成为LH公司的股东。

2023年8月,上述股权转让完成。没想到,当年12月底,《公司法》修订完成,将股东认缴出资的期限缩短至5年。这个时候我们发现,李博士"未卜先知"的决策非常明智,虽然当下缴纳了5万元税费,但是用最高效的方式达成了目的,也没有后续的出资义务。

☑ 案例总结

商业决策的背后考量的往往是综合因素。本案例中用较小的税收代价换来的结果是商业目的的高效完成和后续出资业务的免除,再一次体现了"不拘泥于税"的思想。

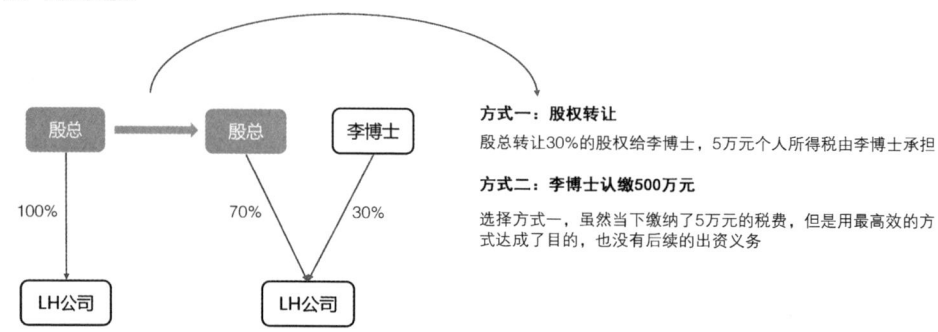

方式一:股权转让
殷总转让30%的股权给李博士,5万元个人所得税由李博士承担

方式二:李博士认缴500万元
选择方式一,虽然当下缴纳了5万元的税费,但是用最高效的方式达成了目的,也没有后续的出资义务

第 7 章

减资、撤资、注销的税务处理

新修订的《公司法》施行后,注册资本认缴期限缩短,股东的出资压力陡增。为了缓解出资压力,许多股东选择减少注册资本,也有的选择撤回投资。个人股东和公司股东在减资的过程中有不同的税务处理方式。减资不仅是股东退出或部分退出的方式,而且可以成为一种税务筹划方式。减资是公司股东会特别决议事项之一,需要履行一系列法律程序。

在公司继续存在没有实际价值的情况下,部分公司选择通过注销的方式结束公司的使命。公司注销时原则上要履行清算义务,清算的过程有特定的所得税处理规则。需注意,公司注销并非一了百了,一些人在公司存在欠税或者其他税务违法行为的情况下,试图通过注销公司的方式来逃避责任,这是行不通的。虽然实践中税务机关对待这种"问题注销"具体的处理方式有所不同,但纳税人无疑都要承担相应的法律责任。

本章的案例主要讲解减资和注销税务处理、用减资的方式进行筹划、减资弥补亏损是否缴纳企业所得税、已注销公司存在税务问题时税务机关如何处理等问题。

第 7 章案例列表

序 号	标 题
053	个人股东撤资的税务处理
054	未实缴个人股东减资的税务处理
055	公司股东撤资、减资的税务处理

续　表

序　号	标　题
056	用减资的方式解决税务筹划问题
057	减资补亏是否缴纳企业所得税(一)
058	减资补亏是否缴纳企业所得税(二)
059	减资是否退还已缴纳的印花税
060	公司清算业务的所得税处理(一)
061	公司清算业务的所得税处理(二)
062	公司注销后由股东承担税务责任
063	已注销合伙企业被恢复税务登记
064	税务局如何追缴已注销企业欠税

7.1　个人股东撤资的税务处理

案例背景

某科技有限公司实收资本6 000万元,拥有5名自然人股东。

2020年1月,该公司净资产6 300万元。当月该公司的4名股东按照原投资比例的55%原价撤资,该公司将注册资本从6 000万元减少到2 700万元,由原来的5名股东减至1名股东。该公司对这4名撤资的股东未履行个人所得税代扣代缴义务。

2021年1月,税务部门根据相关税收政策规定要求该公司对这4名股东在撤资过程中的个人所得税予以追征入库。

问题:税务机关要求撤资的个人股东补缴税款是否合理?

案例分析

纳税人观点:

公司及4名股东认为,在减资时,公司仅按照注册资本6 000万元的55%即

3 300 万元支付 4 名股东股权转让价格,4 名股东的收入扣除成本后没有所得,不应缴纳个人所得税。

税务机关观点:

该公司原实收资本 6 000 万元,其中 4 名撤资的股东投资 3 300 万元,占该公司实收资本的比例为 55%。

2020 年 1 月初,该公司的净资产为 6 300 万元,撤资的 4 名股东的股权对应的净资产份额为 3 465 万元。由此看出,其申报的股权转让收入低于股权对应净资产份额,并且公司及股东均没有正当理由。

因此,对于该公司而言,4 名撤资的股东按照每股净资产核定各自的股权转让收入,再减去各自股权的原值,计算得到减资个人所得税为 33 万元[(3 465 − 3 300)×20%]。

总结:

个人终止投资收回的款项,应按照"财产转让所得"项目缴纳个人所得税。由于涉及缴税,因此很多人在实务处理时会采取"故意"减少明面上收回的资金的方式,尽可能不产生所得。

收回的款项有两种理解的方式:一种是实际收回多少,这是可以通过人为方式去操作的;另一种是应该收回多少,这是根据政策的规定计算出来的。本案例中,税务机关即采用应该收回多少的逻辑计算征税。

政策依据

《国家税务总局关于个人终止投资经营收回款项征收个人所得税问题的公告》(国家税务总局公告 2011 年第 41 号)

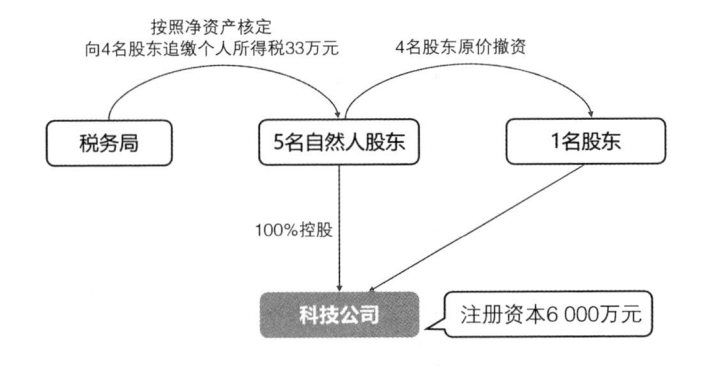

7.2 未实缴个人股东减资的税务处理

案例背景

甲公司注册资本为100万元,有2个自然人股东,其中,李四占股40%(未实缴),张三占股60%。2024年1月,甲公司的未分配利润为200万元,净资产为260万元。

问题:假设李四0元减资,需要缴税吗?

案例分析

情况一:股东之间约定按照实缴比例享受全部股东权利

《公司法》第二百一十条规定,公司弥补亏损和提取公积金后所余税后利润,有限责任公司按照股东实缴的出资比例分配利润;全体股东约定不按照出资比例分配利润的除外。因此,未实缴部分股权对应的股东权利为0,股权价值也为0,计算得出财产转让所得为0,无须缴纳个人所得税。

情况二:股东之间约定按照认缴出资比例享受股东权利

在这种情况下,未实缴部分股权对应的股东权利不为0,股权价值也不应为0。

《中华人民共和国个人所得税法》第八条规定,个人实施其他不具有合理商业目的的安排而获取不当税收利益的,税务机关有权按照合理方法进行纳税调整。

《国家税务总局关于发布〈股权转让所得个人所得税管理办法(试行)〉的公告》(国家税务总局公告2014年第67号)第十二条规定,申报的股权转让收入低于股权对应的净资产份额的情形,视为股权转让收入明显偏低,主管税务机关可以核定股权转让收入。

根据上述规定,纳税人如果以0元价格撤资,税务机关就可以核定财产转让收入,并要求纳税人依法缴纳个人所得税。

核定方法一:进行还原处理。假设李四出资到位。

核定财产转让收入=(260+40)×40%=120(万元)

财产转让所得=120-40=80(万元)

核定方法二:实收资本对应部分未实缴,不能核定收入。未分配利润不论有没有实际出资,都享有分配权时:

核定财产转让收入 200×40％＝80(万元)

财产转让所得为 80 万元。

政策依据

《中华人民共和国公司法》

《中华人民共和国个人所得税法》

《国家税务总局关于个人终止投资经营收回款项征收个人所得税问题的公告》(国家税务总局公告 2011 年第 41 号)

案例总结

新修订的《公司法》实施后，出资期限缩短。在过去的出资模式下，大量公司的注册资本存在零实缴情况，减资将成为企业注册资本调整的常见手段。股东之间关于是否按照实缴的出资比例享受股东权益(尤其是利润分配权)在一定程度上影响着税务处理。股东之间要明确利润分配方式，将其落实到文书上，最好在公司章程中明确，做足功课再减资。当然，本案例中的处理方式并非唯一和标准，实务中要与主管税务机关沟通并经其确认。

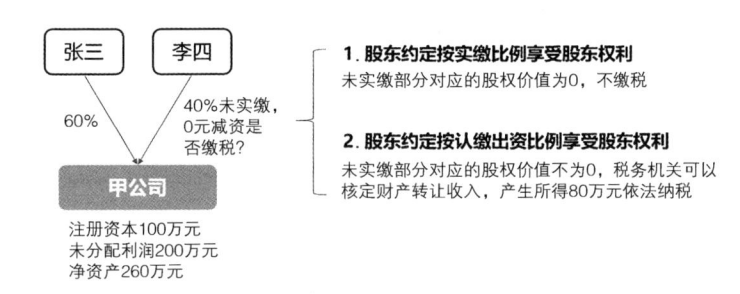

7.3 公司股东撤资、减资的税务处理

案例背景

A 公司于 2017 年 7 月向 B 公司投资 500 万元，成为 B 公司的股东，并持有其 10％的股权。2020 年 12 月，A 公司将其持有的 B 公司 10％的股权撤资。撤资时 B 公司账面累计未分配利润和累计盈余公积合计为 1 600 万元，A 公司实际分回现金 800 万元。

问题：A 公司撤资时如何进行税务处理？

案例分析

根据政策，投资企业从被投资企业撤回或减少投资，其取得的资产中，相当于初始出资的部分应确认为投资收回，相当于被投资企业累计未分配利润和累计盈余公积按减少实收资本比例计算的部分应确认为股息所得，其余部分应确认为投资资产转让所得。被投资企业发生的经营亏损由被投资企业按规定结转弥补，投资企业不得调整减低其投资成本，也不得将其确认为投资损失。

因此，公司撤资（或减资）收的款项分为三个部分：（1）投资收回——不缴企业所得税；（2）股息所得——符合条件的免企业所得税；（3）其余部分——按投资资产转让所得缴纳企业所得税。

A 公司撤回投资分回 800 万元，B 公司会计处理如下：

借：银行存款　　　　　　　　　　　　　　　　800
　　贷：长期股权投资　　　　　　　　　　　　500
　　　　投资收益　　　　　　　　　　　　　　300

A 公司税务处理如下：

第一步，确认投资收回为 500 万元。

第二步，确认股息所得为 160 万元（1 600×10%）。由于 A 公司和 B 公司均为居民企业，因此根据《中华人民共和国企业所得税法》第二十六条的规定，免征企业所得税。

第三步，确认投资资产转让所得为 140 万元（800－500－160）。

A 公司 2021 年 5 月 30 日前办理汇算清缴时，应填报"符合条件的居民企业之间的股息、红利等权益性投资收益优惠明细表"和"投资收益纳税调整明细表"。

政策依据

《中华人民共和国企业所得税法》

《国家税务总局关于企业所得税若干问题的公告》（国家税务总局公告 2011 年第 34 号）

案例总结

个人持股和公司持股在分红、股权转让以及减资或撤资等撤回环节有不同的税务处理，符合条件的居民企业之间的分红收益免税是公司作为股东的重要优势之一。

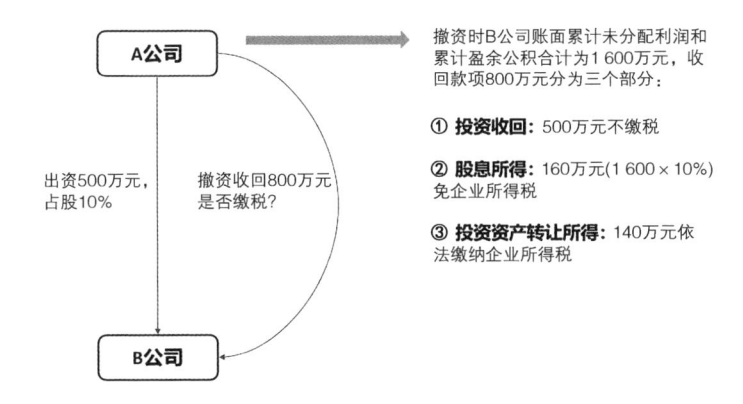

```
A公司 ──────────────→  撤资时B公司账面累计未分配利润和
  │         ╲            累计盈余公积合计为1 600万元，收
  │          ╲           回款项800万元分为三个部分：
出资500万元， 撤资收回800万元
占股10%，    是否缴税？   ① 投资收回：500万元不缴税
  │          ╱          ② 股息所得：160万元(1 600×10%)
  │         ╱              免企业所得税
  ▼        ╱            ③ 投资资产转让所得：140万元依
B公司 ←────                法缴纳企业所得税
```

7.4 用减资的方式解决税务筹划问题

案例背景

有一家 C 公司，净资产是 3 亿元，其中，实收资本 1 亿元、资本公积和盈余公积为 0、未分配利润 2 亿元。其个人股东 P1、P2 分别向 C 公司投资 4 500 万元，法人股东 B1 向 C 公司投资 1 000 万元。现法人股东 B1 想转让 C 公司的股权，找到买家 B2，双方协商：B2 购买 B1 持有的 C 公司 10% 的股权，交易价格为 3 000 万元。

问题：如何操作可以降低交易税负？

案例分析

方式一：直接转让股权

B1 应纳企业所得税 =（3 000 − 1 000）× 25% = 500（万元）

直接转让股权对 B1 而言税负太重，B1 提出 C 公司先分红或转增，然后自己转让股权，但是股东 P1、P2 不同意，因为 P1、P2 是个人股东，无论是分红还是转增，都需要缴纳个人所得税。

方式二：先减资后增资

首先减资。卖家 B1 从 C 公司撤资收回款项 3 000 万元，C 公司做减资处

理,此时法人股东 B1 需缴纳的企业所得税为 0[(3 000－1 000－2 000)×25％]。

然后增资。买家 B2 对 C 公司增资,向 C 公司注入资金 3 000 万元。

通过比较,先减资后增资的方式比直接进行股权转让少缴了 500 万元企业所得税。因此,从税负成本的角度,先减资后增资的方式更优。但直接转让股权的优势是操作简便、耗用时间短,相比之下,减资的流程复杂得多,具体流程如下：

（1）股东会决议：减资属于股东会特别决议事项。根据《公司法》第六十六条的规定,股东会作出增加或者减少注册资本的决议,应当经代表 2/3 以上表决权的股东通过。公司作出减资决议时,应确保减少的注册资本不过低。对于特定行业的有限责任公司来说,减资后注册资本不能低于审核要求,这是保障公司基本运营和对外责任承担能力的法定要求。

（2）编制资产负债表及财产清单：通过编制资产负债表及财产清单,可以使公司股东全面了解公司的经营管理状况,知晓公司的偿债能力、支付能力以及现有的财务、财产等状况,同时也让债权人对公司的实际财务情况心中有数。

（3）通知或公告债权人：《公司法》第二百二十四条规定,公司应当自作出减少注册资本决议之日起 10 日内通知债权人,并于 30 日内在报纸上或者国家企业信用信息公示系统公告。

（4）制订减资方案：减资方案一般由董事会制订并提交股东会审议。一个完善的减资方案通常包含多方面内容,如决策程序、减资对象、公司弥补亏损的方案、时间安排等。

（5）变更登记：完成前面一系列流程后,公司应及时向工商行政管理部门申请办理减资的工商变更登记,提交的材料需要涵盖减资的正式决定、更新后的公司章程、公司的财务情况和资产清单等。

政策依据

《中华人民共和国公司法》

案例总结

减资不只是目的,在一些特定的业务场景中,减资也可以作为手段,起到一定的减轻税负的作用,但这个节税的结果是以过程的烦琐为代价换来的。

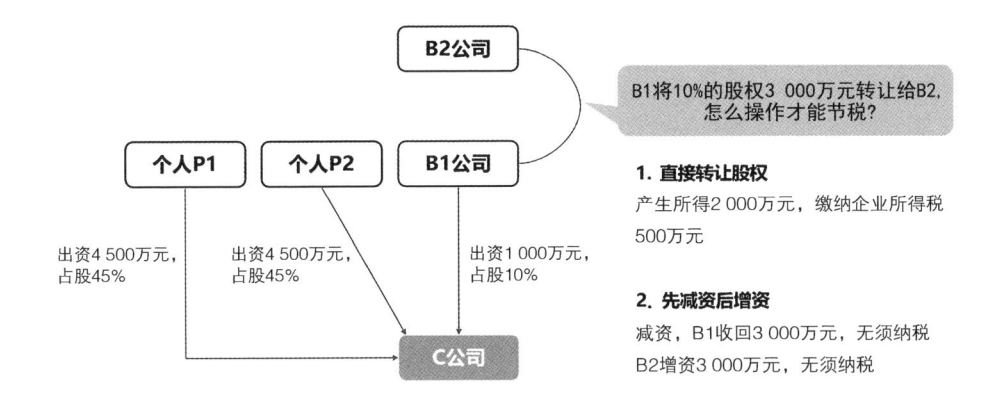

```
                            B2公司
                                           ┌─ B1将10%的股权3 000万元转让给B2,
                                           └─ 怎么操作才能节税?

  个人P1    个人P2     B1公司     1. 直接转让股权
                                  产生所得2 000万元,缴纳企业所得税
出资4 500万元, 出资4 500万元, 出资1 000万元,  500万元
占股45%       占股45%       占股10%
                                  2. 先减资后增资
            C公司                 减资,B1收回3 000万元,无须纳税
                                  B2增资3 000万元,无须纳税
```

7.5 减资补亏是否缴纳企业所得税(一)

案例背景

大连某企业向大连市税务局咨询:

我公司实收资本7亿元,累计未分配利润-4.5亿元。为改善报表结构,经股东协商,拟通过减资补亏方式进行资源整合,即用实收资本弥补未分配利润,实际净资产不变,企业与股东之间不存在实际现金流。

根据《国家税务总局关于企业所得税若干问题的公告》(国家税务总局公告2011年第34号公告)的规定,被投资企业发生的经营亏损,由被投资企业按规定结转弥补;投资企业不得调整减低其投资成本,也不得将其确认为投资损失。按照该条理解,如果投资企业不确认投资损失,不调减应纳税所得额,那么被投资企业和投资企业有哪些涉税事项?

案例分析

针对上述问题,大连市税务局12366纳税服务中心回复:

第一,问题中提到对"被投资企业发生的经营亏损,由被投资企业按规定结转弥补;投资企业不得调减其投资成本,也不得将其确认为投资损失"的理解,我们认为,被投资企业与投资企业属于两个独立的纳税主体,在正常经营状态下,不得相互弥补亏损,当被投资企业出现经营亏损时,除非投资企业处置其持有的股权或被投资企业清算,否则投资企业不得调减其投资成本或确认投资损失。

第二,关于企业问题中提到的名义减资弥补未分配利润亏损的问题,我们认为,在企业所得税处理上应当将该事项分为两步:第一步是股东减资,确认投资损益,同时被投资企业因无法实际支付而形成应付款项;第二步是将减少的实收资本返还给企业,企业应付款项减少,作为收入项并入企业收入总额。

总结来看,大连市税务局对股东减资弥补亏损的处理分为两步:(1)企业减资后将款项归还给股东;(2)股东将捐赠款项捐赠给公司以弥补亏损。

河南省税务局对于"股东减资弥补亏损"的认定与大连市税务局的观点基本一致,并在大连市税务局观点的基础上进一步明确了"企业减资后将款项归还给股东"和"股东将款项捐赠给公司以弥补亏损"的"两步法"及其分别对应的税务处理意见:河南省税务局进一步将用于弥补亏损而减少的注册资本明确为股东对企业的捐赠,属于《中华人民共和国企业所得税法》第六条规定的"接受捐赠收入",应并入企业收入总额计缴所得税。

☑ 案例总结

通过本案例可以看出,在股东减资以弥补公司亏损是否缴纳企业所得税的问题上,部分地方税务机关采取分解的办法——企业减资将款项归还给股东和股东将减资款项捐赠给公司,该捐赠要并入公司收入并缴纳相应的企业所得税。该处理方式的核心逻辑是,公司的亏损理应由公司自行弥补,股东减资弥补相当于股东为公司补亏,自然要视同企业取得收入来对待。

公司实收资本7亿元,累计未分配利润4.5亿元。为改善报表结构,经股东协商,拟通过减资补亏方式进行资源整合,即用实收资本弥补未分配利润,实际净资产不变,企业与股东之间不存在实际现金流 投资企业和被投资企业涉及哪些税务事项?	大连市税务局回复: 第一步是股东减资,确认投资损益,同时被投资企业因无法实际支付而形成应付款项 第二步是将减少的实收资本返还给企业,企业应付款项减少,作为收入项并入企业收入总额 大连市税务局对股东减资以弥补亏损的处理分为企业减资后将款项归还给股东和股东将捐赠款项捐赠给公司以弥补亏损两步

7.6 减资补亏是否缴纳企业所得税(二)

📋 案例背景

湖南 NX 制药股份有限公司(以下简称"NX 制药")申请在上交所科创板审

核期间，上交所于 2019 年 10 月 25 日发出"关于湖南 NX 制药股份有限公司首次公开发行股票并在科创板上市申请文件的第二轮审核问询函"，就 NX 制药 2017 年减资事宜要求其说明"减资事项是否用于弥补累计未弥补亏损，若是，减资补亏事项是否应缴纳所得税，并提供相关主管税务机关对发行人相关税务事项的认可情况"。

案例分析

针对上述问询，NX 制药于 2019 年 11 月出具了"关于湖南 NX 制药股份有限公司首次公开发行股票并在科创板上市申请文件的第二轮审核问询函的回复"，答复如下：

公司 2017 年减资事项是用于弥补亏损。

对于本次减资事项，公司认为不需要缴纳企业所得税，原因如下：

（1）因本次减资的目的是弥补亏损，股东未实际收回投资，公司也未取得任何收入，会计处理只是对资产负债表中的所有者权益进行调整，不符合《中华人民共和国企业所得税法》第六条中关于收入的定义。

（2）对于亏损企业减资以弥补亏损是否缴纳企业所得税，税法上没有明确规定，查阅上市公司减资弥补亏损案例：2018 年中国船舶重工集团子公司重庆齿轮箱有限责任公司减少实收资本 12.7 亿元用于弥补亏损未缴纳企业所得税。

本次减资以弥补亏损已与税务部门沟通，税务部门出具证明，认为减资补亏不需要缴纳企业所得税。

政策依据

《中华人民共和国公司法》

案例总结

结合本案例和案例 7.5 可以看出，关于减资弥补亏损是否需要缴纳企业所得税的问题，税务机关在处理时存在截然相反的两种方式。在 2023 年修订之前，原《公司法》并没有直接的关于减少注册资本弥补亏损的规定，因此部分税务机关将减资补亏分解为企业股东减资和股东将减资收回的款项捐赠给企业两个法律关系，是严格按照原《公司法》作出的解释。

新修订后的《公司法》第二百二十五条规定："公司依照本法第二百一十四条

第二款的规定弥补亏损后,仍有亏损的,可以减少注册资本弥补亏损。减少注册资本弥补亏损的,公司不得向股东分配,也不得免除股东缴纳出资或者股款的义务。"新修订后的《公司法》对减少注册资本弥补亏损进行了规定,且减少注册资本补亏的,公司不得向股东分配,也不得免除股东出资的义务。从立法的角度,减少注册资本补亏并没有向股东分配的环节,再将减资弥补亏损进行分解将不太合适。

按照税法实质课税的原则,补亏企业在减资补亏的过程中并没有取得实质应税所得。因此,虽然过往减资补亏在税务处理中存在争议,但在新修订后的《公司法》施行后,大概率会按照"该过程不需要缴纳企业所得税"处理。

7.7 减资是否退还已缴纳的印花税

案例背景

甲公司的印花税按年缴纳。2023 年 12 月 31 日甲公司的注册资本为 2 000 万元,实缴 1 000 万元;2024 年 5 月,A 股东减资 200 万元;同月,B 股东对公司增资 1 200 万元。假设不考虑其他情况。

问题:该业务应该如何缴纳印花税?

案例分析

《中华人民共和国印花税法》第五条规定,应税营业账簿的计税依据为账簿记载的实收资本(股本)、资本公积合计金额;第十一条规定,已缴纳印花税的营业账簿,以后年度记载的实收资本(股本)、资本公积合计金额比已缴纳印花税的实收资本(股本)、资本公积合计金额增加的,按照增加部分计算应纳税额。

2023 年营业账簿印花税应纳税额＝10 000 000×0.025％＝2 500(元)

减资不退印花税。

2024 年营业账簿印花税应纳税额 ＝ (12 000 000 ＋ 10 000 000 － 2 000 000 －10 000 000)×0.025％＝2 500(元)

案例总结

营业账簿印花税与实收资本和资本公积两项之和有关,增资的过程会涉印花税的缴纳,而减资如果涉及两项的减少,是否可以退税呢?《中华人民共和国印花税法》中没有明确的退税依据,因此普遍观点认为,减资不退印花税;但是减资和增资同时发生的话,按照净增加的部分计税。

7.8 公司清算业务的所得税处理(一)

案例背景

张三、李四共同出资成立 A 公司。张三实缴 6 万元,占股 60%;李四出资 4 万元,占股 40%。2025 年 2 月,两人向税务机关申请注销 A 公司。假设清算期间没有不征税收入、免税收入、其他免税所得和弥补以前年度亏损。

A 公司清算前资产负债信息如下(资产类科目没有计提减值损失和坏账准备,固定资产账面价值和计税基础保持一致):

资产:货币资产 2 万元,应收账款 20 万元,存货 30 万元,固定资产净值 8 万元。

负债:应付账款 30 万元。

所有者权益:实收资本 10 万元,未分配利润 20 万元。

清算期间,A 公司发生如下业务:(1)货币资金变现 2 万元;(2)收回应收账款 15 万元,另有确实无法收回的应收账款 5 万元,已申报资产损失;(3)处置存货收入 40 万元,增值 10 万元(不考虑相关税费);(4)固定资产经评估机构评估,可变现价值合计 18 万元,已处置取得的 18 万元;(5)支付应付账款 25 万元,另有应付账款 5 万元无须支付;(6)发生清算费用 8 万元。

问题:该清算过程需要缴纳多少企业所得税和个人所得税?

案例分析

1. 哪些企业应进行清算所得税处理?

(1)按照《公司法》《中华人民共和国企业破产法》等规定需要清算的企业。

(2)企业重组中需要按照清算处理的企业。

2. 企业清算的所得税处理包括什么内容?

(1)全部资产应按可变现价值或交易价格确认资产转让所得或损失。

(2)确认债权清理、债务清偿所得或损失。

(3)改变持续经营核算原则,处理预提或待摊性质的费用。

(4)依法弥补亏损,确定清算所得。

(5)计算并缴纳清算所得税。

(6)确定可向股东分配的剩余财产、应付股息等。

3. 对于企业清算业务,公司和股东分别应如何处理?

(1)公司层面:公司应将整个清算期间作为一个独立的纳税年度计算清算所得税。公司的全部资产可变现价值或交易价格,减除资产的计税基础、清算费用、相关税费,加上债务清偿损益等后的余额,为清算所得。

(2)股东层面:公司全部资产的可变现价值或交易价格减除清算费用、职工的工资、社会保险费和法定补偿金,结清清算所得税、以前年度欠税等税款,清偿企业债务,按规定计算可向所有者分配的剩余财产。被清算公司的股东分得的剩余资产的金额中相当于被清算企业累计未分配利润和累计盈余公积中该股东所占股权比例的部分,应确认为股息所得。剩余资产减除股息所得后的余额,超过或低于股东投资成本的部分,应确认为股东的投资资产转让所得或损失。被清算公司的股东从被清算公司分得的资产按可变现价值或实际交易价格确定计税基础。

税费测算

1. 计算资产处置损益

货币资金处置无损益,应收账款处置损益为-5万元(15-20),存货处置损益为10万元(40-30),固定资产处置损益为10万元(18-8),合计15万元。

2. 计算负债清偿损益

应付账款清偿损益为5万元(30-25)。

3. 计算清算所得

清算所得为12万元(15+5-8)。

4. 计算应纳企业所得税

应纳企业所得税为3万元(12×25%)。

5. 计算剩余财产分配

剩余财产为资产可变现价格或交易价值-清算费用-清算所得税-其他债务,即39万元(75-8-3-25)。张三分得23.4万元(39×0.6),李四分得15.6万元(39×0.4)。

6. 计算个人所得税

张三应缴纳个人所得税＝(23.4－6)×20％＝3.48(万元)

李四应缴纳个人所得税＝(15.6－4)×20％＝2.32(万元)

政策依据

《中华人民共和国企业所得税法》

《关于企业清算业务企业所得税处理若干问题的通知》(财税〔2009〕60 号)

国家税务总局关于印发《中华人民共和国企业清算所得税申报表》的通知(国税函〔2009〕388 号)

《国家税务总局关于企业清算所得税有关问题的通知》(国税函〔2009〕684 号)

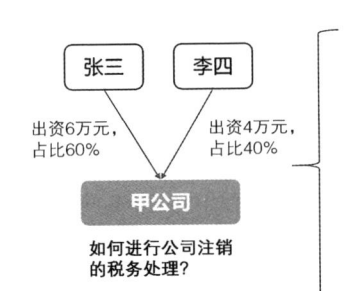

公司注销，应当进行清算的税务处理

① 公司层面：公司应将整个清算期间作为一个独立的纳税年度计算清算所得

公司的全部资产可变现价值或交易价格，减除资产的计税基础、清算费用、相关税费，加上债务清偿损益等后的余额，为清算所得

② 股东层面：被清算公司的股东分得的剩余资产的金额中相当于被清算企业累计未分配利润和累计盈余公积中该股东所占股权比例的部分，应确认为股息所得

剩余资产减除股息所得后的余额，超过或低于股东投资成本的部分，应确认为股东的投资资产转让所得或损失

张三 出资6万元，占比60%
李四 出资4万元，占比40%
甲公司
如何进行公司注销的税务处理？

7.9　公司清算业务的所得税处理(二)

案例背景

A 公司成立于 2015 年,注册资本为 100 万元,有两名股东。股东甲为一家有限公司,持股 60％,已实缴出资 60 万元;股东乙为自然人,持股 40％,已实缴出资 40 万元。2022 年 9 月末,A 公司经股东会决议解散,清算前 A 公司资产负债情况如下:货币资金 150 万元、交易性金融资产 150 万元、应付账款 50 万元、实收资本 100 万元、未分配利润 150 万元;交易性金融资产均为上市公司股票,计税基础为 150 万元,公允价值为 300 万元,清算时按比例过户给甲、乙两名股东;A 公司有未弥补亏损 50 万元,形成于 2017 年;A 公司和甲均为居民企业,乙为居民个人;不考虑其他税费影响。

问题：如何进行清算的所得税处理？

案例分析

1. A公司的税务处理

首先，A公司应当清偿50万元应付账款。本案例假设A公司以货币资金全额清偿债务，则不产生清算所得（但如果债权人对A公司减免债务，则差额部分应当计入清算所得）。清偿后，A公司资产和所有者权益账面价值均为250万元（300-50），其中，货币资金100万元、交易性金融资产150万元。

接着，计算A公司资产清算所得。本案例中，A公司交易性金融资产账面价值为150万元，公允价值为300万元，过户给甲、乙时，差额的150万元是否需要确认清算所得？企业清算时，对资产的税务处理有一个基本原则：所有资产均应按照可变现价值或交易价格确认资产转让所得或损失。因此，A公司无论是对外出售股票变现还是直接分配给股东，均需要按300万元确认股票转让收入，扣除150万元成本后，确认150万元清算所得。其他资产，如库存商品、固定资产等，也应当按照此原则确认转让收入。因此，A公司清算所得为150万元（300-150）。

最后，计算企业所得税，这里需要注意两个问题：

（1）清算所得150万元是否可以弥补2017年度的50万元未弥补亏损？答：不能。2017年的亏损只能在2018年至2022年9月进行弥补。企业清算期应视为一个独立的纳税年度，因此已经超过了5个年度结转期限。

（2）清算所得未超过300万元，是否可以适用小型微利企业所得税优惠政策？答：不能。企业进入清算期，说明企业不再持续经营，不能再享受税收优惠政策，包括研发费用加计扣除、小型微利企业所得税优惠等。

A公司清算所得税＝150×25％＝37.5（万元）

A公司税后清算所得＝150-37.5＝112.5（万元）

A公司未分配利润＝150+112.5＝262.5（万元）

可供股东分配的剩余财产＝100+262.5＝362.5（万元）

2. 甲公司的税务处理

甲公司可分得的财产价值＝362.5×60％＝217.5（万元）

其中：股息所得为157.5万元（262.5×60％），属于居民企业间股息所得，免征企业所得税。

收回投资成本＝100×60％＝60（万元）

甲公司在本次清算中不产生企业所得税。

法人股东清算时的税务处理与撤资/减资的税务处理存在不同,比较容易混淆：法人股东从被清算企业分得剩余资产,先确认股息所得,再确认投资成本,剩余部分为转让所得或损失；而法人股东从企业撤资,先确认投资成本,再确认股息所得,剩余部分为转让所得。

3. 乙自然人的税务处理

乙自然人可分得的财产价值＝362.5×40％＝145（万元）

其中：收回投资成本为 40 万元（100×40％）。

财产转让所得＝145－40＝105（万元）

应纳个人所得税＝105×20％＝21（万元）

政策依据

《关于企业清算业务企业所得税处理若干问题的通知》（财税〔2009〕60 号）

《国家税务总局关于个人终止投资经营收回款项征收个人所得税问题的公告》（国家税务总局公告 2011 年第 41 号）

《国家税务总局关于印发〈中华人民共和国企业清算所得税申报表〉的通知》（国税函〔2009〕388 号）

案例总结

清算是一个独立的期间,且不能享受持续经营相关的政策,从税务优化的角度,建议企业在清算前就对资产进行处置,以充分弥补亏损和享受优惠政策。

甲公司　　　乙个人
出资60万元,　出资40万元,
占比60%　　占比40%
A公司
公司2015年成立,尚有2017年未弥补亏损,2022年注销

A公司层面
1. 清算所得能否弥补2017年亏损：
不能。2017年的亏损只能在2018年至2022年9月进行弥补。企业清算期应视为一个独立的纳税年度，因此已经超过了5个年度结转期限
2. 清算所得150万元能否享受小微政策：
不能。企业进入清算期,说明企业不再持续经营,不能再享受税收优惠政策

股东层面
1. 甲公司：
法人股东从被清算企业分得剩余资产,先确认股息所得,再确认投资成本,剩余部分为转让所得或损失
甲公司分回217.5万元，其中157.5万元属于股息所得，免征企业所得税。剩余60万元正好收回成本，不涉及企业所得税。
2. 乙个人：
乙可分得145万元，其中：收回投资成本40万元
财产转让所得105万元
个人所得税=105×20%=21(万元)

7.10 公司注销后由股东承担税务责任

案例背景

2012年5月，A公司注销。2015年11月，国家税务总局北京市税务局稽查局（以下简称北京税务稽查局）对A公司2009年1月1日至2011年12月31日开具领购方与开具方不符的发票处50万元罚款，对其少缴企业所得税行为处一倍罚款186万元。该公司股东丁某签收处罚处分文书并缴纳罚款后，向法院起诉。

案例分析

本案例中，各法院对原告主体资格的认定存在争议。

一审判决中，北京市西城区人民法院认为，被诉JW3号税务处理决定书的直接相对人是A公司而非其唯一股东丁某，故一审法院以丁某并非利害关系人为由，驳回起诉。

2016年，丁某上诉，二审法院维持了一审法院的认定，仍认为该处理决定书未直接剥夺、限制丁某的权利或直接对丁某产生义务。

2017年，丁某向北京市第二中级人民法院申请再审，再审法院对丁某的主体身份作出重新认定，认为A公司已注销，丁某作为原公司唯一的股东有提起行政复议的权利，遂发回原审法院重审。

2017年，原审法院作出判决，对丁某的主体资格认定如下：公司已经于2012年注销，其作为责任承担主体的法律地位已不存在，丁某作为公司唯一的股东是该行政行为的利害关系人，具有对被诉处罚决定提起诉讼的权利，故丁某具备本案原告主体资格。对税务机关处罚决定的合法性认定如下：公司已于2012年5月16日经公司登记机关注销登记，其企业法人资格彻底消灭，作为责任承担主体的法律地位已不存在，其不应再作为行政处罚的被处罚对象。故被诉处罚决定将公司列为被处罚对象，属于缺乏相应的事实和证据支持，应当予以撤销。

争议焦点

1. 税务机关对已注销公司作出税务处理的行政行为有无法律依据？

在以企业法人为纳税义务人、扣缴义务人的法律关系中，税务机关作出行政行为的相对人仅指企业法人。

《中华人民共和国民法典》第五十九条规定,法人的民事权利能力和民事行为能力,从法人成立时产生,到法人终止时消灭。

《中华人民共和国市场主体登记管理条例》第三十一条规定,市场主体因解散、被宣告破产或者其他法定事由需要终止的,应当依法向登记机关申请注销登记。经登记机关注销登记,市场主体终止。

由此可知,公司一旦注销,其法人主体资格即告消灭,意味着税务机关原本针对该公司所作出的行政行为的对象已然不复存在,因此,在理论上,这样的行政行为可以被视为"无效"。本案例中,原审法院最终以缺乏证据支持为由,撤销了税务机关原先对已注销公司的税务处罚决定。所以税务机关不能突破法律限制,对已注销公司进行行政处罚。

但公司注销并不意味着所有税务责任都消失,如果公司在注销前存在偷税漏税或其他违法行为,税务机关就仍有权对其进行追责。

2. 公司注销后税务机关能否依据《公司法》追究股东纳税责任?

《中华人民共和国税收征收管理法》第三条、第四条规定,税务机关对企业征收税款是基于法律授权,对象为负有纳税义务的单位。因此,税务机关向企业征税时,企业股东并非适格纳税主体,且税法中并未明确规定企业注销后,股东应承继注销企业的纳税义务。然而在满足特定条件的情形下,作为纳税义务人的企业虽已注销,但税务机关基于民商事法律的相关规则,或许能够以民事请求权的方式请求其股东补缴税款。

税务机关将税收之债延伸至股东,必须满足两个前提:一是国家对企业的税收之债在注销前就已经依法成立并明确,二是股东已经满足对公司的债务承担连带责任的构成要件。

税收之债的成立时间,根据最高人民法院在"德发案"[①]中的相关观点,是自税务机关行使核定权追征税款的行政法律行为生效后才成立的。而股东对公司之债的连带责任,根据《公司法》及其司法解释的规定,未尽出资义务、抽逃出资,股东滥用公司法人独立地位和股东有限责任,以虚假的清算报告骗取公司登记机关办理法人注销登记的,会导致公司债权人因公司主体消灭而无法主张债权,实质上损害了债权人的合法利益。在此种情况下,税务机关有权要求股东对企

---

① 广州德发房产建设有限公司诉广东省广州市地方税务局第一稽查局税务处理决定案。

业存续期间所欠缴的税款承担连带责任。

3. 税务机关直接向已注销公司的股东追究税务责任有哪些程序要求？

从程序角度看，税务机关穿透公司直接向股东追究税务责任的前提是公司法人人格否认。公司法人一经成立，即具有独立法人资格，拥有独立财产，能独立以其名义参与民事活动，以其财产独立承担民事责任。因此，对于税务机关发现已注销企业存在欠税的，应当从严审查是否符合可以刺破公司面纱，向股东追缴税款的条件，结合《公司法》及其司法解释来看，股东应当承担公司责任的情形包括三种：一是股东滥用公司法人独立地位和股东有限责任损害公司及其股东、债权人的利益；二是股东未出资、未全面履行出资义务，或者抽逃出资；三是公司解散时股东未履行、未合规履行清算程序。若公司存在欠缴税款但不属于上述情形的，则税务机关不宜通过法人人格否认来追究股东责任。此外，我国现行税法体系中并未明确授予税务机关直接向股东追缴注销企业所欠缴的税款的行政权，所以"公司法人人格否认"必须先经司法机关确权，即使税务机关向股东追缴已注销企业的税款，也应当通过民事诉讼的方式追缴，而不能以行政执法的方式自行向股东追缴。

4. 被追究责任的股东是否享有救济权？

由丁某的案例可以看出，二审判决与再审判决最大的争议在于"丁某是否具备行政诉讼原告主体资格"，一审法院和二审法院以行政行为相对人并非丁某为由，不认可其诉讼主体地位。本案例中，行政相对人虽然是已注销的A公司，但丁某作为唯一股东，并且实际按照税务机关要求缴纳了税款、滞纳金、罚款，应当认为其与涉案行政行为具有利害关系。根据《中华人民共和国行政诉讼法》第二十五条的规定，行政行为的相对人以及其他与行政行为有利害关系的公民、法人或者其他组织，有权提起行政诉讼。最终，再审法院认可了丁某的诉讼主体资格。

☑ 案例总结

在已注销公司存在税务违法行为的情况下，税务机关要求股东承担纳税义务是常见的做法。公司股东本身承担有限责任，但是否因为公司注销股东即要承担无限责任？股东承担责任后起诉的，其是不是适格的诉讼主体？这些问题都有一定的争议。

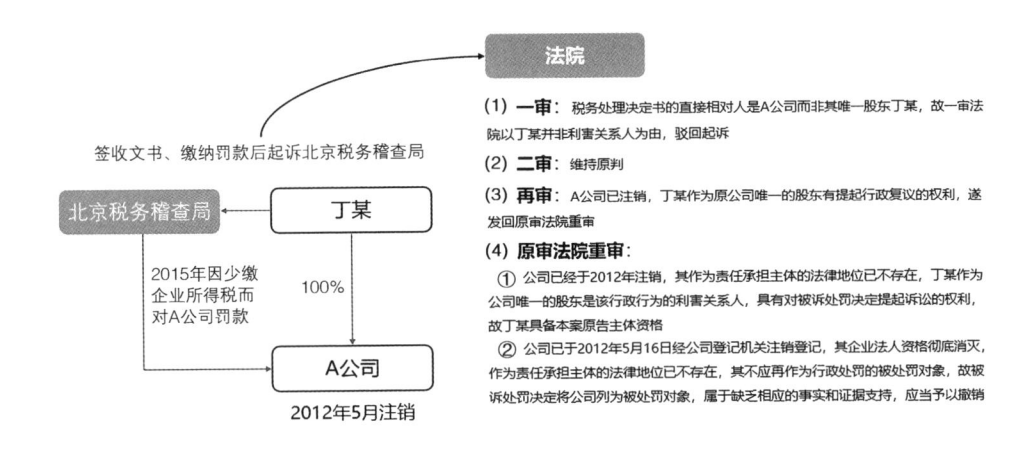

第 7 章 减资、撤资、注销的税务处理 | 133

```
签收文书、缴纳罚款后起诉北京税务稽查局
                                            法院
    北京税务稽查局                    (1) 一审：税务处理决定书的直接相对人是A公司而非其唯一股东丁某，故一审法
                      丁某                 院以丁某并非利害关系人为由，驳回起诉
                                    (2) 二审：维持原判
  2015年因少缴                        (3) 再审：A公司已注销，丁某作为原公司唯一的股东有提起行政复议的权利，遂
  企业所得税而        100%                     发回原审法院重审
  对A公司罚款                         (4) 原审法院重审：
                                       ① A公司已经于2012年注销，其作为责任承担主体的法律地位已不存在，丁某为
                     A公司                 A公司唯一的股东是该行政行为的利害关系人，具有对被处罚决定提起诉讼的权利，
                  2012年5月注销             故丁某具备本案原告主体资格
                                       ② A公司已于2012年5月16日经公司登记机关注销登记，其企业法人资格彻底消灭，
                                          作为责任承担主体的法律地位已不存在，其不应再作为行政处罚的被处罚对象，故被
                                          诉处罚决定将公司列为被处罚对象，属于缺乏相应的事实和证据支持，应当予以撤销
```

7.11 已注销合伙企业被恢复税务登记

案例背景

新疆 ZQ 股权投资有限合伙企业（以下简称合伙企业）成立于 2011 年，并在 2015 年完成基金备案。后由于业务原因，合伙企业注销了税务登记。2023 年收到稽查局下发的税务事项通知书，具体内容如下：

你公司（现已注销税务登记）因涉嫌偷漏税款，在主管税务科所调查过程中注销税务登记。根据《中华人民共和国税收征收管理法》的有关规定，我局将对你公司恢复税务登记。因你公司法定代表人王某拒不配合税务机关的执法行为，现予以公告送达。请王某自公告发布之日起 15 日内到我局办理恢复税务登记手续，并配合税务机关调查；如不配合，公告期满后税务机关将强制恢复税务登记。

自发出本公告之日起满 30 日，即视为已送达。

问题：在已注销税务登记的情况下，稽查局强制恢复税务登记是否有法律依据？

案例分析

《中华人民共和国税收征收管理法》第五十二条明确了税务机关追缴税款的期限，分为税务机关的责任（追征期为 3 年）、纳税人的计算错误等客观失误（追征期为 3 年，特殊情况下可以延长到 5 年）、纳税人的主观责任（对偷税、抗税、骗税的，税务机关追征其未缴或者少缴的税款、滞纳金或者所骗取的税款，不受前

款规定期限的限制）。换言之，如果是纳税人偷税的情况，税务机关追缴税款是不受期限限制的。

国家市场监督管理总局、海关总署、国家税务总局联合发布的《企业注销指引(2023)》第六条规定，企业在注销登记中提交虚假材料或者采取其他欺诈手段隐瞒重要事实取得注销登记的，登记机关可以依法作出撤销税务登记等处理，在恢复企业主体资格的同时，对符合《市场监督管理严重违法失信名单管理办法》第十条规定的，将企业列入严重违法失信名单，并通过国家企业信用信息公示系统公示。

因此，在已注销企业涉嫌偷税的情况下，税务机关有理由怀疑企业在注销登记中提交虚假材料或者采取其他欺诈手段隐瞒重要事实取得注销登记，按照《企业注销指引(2023)》的规定恢复已注销企业的税务登记，有法律依据。

政策依据

《中华人民共和国税收征收管理法》第五十二条

《企业注销指引(2023)》（国家市场监督管理总局 海关总署 国家税务总局公告 2023 年第 58 号）

案例总结

实务中，很多企业的老板甚至第三方咨询公司认为，企业注销登记就可以万事大吉，之前的税务违法行为就一笔勾销了，这显然是不符合相关法律规定的。如本案例所示，已注销的合伙企业存在税务问题的，税务机关可以通过强制恢复税务登记的方式要求其承担责任。

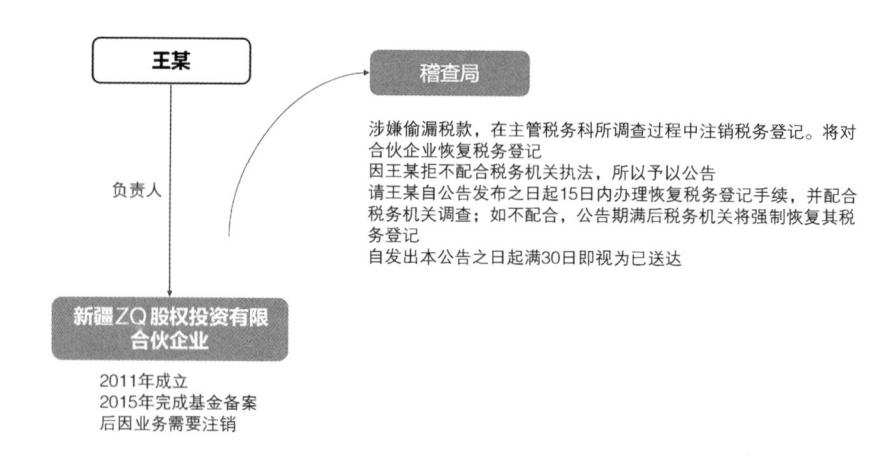

王某 —负责人→ 新疆ZQ股权投资有限合伙企业
2011年成立
2015年完成基金备案
后因业务需要注销

稽查局：
涉嫌偷漏税款，在主管税务科所调查过程中注销税务登记。将对合伙企业恢复税务登记
因王某拒不配合税务机关执法，所以予以公告
请王某自公告发布之日起15日内办理恢复税务登记手续，并配合税务机关调查；如不配合，公告期满后税务机关将强制恢复其税务登记
自发出本公告之日起满30日即视为已送达

7.12　税务局如何追缴已注销企业欠税

案例背景

2022年11月，某市税务局稽查部门根据涉税违法线索决定对A公司开展税收检查。但检查人员查询征管资料发现，A公司已经注销。进一步查询情况显示，A公司于2021年3月16日召开股东会，决定解散公司。同年3月23日，A公司所持有Z公司的股权全部被过户至A公司股东名下。同年3月26日，A公司完成注销。从召开股东会决议解散公司，到过户股权，再到注销公司，历时仅仅8天时间。其间，A公司及其股东均未按照税法规定申报缴纳企业所得税及个人所得税，也就是说，未清税就办理了注销手续。虽然A公司已经注销，但税务稽查部门经查确定该公司存在税收违法行为，根据税收征管法的规定，其性质已经构成偷税。在A公司已经注销的情况下，稽查部门根据《公司法》《中华人民共和国税收征收管理法》等的规定，拟按照A公司股东的投资比例，分别向其5位原股东追缴税款，合计1.34亿元。

问题：税务机关直接向已注销公司的股东追缴税款是否有法律依据？

案例分析

现实中，类似上述A公司这样，在发生涉税违法行为后将公司注销以逃避法律责任的企业并非个例，甚至有些老板在主要业务公司之外另行注册公司的目的就是实施偷税等违法行为，然后把公司注销。这种违法行为具有很强的隐蔽性，从现行税收法律法规中找不到针对企业注销前的涉税违法行为进行处理的规定。在这种情况下，不同地方的税务机关对有关违法行为的执法处理不尽相同，本案例中的税务机关采取的向已注销公司股东追偿的方式是一种常见的处理手段。

处理该案例时有效的《公司法》第二十条规定，公司股东滥用公司法人独立地位和股东有限责任，逃避债务，严重损害公司债权人利益的，应当对公司债务承担连带责任。

《最高人民法院关于适用〈中华人民共和国公司法〉若干问题的规定（二）》第十九条明确，有限责任公司的股东、股份有限公司的董事和控股股东，以及公司的实际控制人在公司解散后,恶意处置公司财产给债权人造成损失,或者未经依法清算,以虚假的清算报告骗取公司登记机关办理法人注销登记,债权人主张其对公司债务承担相应赔偿责任的,人民法院应依法予以支持。第二十条明确,公司解散应当在依法清算完毕后,申请办理注销登记。公司未经清算即办理注销登记,导致公司无法进行清算,债权人主张有限责任公司的股东、股份有限公司的董事和控股股东,以及公司的实际控制人对公司债务承担清偿责任的,人民法院应依法予以支持。公司未经依法清算即办理注销登记,股东或者第三人在公司登记机关办理注销登记时承诺对公司债务承担责任,债权人主张其对公司债务承担相应民事责任的,人民法院应依法予以支持。

因此,上述案例中,涉案公司股东或实际控制人未经依法清算,或以虚假的清算报告骗取公司登记机关办理法人注销登记,或未经依法清算即办理注销登记,逃避纳税义务,造成国家税收损失,税务机关有权作为债权人,主张涉案公司股东对公司未缴纳的税款债务承担责任。根据上述规定,税务机关不再对已经注销的 A 公司进行税务处理处罚,而是直接向 A 公司的原股东或实际控制人追缴未缴纳的税款的行为,有法律依据。

政策依据

《中华人民共和国公司法》

《最高人民法院关于适用〈中华人民共和国公司法〉若干问题的规定(二)》

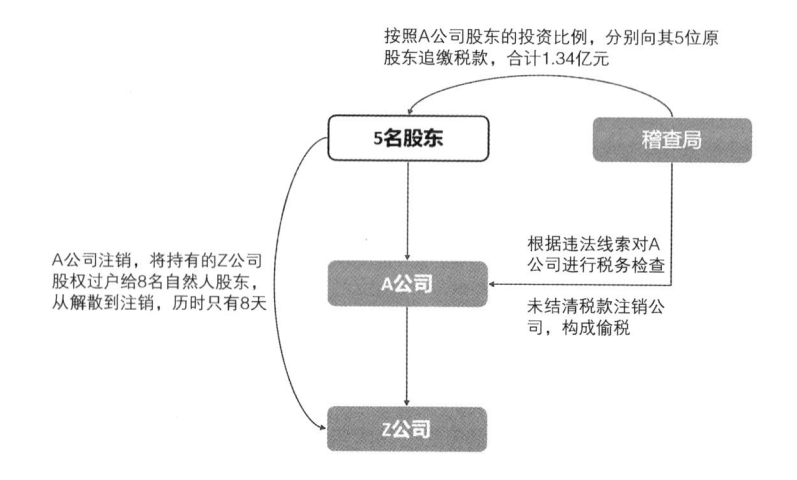

```
                          按照A公司股东的投资比例,分别向其5位原
                          股东追缴税款,合计1.34亿元
                                    ↓
                   ┌─────────┐         ┌─────────┐
                   │  5名股东  │         │  稽查局  │
                   └─────────┘         └─────────┘
                        │                    │
   A公司注销,将持有的Z公司                根据违法线索对A
   股权过户给8名自然人股东,              公司进行税务检查
   从解散到注销,历时只有8天              ┌─────────┐
                        ↓               │  A公司   │
                   ┌─────────┐         └─────────┘
                   │  A公司   │←─────── 未结清税款注销公
                   └─────────┘         司,构成偷税
                        │
                        ↓
                   ┌─────────┐
                   │  Z公司   │
                   └─────────┘
```

第8章

股权交易"天花板":企业重组

在股权领域有一类特殊的交易——企业重组。其特殊性体现在,重组并非企业的日常活动,其对企业来说大多意味着战略的变化。其特殊性体现在形式多样,涉及的税种繁多,税务处理极其复杂,方案稍有不慎就会多缴很多税。重组中的部分问题税法上并没有对号入座式的清晰规定,因此同样的问题不同税务机关的处理方式不同,同一税务机关在不同时期的处理也可能不同。

长期以来,企业重组在我国的法律体系中并没有非常明确的定义。《财政部 国家税务总局关于企业重组业务企业所得税处理若干问题的通知》(财税〔2009〕59号)规定了企业重组有六种具体形式,分别是企业法律形式的改变、债务重组、股权收购、资产收购、合并、分立。该文件也对不同重组方式的一般性税务处理与特殊性税务处理适用的情形和具体的处理方式予以规定。随后,国家税务总局在2010年发布的第4号公告《国家税务总局关于发布〈企业重组业务所得税管理办法〉的公告》对重组在税收征管层面的一些事项进行了细化。为了更加适应市场的变化,国家税务总局在2015年发布的第48号公告《国家税务总局关于企业重组业务企业所得税征收管理若干问题的公告》对相关征管事项的规定进行了重新修订。在2014年,财政部、国家税务总局联合发布《财政部 国家税务总局关于促进企业重组有关企业所得税处理的通知》(财税〔2014〕109号),其中明确了对集团内100%直接控制的居民企业之间按照账面净值划转资产和股权暂不确认所得,在此情形下,资产(股权)的划转在满足特定条件的情况下也可以适用特殊性税务处理。同年,财政部、国家税务总局联合发布《财政部 国家税务总局关于非货币性资产投资企业所得税政策问题的通知》(财税〔2014〕116号),其中对于企业非货币性资产对外投资产生的非货币性资产转让所得规定了在不超过5年的期限内均匀分期纳税的政策。2016年《财政部 国家税务总局关于完善股权激励和技术入股有关所得税政策的通知》(财税〔2016〕101号)对企业或个人以技术成果投资入股由原来的5年内分期纳税调整为递延至转让股权时纳税。上述情形中有些明确被定义为重组的类型,有些虽然不是典型的重组类型,但使用了与重组类似的递延纳税政策。而以递延纳税为核心的特殊性税务处理的本质是国家对于未产生现金所得或未产生足够的现金所得的重组交易的纳税人在税款缴纳方面作出的让步,以此来鼓励主体积极参与企业重组交易。

财税〔2009〕59号文第五条规定了企业重组适用特性税务处理的五大条件:(1)具有合理的商业目的,且不以减少、免除或者推迟缴纳税款为主要目的;(2)被收购、合并或分立部分的资产或股权比例符合本通知规定的比例;(3)企业重组后连续12个月内不改变重组资产原来的实质性经营活动;(4)重组交易对价中涉及的股权支付金额符合本通知规定的比例;(5)企业重组中取得股权支付的原主要股东,在重组后连续12个月内不得转让所取得的股权。

上述五大条件可以简单总结为"一个目的、两个比例、两个12个月"。其中,第(1)、(2)、(4)为当下的条件,即在重组当时需要满足;第(3)、(5)为后续条件,即在转让后的12个月内要保持稳定。满足当下的条件后,企业可以暂时适用特殊性税务处理,但是能否最终适用,还要看是否满足后续条件。特殊性税务处理是涉及重组讨论最多的话题之一,实务中应特别关注。

重组方案应满足的条件有:

(1)合法合规:纳税人自行申报、自担风险。在重组业务中,涉及税种多,涉及政策多,涉税金额大,准确适用税收法律法规是前提。

(2)不干扰企业核心战略:① 平衡时间和税负。时间和税负需要同时考虑,只盯着税负低就像买东西只贪图便宜一样。应该在平衡时间和税负的情况下,找到符合战略的性价比高的方案。② 不能因为重组而使得企业失去相关资格,如高新技术企业等。

(3)与税务机关沟通:实务中,与税务机关沟通是重组方案能够落地的前提。

企业重组虽然涉及复杂的税务问题,对税务问题的处理也在一定程度上决定着重组交易的成败,但重组交易毕竟是综合性的,不能只拘泥于税而忽略整体交易目的的实现。本章的20个案例只是抛砖引玉,希望能帮助读者就重组交易建立框架性的认识。

第 8 章案例表

序号	标题
065	合法性是重组方案设计的首要条件
066	不符合特殊性税务处理致方案搁置
067	分立业务场景一：为合规而分立
068	分立业务场景二：为处置不动产
069	企业法律形式发生改变的税务处理
070	容易被忽视的"合理的商业目的"
071	复杂的重组交易在税务上未必最优
072	收购亏损公司能否实现大规模节税
073	非居民企业特殊性税务处理的适用
074	企业重组交易中非税因素同样重要
075	股权收购中特殊性税务处理的适用
076	股权收购中有多个卖方的税务处理
077	分步交易的股权收购的税务处理
078	股权置换能否满足特殊性税务处理
079	债务重组中债转股的不同处理
080	特殊性税务处理的程序要求：备案
081	一般性税务处理或是更节税的选择
082	子公司之间划转的基本税务处理
083	重组个人能否享受个人所得税递延
084	吸收合并特殊性税务处理适用举例

8.1 合法性是重组方案设计的首要条件

案例背景

SW 公司为厦门的一家上市公司,该公司上市时有一个有限公司股东名为"厦门 ZW 管理咨询有限公司"(以下简称 ZW 公司)。2013 年 10 月,SW 公司发布的《关于股东公司名称及地址变更的公告》显示,其股东厦门 ZW 管理咨询有限公司迁址并变更名称为"西藏山南 ZW 管理咨询有限公司"。为什么 ZW 公司要从东南沿海的厦门搬迁至青藏高原的西藏呢?根本原因是迁入地政府提供优惠政策。

案例分析

彼时西藏山南政府对于迁址至山南的公司的优惠政策如下:(1)公司不经过清算直接变更为有限合伙企业;(2)合伙企业纳税后可以享受实缴所得税 60% 的地方财政返还。

基于上述政策,ZW 公司与山南招商部门确定操作步骤:ZW 公司先从厦门迁址至山南,后 ZW 公司不经过税务清算,直接变更为有限合伙企业,合伙人纳税后享受相应的地方财政返还。

一般情况下,ZW 公司的收益要先缴纳企业所得税,到股东个人头上还需要缴纳分红所得的个人所得税。而合伙企业不是所得税的纳税主体,由合伙人个人(或公司)纳税,节约了一个所得税的纳税环节,在考虑财政返还的情况下,实际税负更低。

税费测算

假设 ZW 公司股东张某以 1 亿元的价格减持股票,投资成本为 1 000 万元。

迁址前:

企业所得税=(10 000-1 000)×25%=2 250(万元)

个人所得税=(10 000-1 000-2 250)×20%=1 350(万元)

所得税合计=2 250+1 350=3 600(万元)

迁址后：

个人所得税＝(10 000－1 000)×20％＝1 800(万元)

当地财政返还＝1 800×40％×60％＝432(万元)

注：分税制模式下，所得税中央和地方六四分[详见《国务院关于印发所得税收入分享改革方案的通知》(国发〔2001〕37号)]。

实际个人所得税＝1 800－432＝1 368(万元)

税负降低比例＝(3 600－1 368)÷3 600×100％＝62％

通过上面的税费测算不难看出，从形式上看，ZW公司迁址的方案是极具吸引力的。然而，ZW公司迁址到西藏山南后，并没能按照计划的方案那样变更为有限合伙企业，原因在于合法性。

公司变更为合伙企业，对于公司这个主体来说就是"解散"了，根据《公司法》的相关规定，解散前应当清算。所以，山南政府关于公司可以直接变更为合伙企业的政策，与国家税法的明确规定冲突，因而无效。

☑ 案例总结

企业法律形式的改变属于企业重组的基本形态，如公司变更为合伙企业。在重组或其他税收策划方案中，合法性是首先应当考虑的要素；否则方案再好，也如水中之月，看得见，摸不着，最终无法落地。

另外，国务院颁布的《公平竞争审查条例》已于2024年8月1日起实施。后续的涉税方案如涉及财政返还，就更要慎重评估，因为即便有明确的行政协议，无法兑付也是大概率事件，企业要有充分的思想准备和应对措施。

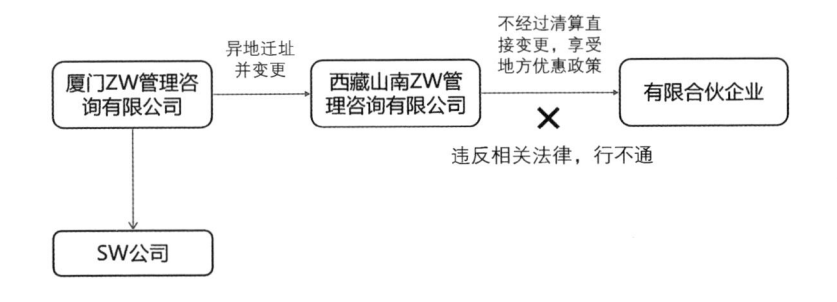

8.2 不符合特殊性税务处理致方案搁置

案例背景

2020年，ZJ公司为了提高设备利用率，拟在铸造、机械加工能力基础上对外拓展业务方向，以寻求新的利润增长点。ZJ公司的全资子公司ZJ科技拟以2020年3月31日为评估基准日，以与铸造业务相关的固定资产及土地使用权评估作价7 200万元出资设立一家全资子公司。ZJ公司公告称，在ZJ科技启动注册过程中，经过与税务机关的沟通，此次交易事项不符合财税〔2009〕59号文中的"特殊性税务处理"的适用条件。由于涉及的税费太高，因此ZJ科技只能暂缓全资子公司的设立。

案例分析

在不能适用特殊性税务处理的情况下，只能适用一般性税务处理。这两者之间有什么根本的区别？所谓的特殊性税务处理特殊在什么地方？

举个例子：某项资产在企业财务报表上显示为10万元，该项资产购买时为25万元，其中的15万元是资产的折旧。在公平的交易市场上，该资产的价值是16万元。企业重组过程通常伴随着资产的打包转移，如果采用一般性税务处理，该资产就应该以市场价值16万元来计算转让价格；而如果进行特殊性税务处理，则可以选择以财务报表账面的10万元作为转让价格。转让价格一降低，涉及的相关税费就会降低，甚至暂时不涉及税费。

简言之，特殊性税务处理就是在满足特定条件的情况下，减轻当前的纳税压力。

税费测算

本案例中，因不能适用特殊性税务处理，所以就需要在当下缴纳高额的税费，该项实物出资涉及的税费如下：

(1) 增值税：以公允价值为依据正常缴纳。

相关规定：纳税人在资产重组过程中，通过合并、分立、出售、置换等方式，将全部或者部分实物资产以及与其相关联的债权、负债和劳动力一并转让给其他单位和个人,不属于增值税的征税范围,其中涉及的货物、不动产、土地使用权转让,不征收增值税。根据相关公告信息,ZJ科技以实物资产设立子公司,并不包含债权、负债及相关劳动力的转移,不符合上述不征收增值税的条件,应当按照相关实物资产的公允价值计算缴纳增值税。

(2) 企业所得税:以转让资产的公允价值为基础,确认资产转让所得,缴纳相应的企业所得税。

相关规定:股权收购特殊性税务处理要符合收购资产比例和股权支付比例的双重要求。本次投资资产相对较小,无法满足比例要求,因而无法适用特殊性税务处理。

(3) 土地增值税:可暂不征收。

相关规定:单位、个人在改制重组时以房地产作价入股进行投资,对其将房地产转移、变更到被投资的企业,暂不征收土地增值税。

(4) 契税:无法享受免税优惠。

相关规定:母公司以土地、房屋权属向其全资子公司增资,视同划转,免征契税。本案例是以实物资产设立子公司,而非对子公司增资,无法适用上述免税政策。

(5) 印花税:按照"产权转移书据"计算缴纳印花税。

相关规定:企业改制、合并、分立、债转股等过程中凡原已贴花的部分可不再贴花,未贴花的部分和以后新增的资金按规定贴花。本次实物资产出资不属于传统意义上的企业改制、合并、分立等,应正常缴纳印花税。

政策依据

《国家税务总局关于纳税人资产重组有关增值税问题的公告》(国家税务总局公告2011年第13号)

《营业税改征增值税试点有关事项的规定》

《财政部 国家税务总局关于企业重组业务企业所得税处理若干问题的通知》(财税〔2009〕59号)

《财政部 税务总局关于继续实施企业改制重组有关土地增值税政策的公告》(财政部 税务总局公告2023年第51号)

《财政部 税务总局关于继续实施企业事业单位改制重组有关契税政策的公告》(财政部 税务总局公告2023年第49号)

《财政部 国家税务总局关于企业改制过程中有关印花税政策的通知》(财税〔2003〕183号)

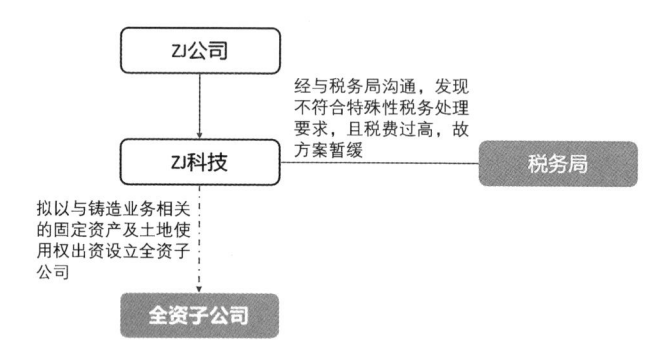

```
ZJ公司
   │
   ▼
ZJ科技 ────── 经与税务局沟通，发现不符合特殊性税务处理要求，且税费过高，故方案暂缓 ────── 税务局
   │
拟以与铸造业务相关的固定资产及土地使用权出资设立全资子公司
   │
   ▼
全资子公司
```

8.3 分立业务场景一：为合规而分立

案例背景

河北 JN 管业有限公司(以下简称 JN 公司)成立于 2016 年，主营业务为塑料零件及其他塑料制品制造。2020 年后，JN 公司业务量实现爆发式增长，2022 年年销售额达到 5 亿元左右，但有一半的收入是通过老板夫妻个人的银行卡收款的，并未申报纳税。老板认识到 JN 公司面临巨大的税务风险，想逐步实现合规经营以降低公司的风险。

案例分析

2.5 亿元销售额不入账，未申报纳税，带来的税务风险如下：

1. 少缴税款合计

应纳增值税＝25 000×13％＝3 250(万元)

应纳城市维护建设税及附加＝3 250×(5％＋3％＋2％)＝325(万元)

应纳企业所得税＝25 000×25％＝6 250(万元)

税费合计＝3 250＋325＋6 250＝9 825(万元)

2. 被认定偷税涉及的罚款和滞纳金

应缴最低罚款(按照偷税金额的 50％计算)＝9 825×50％＝4 912.5(万元)

应缴滞纳金(1 年)＝9 825×18.25％＝1 793(万元)

3. 税费、罚款、滞纳金合计

税费、罚款、滞纳金合计＝9 825＋4 912.5＋1 793＝16 530.5（万元）

2.5亿元收入不入账的风险极大，将会给JN公司的生产经营及后续发展埋下隐患。考虑到销售额不断增长的趋势，这种风险会持续增大。

JN公司的财务报表显示，其应收账款期末余额为－10 400万元，资产总额为4 938万元，总资产逼近5 000万元，即将失去小微企业资格。如果将应收账款做科目重分类，其资产总额将远超5 000万元，从而需要适用25%的企业所得税税率，无法享受小微企业的优惠，企业所得税负担会大大加重。以年利润2 000万元为例，如果不能保持小微企业的身份，JN公司的企业所得税将增加400万元［2 000×(25%－5%)］。

要想保持货真价实的小微企业身份，至少要有两家以上的公司承接业务。JN公司名下有土地使用权，市场价约为4 500万元，如果直接用土地使用权出资成立新公司，本质是土地使用权的转让，就需要缴纳高额的增值税、城市维护建设税及附加、土地增值税、企业所得税等。

结论：JN公司即将失去小微企业的身份，而通过转让资产来维持小微企业身份的方式将会产生高额的税费。

方案设计

由于JN公司由一家公司承接业务变成由两家以上的公司承接业务后，并不会改变原来的业务，因此可以考虑企业分立的方式。

财税〔2009〕59号文对分立的定义：分立，是指一家企业将部分或全部资产分离转让给现存或新设的企业，被分立企业的股东换取分立企业的股权或非股权支付以实现企业的依法分立。

简单来说，分立就是将一家公司变为两家（或以上）公司。如果分立后，原来的公司继续存在，则称为存续分立；如果分立后原来的公司不复存在，就意味着分立后的公司都是新设立的，称为新设分立。

政策依据

《中华人民共和国民法典》

《中华人民共和国公司法》

《中华人民共和国税收征收管理法》

税务处理

企业所得税特殊性税务处理：

1. 适用条件

（1）一个目的：具有合理的商业目的，且不以减少、免除或者推迟缴纳税款为主要目的。

（2）两个比例：被分立企业的股东在该企业分立发生时取得的股权支付金额不低于其交易支付总额的85%；被分立企业的股东按照原持股比例取得分立企业的股权，且分立企业和被分立企业均不改变原来的实质性经营活动。

（3）两个12个月：企业分立后的连续12个月内不改变重组资产原来的实质性经营活动。分立中取得股权支付的原主要股东在分立后连续12个月内不得转让所取得的股权。

2. 处理方法——核心是计税基础延续，递延纳税

（1）分立企业接受被分立企业资产和负债的计税基础，以被分立企业的原有计税基础确定其计税基础。

（2）被分立企业已分立出去资产相应的所得税事项由分立企业承继。

（3）被分立企业未超过法定弥补期限的亏损额可按分立资产占全部资产的比例进行分配，由分立企业继续弥补。

（4）被分立企业的股东取得分立企业的股权（以下简称"新股"），如需部分或全部放弃原持有的被分立企业的股权（以下简称"旧股"），"新股"的计税基础就应以"旧股"的计税基础确定；如不需放弃"旧股"，则其取得"新股"的计税基础可从以下两种方法中选择确定：①直接将"新股"的计税基础确定为0；②以被分立企业分立出去的净资产占被分立企业全部净资产的比例先调减原持有的"旧股"的计税基础，再将调减的计税基础平均分配到"新股"上。

结论：JN公司可以选择用分立的方式保留小微企业的身份，同时分立的过程选择适用特殊性税务处理以最大限度地降低分立过程的税务成本。

案例总结

实务中，财税不合规是很多企业面临的问题，而在逐渐合规的过程中，需要对现有的不合规业务"动大手术"，分立是解决不合规问题的一个重要的重组方式。

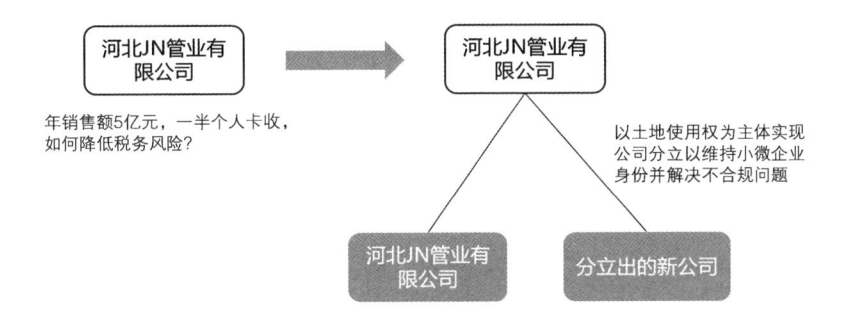

河北JN管业有限公司　→　河北JN管业有限公司

年销售额5亿元，一半个人卡收，如何降低税务风险？

以土地使用权为主体实现公司分立以维持小微企业身份并解决不合规问题

河北JN管业有限公司　　分立出的新公司

8.4 分立业务场景二：为处置不动产

案例背景

MN 工程有限公司（以下简称 MN 工程）拥有一块闲置土地，该土地是 2015 年取得土地使用权的，原购入成本为 1 800 万元，现评估价为 2 400 万元（不含税）。经 MN 工程董事会研究决定，拟成立一家房地产公司对该土地进行开发。

问题：用哪些方式可以将该土地转移到新成立的房地产开发公司？哪种方式的税负最低？

案例分析

1. 转让

MN 工程先用货币资金投资成立全资子公司 DC 房地产开发有限公司（以下简称"DC 房地产"），然后将该土地的使用权转让给 DC 房地产。该方案涉税计算如下：

（1）增值税及附加：MN 工程是增值税一般纳税人，转让 2016 年 4 月 30 日前取得的土地使用权按规定可选择 5% 的征收率。因此，MN 工程按简易计税方法计算应缴增值税 30 万元[(2 400－1 800)×5%]、城市维护建设税 2.1 万元（30×7%）、两个附加 1.5 万元[30×(3%＋2%)]，合计应缴增值税及附加 33.6 万元（30＋2.1＋1.5）。

（2）印花税：转让土地使用权，双方签订土地使用权转让合同，按照产权转移书据所载金额 2 400 万元的 0.5‰缴纳印花税 1.2 万元。

（3）土地增值税：根据《中华人民共和国土地增值税暂行条例》及其实施细

则的规定,转让国有土地使用权、地上建筑物及其附着物并取得收入的单位和个人,应当依照该条例缴纳土地增值税。因此,MN工程转让国有土地使用权,应缴纳土地增值税。该块土地转让收入2 400万元,购入成本为1 800万元,与转让土地使用权有关的税费为4.8万元(2.1+1.5+1.2),则该块土地增值额的扣除项目金额为1 804.8万元(1 800+4.8),土地增值额为595.2万元(2 400-1 804.8),占扣除金额的32.98%,未超过扣除项目金额的50%,适用30%的税率,应缴纳土地增值税178.56万元(595.2×30%)。

(4) 企业所得税:根据《中华人民共和国企业所得税法》及其实施条例的规定,转让资产还应计算资产转让所得缴纳企业所得税。如上所述,该块土地转让收入2 400万元、购入成本1 800万元、缴纳各项税费183.36万元(4.8+178.56)、转让所得416.64万元(2 400-1 800-183.36),应缴纳企业所得税104.16万元(416.64×25%)。

(5) 契税:MN工程转让土地使用权,按《土地登记办法》的规定,还需办理土地、房屋权属过户手续。根据《中华人民共和国契税暂行条例》的规定,DC房地产承受土地还需按土地成交价格2 400万元的4%(假定)缴纳契税96万元(2 400×4%)。采用转让方式,MN工程应纳税317.52万元(33.6+1.2+178.56+104.16),DC房地产应纳税97.2万元(96+1.2),双方合计应纳税414.72万元(317.52+97.2)。

2. 分立

MN工程在内部先设立房地产开发筹备部门,并配置相应资产和人员。假定配置资产2 350万元,其中:土地使用权1 800万元(评估价值2 400万元)、银行存款550万元、负债350万元、净资产2 600万元;配备人员(劳动力)20人。然后,将该房地产开发筹备部门分立出去,正式成立全资子公司——DC房地产开发有限公司,专门从事房地产开发经营业务。

(1) 增值税及附加:不缴。

政策依据:《关于纳税人资产重组有关增值税问题的公告》(国家税务总局公告2011年第13号)和《营业税改征增值税试点有关事项的规定》

(2) 契税不缴,企业所得税采用特殊性税务处理(递延),印花税、土地增值税暂不征收。

按照法律规定或者合同约定,企业分设为两家或两家以上与原企业投资主体相同的企业,对原企业将房地产转移、变更到分立后的企业暂不征收土地增值税。

注：除了以上两种方法外，用不动产进行出资也是一种处置不动产的方式。

结论：相比于直接转让不动产，分立的方式可以大大降低处置不动产的成本。

政策依据

《关于继续实施企业改制重组有关土地增值税政策的公告》（财政部 税务总局公告2023年第51号）

案例总结

实务中，直接处置不动产往往面临较高的土地增值税，用分立的方式处置不动产可以起到一定的降低税负的作用。但由于分立是非日常的重组行为，因此企业应当在统筹考虑各方面因素后作出是否分立的决定。

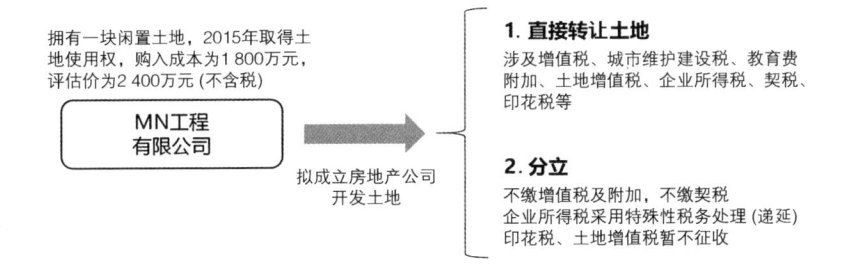

拥有一块闲置土地，2015年取得土地使用权，购入成本为1 800万元，评估价为2 400万元(不含税)

MN工程有限公司

拟成立房地产公司开发土地

1. **直接转让土地**
涉及增值税、城市维护建设税、教育费附加、土地增值税、企业所得税、契税、印花税等

2. **分立**
不缴增值税及附加，不缴契税
企业所得税采用特殊性税务处理(递延)
印花税、土地增值税暂不征收

8.5 企业法律形式发生改变的税务处理

案例背景

DH(上海)税务师事务所成立于2019年，为一家普通合伙性质的税务师事务所，有5名合伙人。2022年后，事务所的业务量逐渐增多，为了降低合伙人的风险，经5名合伙人开会一致通过，决定将事务所由普通合伙企业变更为有限公司。

问题：如何进行相应的税务处理？

案例分析

根据财税〔2009〕59号文中关于企业重组的定义，企业法律形式的改变属于六种基本的重组形式之一。其税务处理的基本规则：视同企业进行清算、分配，股东重新投资成立新企业。企业的全部资产以及股东投资的计税基础均应以公允价值为基础确定。

本案例中，有限公司属于法人，其利润要缴纳企业所得税，股东个人分红还需要缴纳个人所得税。普通合伙企业属于非法人组织，不缴纳企业所得税，而是由其合伙人缴纳相应的所得税。这种法律形式的改变属于主体性质的根本变化，在税务层面的处理相当于5个合伙人先把普通合伙性质的税务师事务所注销，再投资设立新的有限公司性质的税务师事务所。

流程要求

拟注销的普通合伙性质的税务师事务所除须报送企业清算所得税纳税申报表外，还应附送如下资料：(1) 企业改变法律形式的工商部门或其他政府部门的批准文件；(2) 企业全部资产的计税基础以及评估机构出具的资产评估报告；(3) 企业债权、债务处理或归属情况说明；(4) 主管税务机关要求提供的其他证明材料。

案例总结

有限公司、合伙企业、个人独资企业、个体工商户等属于不同的法律性质，改变其法律性质应适用企业重组的相关规定。在财税〔2009〕59号文定义的六种基本的重组形式中，只有"企业法律形式改变"没有适用特殊性税务处理的规定，因此清算是必要的法律流程。

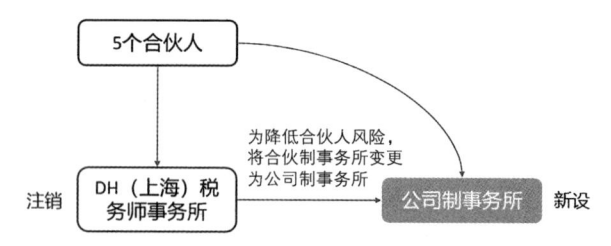

报送企业清算所得税纳税申报表，企业改变法律形式的工商部门或其他政府部门的批准文件，企业全部资产的计税基础以及评估机构出具的资产评估报告，企业债权、债务处理或归属情况说明，主管税务机关要求提供的其他证明材料

8.6 容易被忽视的"合理的商业目的"

案例背景

A公司名下有土地和厂房资产,B公司是A公司100%控股的全资子公司,C公司为外部一家公司,想购买A公司名下的土地和厂房从事生产。如果采用直接转让不动产的方式,卖方会涉及增值税、土地增值税、企业所得税、印花税等,而买方会涉及契税和印花税。本案例中,交易方采用先分立后吸收合并或股权收购的方式转让不动产,期望通过重组的特殊性税务处理实现递延纳税。

案例分析

直接买卖不动产高额的税费让很多交易方望而却步。实务中,关于不动产的交易往往是税收筹划密集的业务,用重组的方式变相交易不动产成为常见的交易手段。本案例的主要争议点在于在企业所得税的层面能否适用特殊性税务处理。

特殊性税务处理的适用有5个基本条件,其中关于比例的规定和12个月内限制的规定由于进行了量化,因此在衡量的时候有比较明确的依据,而作为第一个条件的"合理的商业目的"则很容易被忽视。

财税〔2009〕59号文中对于合理商业目的的表述是,具有合理的商业目的,且不以减少、免除或者推迟缴纳税款为主要目的。从上述文件规定中我们可以得出一个基本的结论,企业重组想要在企业所得税的层面适用特殊性税务处理,其重组必须有一个合理的商业目的,且该商业目的的核心不能只是少缴税或晚缴税。

根据重组企业所得税的征管要求,企业选择适用特殊性税务处理时,应从以下方面说明企业重组具有合理的商业目的:(1)重组活动的交易方式,即重组活动采取的具体形式、交易背景、交易时间、在交易前后的运作方式和有关的商业常规;(2)该项交易的形式及实质,即形式上交易所产生的法律权利和责任,也是该项交易的法律后果,还有交易实际上或商业上产生的最终结果;(3)重组活动给交易各方税务状况可能带来的变化;(4)重组各方从交易中获得的财务状况的变化;(5)重组活动是否给交易各方带来了在市场原则下不会产生的异常经济利益或潜在义务;(6)非居民企业参与重组活动的情况。

税务机关认为,该项组合式重组的目的纯属于税收筹划,符合以下三个原则：(1)必须存在一个安排,是指人为规划的一个或一系列行动或者交易；(2)企业必须从该安排中获取"税收利益",即减少应纳税收入或者所得额；(3)企业将获取税收利益作为其从事某种安排的唯一或主要目的。

因此,税务机关认定该项组合式重组事项不具有合理商业目的,不以资产持续经营和股东权益延续为原则,而是确系人为规划的,以减少、免除或者推迟缴纳税款为主要目的的重组,故没能认定为特殊性税务处理,而要求重组相关各方按一般性税务处理申报各环节应缴纳的企业所得税。

政策依据

《财政部 国家税务总局关于企业重组业务企业所得税处理若干问题的通知》(财税〔2009〕59号)

《国家税务总局关于发布〈企业重组业务企业所得税管理办法〉的公告》(国家税务总局公告2010年第4号)

案例总结

用重组的方式进行不动产交易的筹划,在实务中具有普遍性,本案例中主管税务机关不认可企业的重组具有合理的商业目的因而无法适用特殊性税务处理是一个个例,其结论并不能当然地在其他案例中适用。但我们需要注意的是,在特殊性税务处理的适用环节,要对商业目的做细致的分析和评估,并进行科学的描述和阐释,避免因为这个容易被忽视的条件而导致重组目的无法达到。

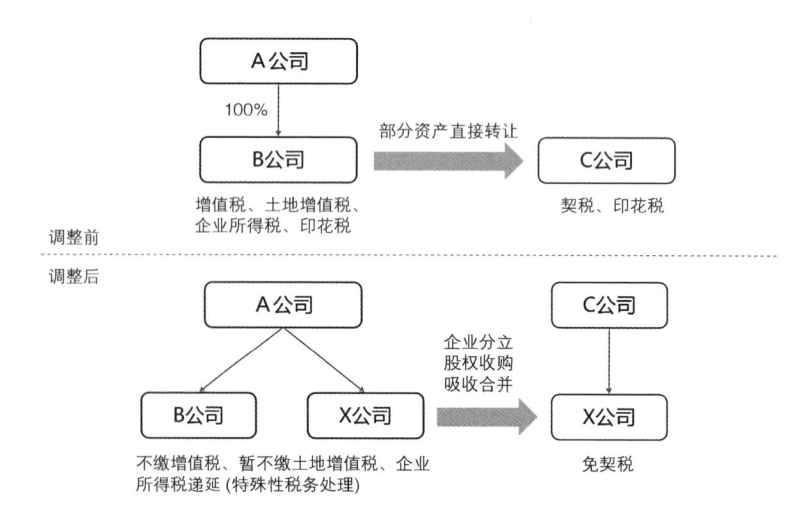

```
                    A公司
                      │100%
                      ▼
调整前            B公司  ──部分资产直接转让──▶  C公司
              增值税、土地增值税、              契税、印花税
              企业所得税、印花税
─────────────────────────────────────────────
调整后            A公司                      C公司
                 ╱    ╲                       │
                ▼      ▼   企业分立            ▼
              B公司  X公司  股权收购──────▶  X公司
                           吸收合并
         不缴增值税、暂不缴土地增值税、企业      免契税
         所得税递延(特殊性税务处理)
```

8.7 复杂的重组交易在税务上未必最优

> 案例背景

2021年2月,A上市公司发布《关于控股股东完成吸收合并暨工商变更登记的公告》,该过程用到了税收洼地的相关政策。操作前股权架构如下:

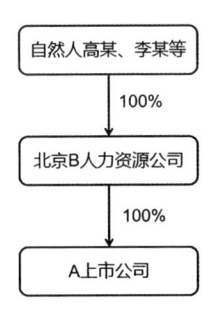

```
自然人高某、李某等
        │ 100%
        ▼
  北京B人力资源公司
        │ 100%
        ▼
     A上市公司
```

其操作一共分为三个步骤:

第一步:自然人高某、李某等人在新疆霍尔果斯设立持股平台C公司。

第二步:进行吸收合并。

第三步:注销北京B人力资源公司。

```
         自然人高某、李某等
                │
   注销          ▼
北京B人力资源公司 ◀─吸收合并─ 霍尔果斯持股平台C公司
   │                              │
   │合并前 100%                   │合并后
   ▼                              ▼
        A上市公司 ◀───────────────
```

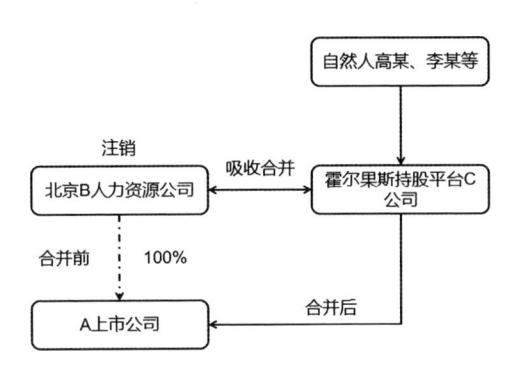

操作完成后,北京B人力资源公司注销,其全部资产、负债、债权债务关系均由持股平台C公司继承。

> 案例分析

上述操作完成后,霍尔果斯持股平台C公司取代北京B人力资源公司,其他股权比例不变。

根据现行税收政策，该重组交易无须缴纳增值税、土地增值税、契税，企业所得税可以选择一般性税务处理或特殊性税务处理。从业务角度判断，应该采用的是特殊性税务处理，重组各方不确认资产的转让所得或损失，合并企业资产的计税基础以被合并企业的原有计税基础确认。

本案例中，自然人高某、李某等为了实现通过霍尔果斯设立的公司间接控制上市公司以享受税收相关政策的目的，采用了设立新公司、吸收合并、适用特殊性税务重组等操作，虽然达到了最终的目的，但是操作过程复杂，而且周期较长，为了实现递延纳税还需要符合相关的条件。

操作建议

如果直接将B人力资源公司由北京迁移至新疆霍尔果斯，也可以实现最终目的。该过程只涉及名称和地址的变更，并不会产生额外税负。只要B人力资源公司不存在影响税务注销的相关事项，该方案与A上市公司发布的公告中实际采用的方案相比，就将节省大量时间、简化交易流程、提高效率。需要注意的是，本案例中的北京B人力资源公司属于控股公司，并非上市公司，也非做实体经营的业务公司，因此跨省迁址的方式不会对其产生根本性的影响。如果是业务公司，则迁址会涉及一系列复杂的问题，如厂房的购置、人员的安置等，操作难度会大很多。

案例总结

利用企业重组虽然可以达到企业的战略目的，但是在实务中，重组未必是最好的选择。以本案为例，在简单的住所迁移可以达到目的的情况下，重组的方案就不是最优解了。重组是达成经营目标的手段，要避免为了重组而重组。

在涉及税收洼地注册经营公司或控股公司时，企业须全面了解洼地相关的税收政策的合法性和可操作性，尽可能在满足长远目标的基础上作出决策。

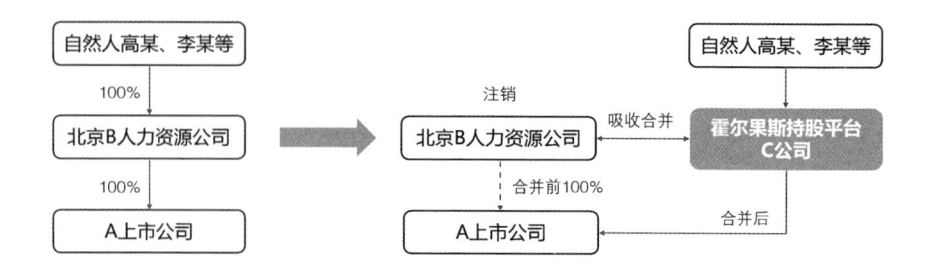

8.8 收购亏损公司能否实现大规模节税

案例背景

王总拥有一家农产品贸易公司,公司每年税前利润约为 5 000 万元,每年都需要按照 25% 的企业所得税税率缴纳超过 1 000 万元的企业所得税,该笔税款对公司的现金流造成了巨大负担。王总咨询当地的税务筹划专家后,得到一个方案,即收购一家亏损较大的企业,用其亏损去抵消王总公司的盈利,从而减轻企业所得税负担。为此,王总找到一家当地近两年累计亏损 2 000 万元的公司,并拟对该公司进行并购。

问题:该方案能否达到大规模节税的目的?

案例分析

根据《中华人民共和国企业所得税法》的规定,企业后续年度的盈利可以在一定时间内弥补以前年度的亏损。从直觉上看,王总得到的方案似乎可行,其财务做了如下测算:

收购亏损企业前每年应缴企业所得税=5 000×25%=1 250(万元)

收购亏损企业后年应缴企业所得税=(5 000-2 000)×25%=750(万元)

节税金额高达 500 万元。

事实真的如此吗?当然不是。该方案属于主观臆想的方案,并没有详细了解企业合并中关于亏损弥补的相关政策。

根据财税〔2009〕59 号文,企业合并的企业所得税如果采用一般性税务处理,则其"被合并企业的亏损不得在合并企业结转弥补";如果采用特殊性税务处理,则可由合并企业弥补的被合并企业亏损的限额为被合并企业净资产公允价值与截至合并业务发生当年年末国家发行的最长期限的国债利率的乘积。显然,政策的规定不能达到王总收购亏损企业来降低企业所得税负担的目的。

政策依据

《财政部 国家税务总局关于企业重组业务企业所得税处理若干问题的通知》(财税〔2009〕59 号)第四条和第六条

案例总结

关于收购亏损企业能够节税的问题,可以得出一个基本的结论:采用一般性税务处理,被合并企业的亏损无法在合并企业弥补;采用特殊性税务处理,可以由合并企业弥补的被合并企业的亏损有限额,其限额由"被合并企业净资产公允价值"和"截至合并业务发生当年年末国家发行的最长期限的国债利率"两个因素共同决定。在被合并企业亏损的情况下,净资产中的未分配利润项目往往存在大额负数,从而拉低净资产的公允价值,所以根据公式计算的可弥补亏损的金额势必十分有限。

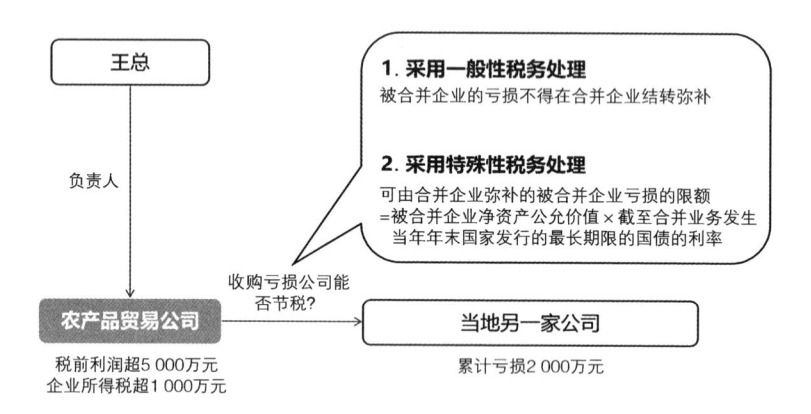

```
         王总
          │
        负责人
          │
          ▼                    收购亏损公司能
    农产品贸易公司  ─────────→  否节税?         当地另一家公司
  税前利润超5 000万元                         累计亏损2 000万元
  企业所得税超1 000万元
```

1. 采用一般性税务处理
被合并企业的亏损不得在合并企业结转弥补

2. 采用特殊性税务处理
可由合并企业弥补的被合并企业亏损的限额
=被合并企业净资产公允价值×截至合并业务发生当年年末国家发行的最长期限的国债的利率

8.9 非居民企业特殊性税务处理的适用

案例背景

甲公司是一家位于青岛的外商独资企业,股东为境外的C公司,C公司的股东为两家境外公司,分别是A公司(持股56.69%)和B公司(持股43.31%)。因境外集团重组的需要,C公司被原持有其43.31%股权的境外母公司B公司吸收合并,合并后甲公司股东由C公司变更为B公司。

2020年年底,甲公司到税务部门办理税务登记信息变更。

甲公司认为,吸收合并前,B公司和C公司共同受境外A公司的控制,且此次境外吸收合并过程中,B公司并未向C公司支付对价,此次境外重组是为整合资源、提高集团的管理运营效率,具有合理的商业目的。基于此,甲公司提出就其非居民企业股权转让适用特殊性税务处理。

案例分析

财税〔2009〕59号中对境外的股权和资产收购特殊性税务处理的条件有明确的规定，即除了需要满足居民企业特殊性税务处理的五大基本条件外，还须同时符合下列条件：（1）非居民企业向其100%直接控股的另一非居民企业转让其拥有的居民企业股权，没有因此造成以后该项股权转让所得预提税负担变化，且转让方非居民企业向主管税务机关书面承诺在3年（含3年）内不转让其拥有的受让方非居民企业的股权；（2）非居民企业向与其具有100%直接控股关系的居民企业转让其拥有的另一居民企业的股权；（3）居民企业以其拥有的资产或股权向其100%直接控股的非居民企业投资；（4）财政部、国家税务总局核准的其他情形。

税务处理

税务机关根据企业提供的重组前后的股权架构图，将整个重组交易拆分为两个步骤：

第一步：B公司成为C公司100%控股的股东。

A公司将其持有的C公司56.69%的股权转让给B公司，由于甲公司是C公司的全资子公司，因此相当于间接转让了甲公司的股权，该过程符合《国家税务总局关于非居民企业间接转让财产企业所得税若干问题的公告》（国家税务总局公告2015年第7号）第六条中关于具有合理的商业目的的规定，A公司间接转让甲公司股权的行为无须在中国境内纳税。

第二步：B公司吸收合并C公司，变为境内甲公司的股东。

该步骤等同于作为子公司的C公司将其持有的100%甲公司的股权"划"给了其母公司B公司。根据上述案例分析中关于境外股权收购特殊性税务处理需要满足的条件，应为非居民企业向其100%控制的非居民企业转让居民企业股权，属于母公司向子公司转让，而非子公司向母公司转让。

因此税务机关认定，该重组不满足适用特殊性税务处理的条件。经过多次沟通，C公司认可了税务机关的处理意见，同意就境外重组的事项引起的我国居民企业股权转让行为在中国境内纳税，并缴纳税款六百余万元。

政策依据

《国家税务总局关于非居民企业间接转让财产企业所得税若干问题的公告》(国家税务总局公告 2015 年第 7 号)第六条

案例总结

非居民企业的重组相对于居民企业的重组,有着更为复杂的规定,特殊性税务处理的适用条件更加严格。在遇到相关问题时,应严格按照相关税收政策中的条件逐一对照,切勿按照自己的理解对政策进行随意变通。

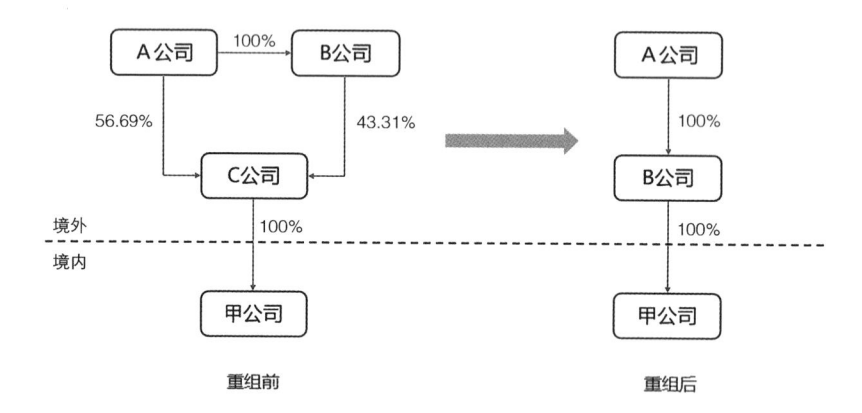

```
          重组前                              重组后

       ┌──────┐  100%  ┌──────┐           ┌──────┐
       │ A公司 │───────▶│ B公司 │           │ A公司 │
       └──────┘        └──────┘           └──────┘
           │ 56.69%  43.31% │                  │ 100%
           │      ┌──────┐  │                  ▼
           └─────▶│ C公司 │◀─┘               ┌──────┐
                  └──────┘                   │ B公司 │
境外                  │                       └──────┘
─ ─ ─ ─ ─ ─ ─ ─ ─ ─ ─ │ 100% ─ ─ ─ ─ ─ ─ ─ ─ ─ ─ │ 100%
境内                  ▼                          ▼
                  ┌──────┐                   ┌──────┐
                  │ 甲公司 │                   │ 甲公司 │
                  └──────┘                   └──────┘
```

8.10 企业重组交易中非税因素同样重要

案例背景

北京某食品科技公司的财务主管在谈到自己的工作内容时表示:"在财税业务之外,多了一项工作内容——与公司研发、生产、销售等部门的同事密切合作,定期撰写包括生产进展、市场竞争、财务状况、税收政策等信息在内的分析报告,供企业管理层决策参考。作为财务人员,以往我只关注财税业务问题。现在,我逐步认识到,企业进行决策需要综合考量方方面面的情况,税收只是其中之一。"

财务的工作需要与研发、生产、销售等非财务部门相互配合。同样,在企业重组的过程中,税的因素固然重要,但也有一些其他的非税因素需要考量。

案例分析

我们从两个小案例出发,简要分析重组需要考量的非税因素。

非税因素一:特殊的监管要求

A集团公司与B公司签署股权转让合作协议,拟将A集团公司旗下的M科技有限公司100%的股权转让给B公司,转让价格定为1.5亿元。双方在协议中对相关的税收政策、资本市场监管政策等因素做了充分的安排,并设立了共管账户,但忽视了土地监管的因素。

M科技有限公司持有一块与当地政府签约开发的目标地块,根据签署的国有建设用地使用权出让合同,土地受让人出资比例、股权结构、实际控制人等均不得擅自变更;若违反规定擅自改变,出让人则有权解除合同,收回国有建设用地使用权。

由于违反了合同规定,A集团公司与B公司的重组业务无法得到当地土地监管部门的支持,双方不得不提前终止交易。

非税因素二:市场销售和业务感受

甲公司为一家房地产开发公司,正在开发一个住宅项目,从工程建设进展和相关政策的角度判断,竣工交付的时间可以有两个选择:一个是2022年12月,另一个是2023年1月。

根据《国家税务总局关于印发〈房地产开发经营业务企业所得税处理办法〉的通知》(国税发〔2009〕31号)等政策,如果竣工交付时间选择在2022年12月,就需要在2022年度企业所得税汇算中进行完工实际毛利确认并缴纳相应税款;如果将竣工时间选择在2023年1月,则可以等2023年度企业所得税汇算清缴时再确认,从而起到延迟纳税的效果,使现金流更稳定。

于是,甲公司财税团队向管理层建议,将竣工时间选择在2023年1月。然而该建议却遭到公司销售部门、物业服务部门的强烈反对。反对者认为,虽然2022年12月和2023年1月只差了一个月,但是年份上却差了一年。如果在2022年12月竣工交付,则购房者会认为项目完工"快了1年",而且可以在农历春节前拿到新房钥匙,增加购房者的购买意愿,更有利于房产的销售;反之,如果将竣工时间定在2023年1月,就会相应增加房屋维护的支出,物业服务的收入也会相应延迟。甲公司管理层综合考虑后,认为相比延迟缴纳所得税,客户的感受更重要,于是将竣工交付的时间定在2022年12月。

政策依据

《国家税务总局关于印发〈房地产开发经营业务企业所得税处理办法〉的通知》(国税发〔2009〕31号)

案例总结

企业重组的方案应该统筹考虑法律、税务、金融和不动产等相关要求，不能只盯着税。在方案最终决策前，要做好各个角度的综合论证，确保每个环节都考虑到位，尤其要满足特殊的监管部门的要求，否则重组方案很可能因为单个环节出问题而失败。

8.11 股权收购中特殊性税务处理的适用

案例背景

甲公司持有A公司65%的股权，该部分股权的计税基础为1 000万元，公允价值为6 500万元。A公司与乙公司（上市公司）属于产业链上下游关系。乙公司准备实施纵向一体化战略，扩大上下游产业链。2018年年初，经证券监管部门批准后，乙公司与甲公司达成投资协议，甲公司以其持有的A公司65%的股权参与乙公司增资，获得乙公司价值6 500万元的限售股股票，限售期为12个月。

案例分析

企业持有的股权在进行转让时，理论上会获得相应的股权价款，但价款有时是以现金的形式存在，有时是以非现金的形式存在，比如股权。如果收到的价款是股权的形式，则虽然产生了理论上的所得，但没有收到可以直接用来纳税的现金，于是就有了递延纳税的政策。递延纳税政策主要分两种：一种是5年内均匀确认股权转让所得，另一种是递延至收到股权转让的对价时纳税。

本案例的本质是甲公司将其持有的A公司65%的股权转让给乙公司，乙公司支付的对价为自身的股票，是否适用特殊性税务处理呢？

1. 关于合理的商业目的

乙公司收购A公司股权的目的是扩大上下游产业链，具有合理的商业目的,且不以减少、免除或者推迟缴纳税款为主要目的,符合条件。

2. 两个比例

(1) 被收购股权比例:65%高于特殊性税务处理要求的不低于50%,符合条件。

(2) 股权支付比例:收购方以100%的股权(份)收购,高于特殊性税务处理要求的不低于85%,符合条件。

3. 两个12个月

(1) 重组资产经营连续性:特殊性税务处理要求企业重组后的连续12个月内不改变重组资产原来的实质性经营活动。本案例的股权收购不会影响A公司原有的经营业务,A公司在收购后的12个月内不会改变原来的经营活动,符合条件。

(2) 取得股权对价的连续性:特殊性税务处理要求企业重组中取得股权支付的原主要股东在重组后连续12个月内不得转让所取得的股权。本案例中甲公司取得的股票为限售股,且限售期为12个月,在12个月内无法转让,符合条件。

综上,本案例满足适用特殊性税务处理的条件。

政策依据

《财政部 国家税务总局关于企业重组业务企业所得税处理若干问题的通知》(财税〔2009〕59号)

《财政部 国家税务总局关于促进企业重组有关企业所得税处理问题的通知》(财税〔2014〕109号)

案例总结

企业将其持有的股权投资到其他企业以换取被投资企业的股权是常见的重组行为。实务中的股权收购很多是基于一定的经营目的的,可以优先满足特殊性税务处理的条件,从而达到递延纳税的效果,最大限度地保障企业经营的现金流。

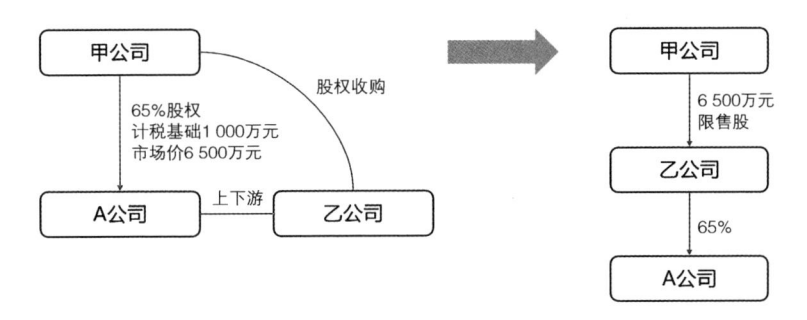

8.12 股权收购中有多个卖方的税务处理

案例背景

A公司、B公司、王先生分别持有甲公司45%、15%、10%的股权,其股权的计税基础分别是650万元、150万元、100万元。2023年1月,A公司、B公司、王先生与乙公司签订股权转让协议,将其合计持有的甲公司70%的股权转让给乙公司,分别获得乙公司10%、3%、2%的股权,公允价值分别是1 300万元、300万元、200万元。假设其他方面都符合特殊性税务处理的条件。

问题:三个转让方参与的股权收购重组业务能否适用特殊性税务处理?

案例分析

股权收购中涉及多个转让方的情况经常存在,而且多个转让方中可能存在公司和自然人搭配。

问题一:任何一个单一的转让方持股都不足50%,但是多个转让方合计超过50%的情况是否符合股权收购中关于特殊性税务处理的股权收购比例的要求?

股权收购中存在收购方和被收购方,财税〔2009〕59号文中关于股权收购适用特殊性税务处理的表述为收购企业购买的股权不低于被收购企业全部股权的75%(该比例在〔2014〕109号文中被调整为50%)。该50%的股权收购比例是站在收购方的立场而言的,换言之,只要收购方购买的被收购方的股权超过50%,就满足了条件,至于这50%的股权是否来自被收购方同一个股东则无明确规定。

问题二:被收购方甲公司的自然人股东王先生能否适用特殊性税务处理?

财税〔2009〕59号文是对企业所得税相关问题的规定,而自然人转让股权不会涉及企业所得税,因此自然人股东不能适用财税〔2009〕59号文。根据《国家税务总局关于企业重组业务企业所得税征收管理若干问题的公告》,股权收购中的转让方、合并中的被合并企业股东和分立中的被分立企业股东,可以是自然人。当事各方中的自然人应按个人所得税的相关规定进行税务处理。因此,自然人股东应按照个人所得税相关的规则进行税务处理。实务中,在该问题的执行层面存在一定的争议。

政策依据

《国家税务总局关于企业重组业务企业所得税征收管理若干问题的公告》（国家税务总局公告 2015 年第 48 号）

案例总结

股权收购如果涉及的转让方为多人的，站在收购方的立场上，以收购的股权比例作为一个整体去判断是否适用特殊性税务处理。由于重组的情形和适用的税收政策复杂，因此准确地适用法规是处理好重组业务的前提。

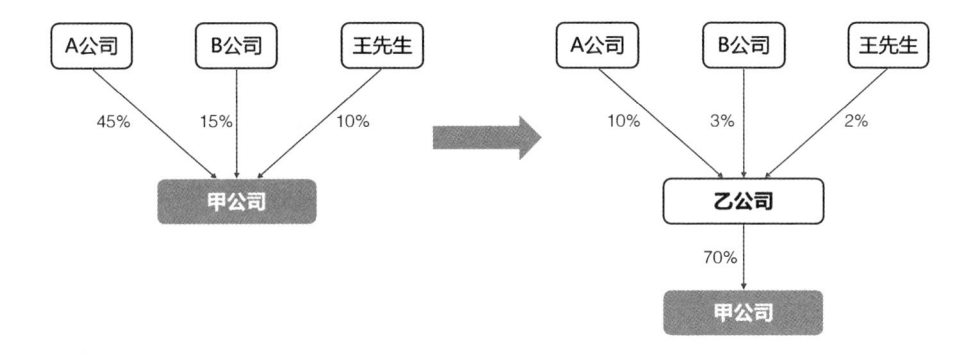

```
A公司 ──45%──┐        A公司 ──10%──┐
B公司 ──15%──┤甲公司   B公司 ──3%───┤乙公司
王先生──10%──┘        王先生──2%───┘
                              │
                              70%
                              ↓
                            甲公司
```

8.13 分步交易的股权收购的税务处理

案例背景

A 公司、B 公司、C 公司分别持有甲公司 40%、30%、30% 的股权，甲公司虽然有三个股东，但只有 A 公司参与其生产经营管理。2023 年 8 月，A 公司股东会作出决议，因业务需要，拟在 1 年内分别收购 B 公司、C 公司持有的甲公司股权，以达到 100% 持股甲公司的目的。经分别与 B 公司、C 公司谈判并商定股权收购细节，A 公司分别于 2023 年 10 月、2024 年 6 月完成收购，并分别向 B 公司、C 公司支付了其增资扩股的 5% 股权作为股权收购的对价。

问题：两次股权收购能否适用特殊性税务处理？

案例分析

常规的股权收购想要适用特殊性税务处理,需要满足股权收购比例达到50%的条件。本次股权收购采用了分步骤完成的方式,单个步骤没有达到50%,不符合条件。但从业务本质和交易实质上来看,两次股权收购是为了实现一个目标而进行的两个步骤的操作,从业务逻辑的角度,这样的分步交易不能适用特殊性税务处理不太合理。

为了解决这个问题,财税〔2009〕59号文明确,企业在重组发生前后连续12个月内分步对其资产、股权进行交易,应根据实质重于形式原则将上述交易作为一项企业重组交易进行处理。据此,本案例中前后两次股权收购的时间间隔为8个月,满足连续12个月分步股权交易的情形,两次收购均可以适用特殊性税务处理(假设其他条件均满足)。

此外,2023年度汇算清缴截止日为2024年5月31日,而第二次股权收购发生在2024年6月,汇算清缴时,暂时无法判断整体交易能否达到50%的股权收购比例。为解决该问题,《国家税务总局关于企业重组业务企业所得税征收管理若干问题的公告》明确规定,若同一项重组业务涉及在连续12个月内分步交易,且跨两个纳税年度,当事各方在首个纳税年度交易完成时预计整个交易符合特殊性税务处理条件,经协商一致选择特殊性税务处理的,可以暂时适用特殊性税务处理,在下一纳税年度全部交易完成后,企业应判断是否适用特殊性税务处理。因此,本案例中,2023年度汇算清缴时,A公司可以对收购甲公司30%股权的交易选择适用特殊性税务处理。

政策依据

《财政部 国家税务总局关于企业重组业务企业所得税处理若干问题的通知》(财税〔2009〕59号)第十条

《国家税务总局关于企业重组业务企业所得税征收管理若干问题的公告》(国家税务总局公告2015年第48号)

案例总结

分步股权收购是实务中常见的情形,想要适用特殊性税务处理的,要从整体的比例(50%)和完成时间上(12个月内)做好规划。

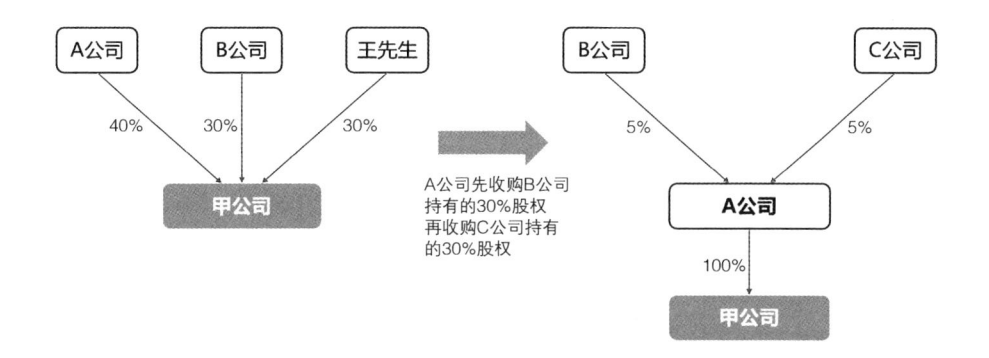

8.14 股权置换能否满足特殊性税务处理

案例背景

甲公司持有 A 公司 100% 的股权，B 公司持有 S 公司 40% 的股权。A 公司、S 公司的公允价值均为 4 000 万元。因经营管理需要，甲公司与 B 公司达成股权置换协议，股权置换完成后，甲公司持有 S 公司 40% 的股权，B 公司持有 A 公司 100% 的股权。

问题：本次股权交易中股权支付的比例能否满足特殊性税务处理的要求？

案例分析

特殊性税务处理要求股权交易对价中涉及的股权支付金额不得低于 85%。本案例中，B 公司从甲公司处收购 A 公司 100% 的股权，付出的代价为 B 公司持有的 S 公司 40% 的股权。于是，问题的核心落在 B 公司持有的 S 公司 40% 的股权是否属于股权支付。

财税〔2009〕59 号文对股权支付的定义是，企业重组中购买、换取资产的一方支付的对价中，以本企业或其控股企业的股权、股份作为支付的形式。"其控股企业"如何理解呢？国家税务总局公告 2010 年第 4 号文明确，所称控股企业，是指由本企业直接持有股份的企业。

因此，本案例中，B 公司以其持有的 40% S 公司的股权作为交易的对价，符合股权支付的定义。假设满足特殊性税务处理适用需要的其他条件，则甲公司、B 公司均可选择在本次股权重组时不缴纳企业所得税。

政策依据

《财政部 国家税务总局关于企业重组业务企业所得税处理若干问题的通知》(财税〔2009〕59号)第二条

《国家税务总局关于发布〈企业重组业务企业所得税管理办法〉的公告》(国家税务总局公告2010年第4号)

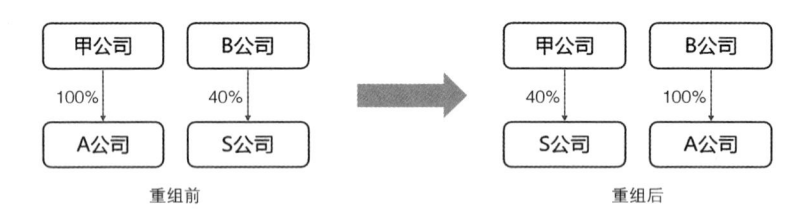

```
重组前:
甲公司 100% → A公司
B公司 40% → S公司

重组后:
甲公司 40% → S公司
B公司 100% → A公司
```

8.15 债务重组中债转股的不同处理

案例背景

A公司为一家境内上市公司,2020年从境内B公司(B公司与A公司不存在股权关系和关联关系)处以2 000万元的价格购入一批原材料,并约定于2021年年初支付货款。

2021年年初,A公司财务发生困难,无力向B公司支付货款。A公司经与B公司协商后,拟进行债务重组。根据重整计划,A公司向B公司增发200万股普通股股票,每股面值为1元,市场价格为8元。债务重组后,B公司将持有A公司10%的股份。

在上述交易安排下,B公司所持有的对A公司的债权将转变为持有A公司的股份,该类交易安排通常被称为债转股交易。

问题:在债转股交易安排下,A公司和B公司应该如何进行税务处理?

案例分析

根据财税〔2009〕59号文,债务重组属于六种重组基本形式之一,在企业所得税的层面有一般性税务处理和特殊性税务处理两种。特殊性税务处理适用的条件包括:

（1）一个目的：具有合理的商业目的，且不以减少、免除或者推迟缴纳税款为主要目的。

（2）比例：债务人企业债务重组确认的应纳税所得额占企业当年应纳税所得额50%以上。

（3）两个12个月：企业债务重组后的连续12个月内不改变重组资产的实质性经营活动。企业债务重组中取得股权支付的原主要股东在债务重组后连续12个月内不得转让其取得的股权。

债转股被分解为"债务清偿"和"股权投资"两个交易环节，视同债务人先以现金偿还债务，债权人再以从债务人处取得的现金向其投资。基于上述两个交易环节，债权人、债务人将主要涉及企业所得税和印花税的税务处理。

税费测算

1. 选择一般性税务处理

A公司应确认债务重组所得400万元（2 000－200×8），并缴纳企业所得税。

B公司可就债务重组损失在企业所得税税前扣除。

2. 选择特殊性税务处理（假设本案例中满足债务重组特殊性税务处理适用的条件）

A公司债务重组产生的所得400万元可以在5个纳税年度内均匀计入各年度的应纳税所得额，每年80万元。

A公司按照"营业账目"项目，以其债转股后增加的股本和资本公积之和为基础，适用0.025%的税率缴纳印花税。

政策依据

《财政部 国家税务总局关于企业重组业务企业所得税处理若干问题的通知》（财税〔2009〕59号）

《国家税务总局关于发布〈企业重组业务企业所得税管理办法〉的公告》（国家税务总局公告2010年第4号）

《财政部 国家税务总局关于促进企业重组有关企业所得税处理问题的通知》（财税〔2014〕109号）

《国家税务总局关于企业重组业务企业所得税征收管理若干问题的公告》（国家税务总局公告2015年第48号）

案例总结

债务重组是重组的一种基本形式,其中的债转股是一种典型的非货币出资形式,应按照非货币出资的基本原则进行税务处理。

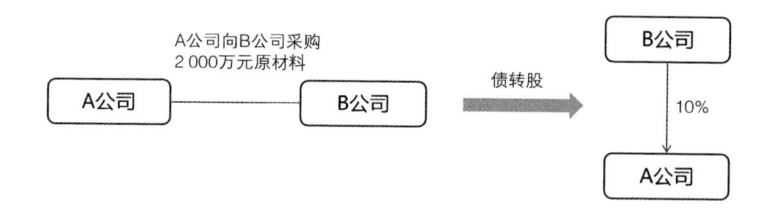

```
A公司 ——A公司向B公司采购 2 000万元原材料—— B公司    债转股⟹    B公司
                                                         ↓ 10%
                                                         A公司
```

8.16 特殊性税务处理的程序要求:备案

案例背景

S公司的注册地址在青海省西宁市,其唯一的股东为注册地址同在青海省西宁市的C公司。G公司注册地址在陕西省咸阳市,持有咸阳市D公司85%的股权。2011年12月,因业务重组需要,C公司将其持有的S公司90%的股权转让给G公司,股权转让对价为G公司持有的D公司85%的股权。本次股权转让完成后至今,S公司及D公司原来的实质性经营活动未发生改变,且C公司和G公司均未转让其所取得的股权。

各方经研究认为,本次股权转让已经满足财税〔2009〕59号规定的采用特殊性税务处理的条件,一致选择采用特殊性税务处理,并于股权转让当月完成工商变更登记。

次年4月,税务机关对本次股权转让进行核查的过程中,发现本次股权转让采用特殊性税务处理但未经事前备案,遂通知S公司本次股权转让因未按照法律规定事前备案,所以不得采用特殊性税务处理,其将对本次股权转让进行特别纳税调整,S公司应补缴所得税税款及利息。

案例分析

财税〔2009〕59号文规定,企业符合本通知规定的特殊性重组条件并选择特殊性税务处理的,当事各方应在该重组业务完成当年企业所得税年度申报时向主管税务机关提交书面备案资料,证明其符合各类特殊性重组规定的条件。企业未按规定书面备案的,一律不得按特殊性重组业务进行税务处理。该规定作为特殊性税务处理适用的程序性规定,在实务中却成为决定企业能否适用特殊性税务处理的实质要件之一。由于不同地区税务机关的执法标准可能有差异,因此主管税务机关对该规定的态度在某种程度上决定了企业重组税务处理的命运。

针对本案例,有观点认为,税务机关不能进行特别纳税调整,且不能对 S 公司补征所得税税款及利息,只能依法要求其进行一般性税务处理,并补缴企业所得税税款及滞纳金。也有观点认为,备案与否不应影响纳税人采用特殊性税务处理的权利。

无论备案对适用特殊性税务处理影响的理论和实务争议如何,在本案例中,税务机关的处理就是进行特别纳税调整,并补征所得税税款及利息。即便纳税人认为不合理,也要先按照税务机关的要求完税,然后才能去处理纳税争议。

政策依据

《财政部 国家税务总局关于企业重组业务企业所得税处理若干问题的通知》(财税〔2009〕59 号)第十一条

案例总结

在涉及重组的问题时,不仅要从实质上分析能否适用特殊性税务处理,而且要从形式上严格按照相关法规的规定去完成相应的备案,避免因为程序的瑕疵而影响实体权利的实现。

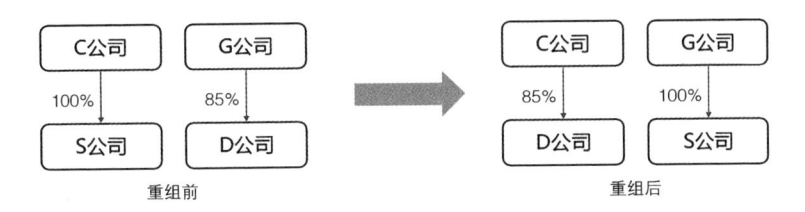

```
   C公司    G公司              C公司    G公司
    |100%    |85%                |85%    |100%
   S公司    D公司              D公司    S公司
      重组前                       重组后
```

8.17 一般性税务处理或是更节税的选择

案例背景

AB 集团公司旗下有一家 100% 控股的全资子公司 A 公司,投资成本为

2 000万元，由于其业务不属于集团核心业务，因此 AB 集团公司决定把 A 公司卖掉，并与一家非关联企业 C 公司谈妥，交易价格定为 6 000 万元。

问题：该交易应如何纳税？

案例分析

按照一般性税务处理，AB 公司需要缴纳 1 000 万元（4 000×25%）企业所得税。

AB 集团公司遂与买方 C 公司商定，由 C 公司增发股份 2 000 万股（公允价为 6 000 万元）作为购买对价。AB 集团公司承诺 12 个月内不转让其获得的股份，A 公司在 12 个月内不改变其实质性经营活动。交易方选择用特殊性税务处理并按规定向税务机关备案，AB 集团公司暂时省掉了 1 000 万元的企业所得税，C 公司也避免了一次性支付 6 000 万元的现金。

一年后，AB 集团公司和 C 公司均计划处置其持有的股权（股份）。经评估，AB 集团公司持有的 B 公司 2 000 万股股份的公允价值为 8 000 万元。由于选择了特殊性税务处理，2 000 万股股份对应的计税基础并非之前的公允价值 6 000 万元，而是 2 000 万元，因此本次 AB 集团公司需要缴纳的企业所得税为 1 500 万元（6 000×25%），之前递延缴纳的企业所得税在本次交易中也需要缴纳。

站在 B 公司的角度，由于前次交易采用了特殊性税务处理，A 公司股权的计税基础仍然是 2 000 万元（而非公允价值 6 000 万元），因此本次 B 公司转让 A 公司股权时，需要缴纳的企业所得税为 1 500 万元，采用特殊性税务处理减少的 4 000 万元计税基础对应增加了 1 000 万元企业所得税。

如果把 AB 集团公司和 C 公司作为一个整体，选择一般性税务处理，AB 集团公司就需要在第一次交易时缴纳企业所得税，与第二次股权转让时缴纳企业所得税相比，税额是一样的，只是纳税时间提前了。而 C 公司持有 A 公司股权的计税基础可以以股权的公允价值 6 000 万元来确认，第二次转让时只需要缴纳 500 万元的企业所得税，相比之前选择特殊性税务处理后第二次转让股权的 1 500 万元企业所得税，少了 1 000 万元。

因此，从整体的角度看，选择一般性税务处理反而更优。

政策依据

《财政部 国家税务总局关于企业重组业务企业所得税处理若干问题的通

知》(财税〔2009〕59 号)

案例总结

选择一般性税务处理还是特殊性税务处理,站在不同的交易方立场上会得出不同的结论;站在不同的时间点上,也会得出不同的结论;持股时间不同,得出的结论也不同。

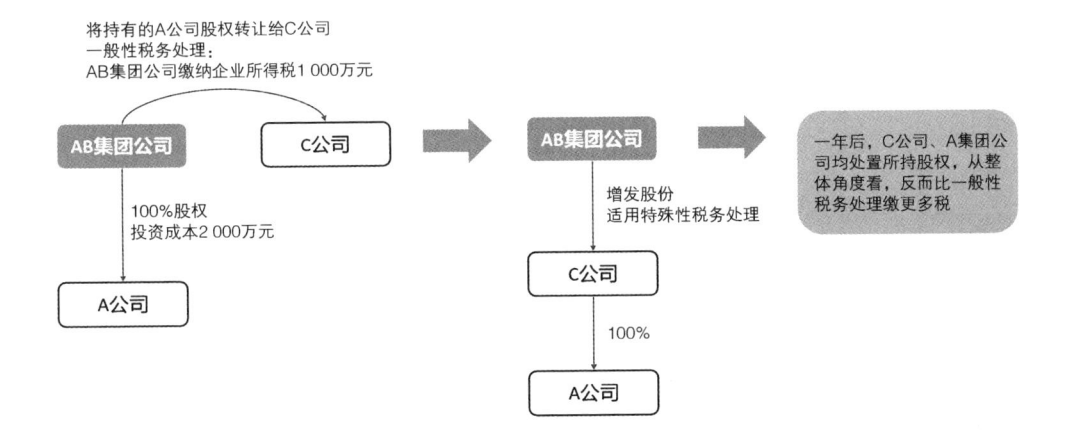

将持有的A公司股权转让给C公司
一般性税务处理:
AB集团公司缴纳企业所得税1 000万元

AB集团公司 → C公司

100%股权
投资成本2 000万元

A公司

AB集团公司

增发股份
适用特殊性税务处理

C公司

100%

A公司

一年后,C公司、A集团公司均处置所持股权,从整体角度看,反而比一般性税务处理缴更多税

8.18 子公司之间划转的基本税务处理

案例背景

2022 年 4 月,宁夏 JZ 新能源股份有限公司(以下简称 JZ 公司)发布了《关于一级子公司之间划转资产的公告》,JZ 公司董事会同意按截至划转基准日2021 年 12 月 31 日的账面净值,将公司一级全资子公司宁夏 GB 新能源有限公司(以下简称 GB 公司)所属两个风电场项目相关的资产、负债和人员整体划转至公司一级子公司宁夏 ZC 新能源有限公司(以下简称 ZC 公司),同时提请公司股东大会批准并授权委托公司董事长签署在本次资产划转过程中涉及的所有相关文件,授权委托公司管理层办理资产划转的具体事宜。

本次划转事项在公司合并范围内的一级全资子公司之间发生,不涉及关联交易,也不构成《上市公司重大资产重组管理办法》规定的重大资产重组。本次划转事项尚需提交公司股东大会审议。

案例分析

在资产划转业务中,划出方涉及增值税、土地增值税、企业所得税,划入方涉及契税,本案例不考虑印花税。双方应选择一致性税务处理、会计处理规则;在符合企业所得税特殊性税务处理规则的条件下,双方既可以选择适用特殊性税务处理,也可以选择适用一般性税务处理。本案例的税务处理分析如下:

(1)增值税:根据相关规定,在资产重组过程中,通过合并、分立、出售、置换等方式,将全部或者部分实物资产及其相关的债权、负债和劳动力一并转让给其他单位和个人,包括涉及的不动产、土地使用权转让行为,属于增值税不征税项目。上述规定并未明确提及划转的方式,因此实务中的处理并不一致,建议与主管税务机关沟通明确。

(2)企业所得税:财税〔2014〕109号文规定,对100%直接控制的居民企业之间,以及受同一家或相同多家居民企业100%直接控制的居民企业之间按账面净值划转股权或资产,凡具有合理商业目的、不以减少、免除或者推迟缴纳税款为主要目的,股权或资产划转后连续12个月内不改变被划转股权或资产原来实质性经营活动,且划出方企业和划入方企业均未在会计上确认损益的,可以选择特殊性税务处理。本案例中,全资子公司之间的资产划转符合财税〔2014〕109号文中可以适用特殊性税务处理的划转模式。

(3)土地增值税:单位、个人在改制重组时以房地产作价入股进行投资,对其将房地产转移、变更到被投资的企业,暂不征收土地增值税。本案例中全资子公司之间的资产划转并不能完全匹配上述政策。实务中有的公司为了适用政策,选择母公司对划出方子公司减资、对划入方子公司增资。本案例是否适用暂不征收土地增值税的政策存在不确定性。

(4)契税:同一投资主体内部所属企业之间土地、房屋权属的划转,包括母公司与其全资子公司之间,同一公司所属全资子公司之间,同一自然人与其设立的个人独资企业、一人有限公司之间土地、房屋权属的划转,免征契税。

政策依据

《财政部 国家税务总局关于促进企业重组有关企业所得税处理问题的通知》(财税〔2014〕109号)

《关于继续实施企业改制重组有关土地增值税政策的公告》(财政部 税务总局公告 2023 年第 51 号)

《关于继续实施企业、事业单位改制重组有关契税政策的公告》(财政部 税务总局公告 2023 年第 49 号)

✓ 案例总结

资产划转业务的税务处理涉及的税种较多,对于政策的适用存在争议,实务中遇到该类问题时,建议事前积极与税务机关沟通。

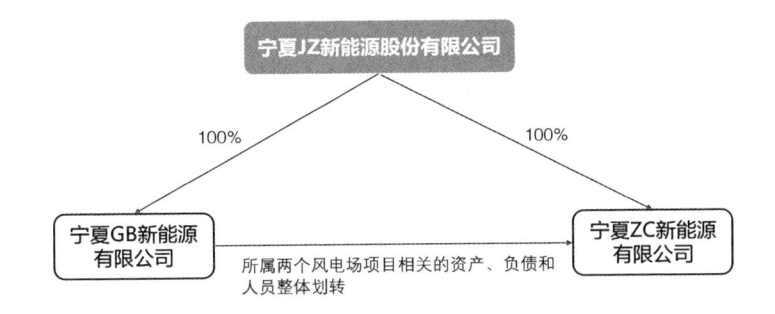

```
              宁夏JZ新能源股份有限公司
                  /          \
              100%            100%
              /                  \
      宁夏GB新能源              宁夏ZC新能源
        有限公司  —所属两个风电场项目相关的资产、负债和  有限公司
                    人员整体划转
```

8.19 重组个人能否享受个人所得税递延

📝 案例背景

甲公司现有两处厂房,分别经营不同的业务。甲公司注册资本为 1 000 万元,有 A 和 B 两个自然人股东,各持 50% 的股权。现甲公司股东决定将其中一处厂房和相关的经营业务分立成立乙公司,分立后甲公司的资本金由 1 000 万元减为 500 万元。乙公司的资本金为 500 万元,股权结构与甲公司一致。从甲公司转入的资产均按原账面价值在乙公司入账。甲公司的分立符合特殊重组,不需要缴纳企业所得税。

问题: 分立到乙公司资产中的土地价值增值 500 万元,则 A 和 B 两个自然人股东是否需要缴纳个人所得税?

📰 案例分析

甲公司针对本案例中的问题咨询税务机关后得到的回复如下:

（1）参照非货币性资产评估增值处理，即主要看分立后企业的注册资本是否发生变化，如果注册资本增加代表非货币性资产增值，就需要缴纳个人所得税。

（2）分立或合并涉及的个人所得税主要是依据非货币性资产投资的政策，如果个人股权原值小于新企业股权原值，就说明有增值，需要缴纳个人所得税；没有这两种情况就不涉及个人所得税。具体可参看《财政部 国家税务总局关于个人非货币性资产投资有关个人所得税政策的通知》（财税〔2015〕41号）。

重组问题比较复杂，要根据实际情况具体判断，企业可以将重组资料交主管税务机关进一步确认。

类似的关于重组个人所得税的问题，有几个省税务局官网的回复如下：

（1）如您企业上层自然人股东涉及以非货币性资产投资或转让股权的，就应按照"财产转让所得"项目依法计算缴纳个人所得税。因暂不清楚您单位重组处理情况，且业务较为特殊，您可参考相关文件规定，具体事宜建议联系税务机关进一步确认。

（2）如果分立过程中存在股权转让行为，则需要按照规定计算缴纳个人所得税；反之，如果分立过程中不存在股权转让行为，则不需要缴纳个人所得税。由于您的问题涉及当地主管税务机关的具体涉税征管操作事项，因此建议您直接联系当地主管税务机关进行处理，需要由其依据相关政策法规并结合贵单位实际经营情况实事求是地认定。

（3）若分立过程中，自然人股东涉及以非货币性资产投资或转让股权的，则应按照"财产转让所得"项目，依法计算缴纳个人所得税。分立后，留存利润未分配的，不计征股息、利息、红利个人所得税；留存利润向个人股东分配的，按照不重复征税原则处理。鉴于分立业务较为复杂，您可携带公司设立章程、分立情况说明以及财务报表等相关资料至被分立企业所在地主管税务机关详询。

☑ 案例总结

谈到企业重组的所得税处理，在企业所得税的层面有相对明确的文件进行规范，尤其是特殊性税务处理，虽然实务处理有争议，但为很多企业在重组当时能以相对低的税收成本完成重组提供了政策上的可行性。在个人所得税层面，政策规定相对空白，不同税务机关的处理也有一定的差异。

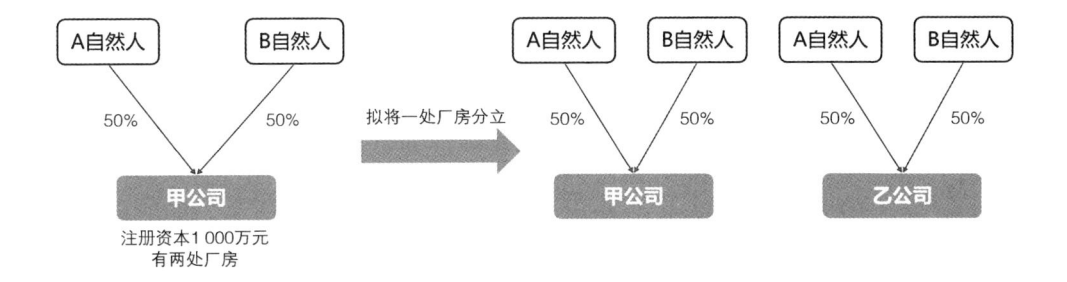

8.20 吸收合并特殊性税务处理适用举例

案例背景

2015年3月31日,湖北A股份有限公司董事会发布公告,宣称经公司第五届董事会第七次会议和2014年第一次临时股东大会审议通过,A公司于2014年12月12日完成对全资子公司——湖北B有限公司的吸收合并工作。A公司收到武汉市汉阳区税务局的税务事项通知书,对其适用特殊性税务处理相关事项作出通知。

案例分析

企业合并适用特殊性税务处理的条件如下:

(1) 一个目的:具有合理的商业目的,且不以减少、免除或者推迟缴纳税款作为主要目的。

(2) 两个比例:企业股东在该企业合并发生时取得的股权支付金额不低于其交易支付总额的85%,或同一控制下的企业合并。因为合并涉及的被合并企业的股权比例为100%,所以天然满足另一个比例的要求。

(3) 两个12个月:企业合并后的连续12个月内不改变被合并资产原来的实质性经营活动。企业合并中取得股权支付的原主要股东在合并后连续12个月内不得转让所取得的股权。

A公司收到的税务事项通知书中的具体内容如下:

(1) A公司吸收合并B公司符合特殊性重组要求,可按照特殊性重组进行税务处理。

(2) A公司接受B公司资产和负债的计税基础按原有计税基础确定。

(3) 吸收合并前 B 公司未弥补亏损额 442 846 237.56 元(其中,2011 年度亏损 64 562 000.46 元,2012 年度亏损 150 191 378.70 元,2013 年度亏损 127 025 777.80 元,2014 年度亏损 101 067 080.60 元)可由公司弥补。公司应按照税法规定的每年可弥补的被合并企业亏损限额在其剩余结转年限内弥补。每年可弥补的被合并企业亏损限额等于被合并企业湖北公司净资产公允价值与截至合并业务发生当年年末国家发行的最长期限的国债利率的乘积。

(4) A 公司吸收合并 B 公司后的连续 12 个月内不得改变重组资产原来的实质性经营活动。原主要股东在重组后连续 12 个月内不得转让所取得的股权。

(5) 重组日为 2014 年 12 月 12 日。A 公司严格按照上述通知的要求,依据税法及企业会计准则的相关规定,在 2015 年第一季度进行相应账务处理,由此确认递延所得税资产致使净利润增加 11 071 万元。

在程序层面,适用特殊性税务处理应报送的资料如下:

(1) 基础资料:

① 重组各方应在该重组业务完成当年办理企业所得税年度申报时,分别向各自主管税务机关报送"企业重组所得税特殊性税务处理报告表及附表"和其他申报资料。重组主导方申报后,其他当事方向其主管税务机关办理纳税申报。申报时还应附送重组主导方经主管税务机关受理的"企业重组所得税特殊性税务处理报告表及附表"(复印件)。

② 适用财税〔2009〕59 号第五条第(三)项和第(五)项的当事各方应在完成重组业务后的下一年度企业所得税年度申报时,向主管税务机关提交书面情况说明,以证明企业在重组后的连续 12 个月内有关符合特殊性税务处理的条件未发生改变。

③ 企业重组业务适用特殊性税务处理的,申报时,当事各方还应向主管税务机关提交重组前连续 12 个月内有无与该重组相关的其他股权、资产交易情况的说明,并说明这些交易与该重组是否构成分步交易,是否作为一项重组业务处理。

(2) 其他申报资料:

① 企业合并的总体情况说明,包括合并方案、基本情况,并逐条说明企业合并的商业目的。

② 企业合并协议或决议,需有权部门(包括内部和外部)批准的,应提供批准文件。

③ 企业合并当事各方的股权关系说明,若属同一控制下且不需要支付对价

的合并,则还需提供在企业合并前,参与合并各方受最终控制方的控制在 12 个月以上的证明材料。

④ 被合并企业净资产、各单项资产和负债的账面价值及计税基础等相关资料。

⑤ 12 个月内不改变资产原来的实质性经营活动,原主要股东不转让所取得股权的承诺书。

⑥ 工商管理部门等有权机关登记的相关企业股权变更事项的证明材料。

⑦ 合并企业承继被合并企业相关所得税事项(包括尚未确认的资产损失、分期确认收入和尚未享受期满的税收优惠政策等)的情况说明。

⑧ 涉及可由合并企业弥补被合并企业亏损的,需要提供其合并日净资产公允价值证明材料及主管税务机关确认的亏损弥补情况说明。

⑨ 重组当事各方一致选择特殊性税务处理并加盖当事各方公章的证明资料。

⑩ 涉及非货币性资产支付的,应提供非货币性资产评估报告或其他公允价值证明重组前连续 12 个月内有无与该重组相关的其他股权、资产交易,与该重组是否构成分步交易、是否作为一项企业重组业务进行处理情况的说明;按会计准则规定当期应确认资产(股权)转让损益的,应提供按税法规定核算的资产(股权)计税基础与按会计准则规定核算的相关资产(股权)账面价值的暂时性差异专项说明。

政策依据

《财政部 国家税务总局关于企业重组业务企业所得税处理若干问题的通知》(财税〔2009〕59 号)

《国家税务总局关于发布〈企业重组业务企业所得税管理办法〉的公告》(国家税务总局公告 2010 年第 4 号)

《财政部 国家税务总局关于促进企业重组有关企业所得税处理问题的通知》(财税〔2014〕109 号)

《国家税务总局关于企业重组业务企业所得税征收管理若干问题的公告》(国家税务总局公告 2015 年第 48 号)

案例总结

企业重组的其他形式也要参照企业合并相关的处理方式,在适用特殊性税务处理时,既要满足实质的条件,也要从形式上满足要求,确保提交的资料符合规定。

第9章

涉外股权税务问题

在经济全球化大背景下，无论是引进来还是走出去，涉及外资的股权问题都面临更为复杂的税务处理。

以对外投资为例，复杂的跨境重组不仅要考虑我国的税法，而且要考虑被投资国的税法；不仅要关注税法的一般规定，而且要照顾到国家之间的税收协定以及特定交易事项的优惠政策。在我国企业重组的纲领性文件——财税〔2009〕59号中就对跨境重组适用特殊性税务处理的条件做了特别的规定。如果企业在跨境重组的过程中未能对各方面条件做通盘考虑，就很有可能造成重组方案的失败。

涉外股权和重组交易更要注意论证方案的合规性，在可能的情况下，要加强与税务机关的事前、事中、事后沟通。如果能取得税务机关的认可，股权交易的流程就会变得更加通畅，商业目的也更容易实现。

第9章案例表

序号	标题
085	外资股东境外关联公司的债转股
086	非居民企业间接转股被要求补税
087	披着混合型投资外衣的明股实债
088	境外股权重组交易不同方案的比较
089	跨境债务重组因税务问题而失败
090	经税务机关裁定顺利递延纳税

9.1　外资股东境外关联公司的债转股

案例背景

A 公司为一家境内的外商独资企业，注册资本为 1 000 万元，其向新加坡的关联公司 B 公司(非母公司)借款 200 万元，期限为 3 年，且已经按照相关规定做外债登记。此外，因为货物进口贸易，所以 A 公司账面还存在应付 B 公司账款 150 万元。由于 A 公司当前资金紧张，因此集团内部开会研究决定将新加坡 B 公司对 A 公司的上述两笔债权转为对 A 公司的股权。

问题：该债权转股权能够顺利实现吗？

案例分析

根据《公司法》第四十八条，股东可以用货币出资，也可以用实物、知识产权、土地使用权、股权、债权等可以用货币估价并可以依法转让的非货币财产作价出资。其中，债权为列举式新增的非货币出资的方式。作为出资的债权，应当依法评估，不得高估或低估作价。因此，法律明确规定债权可以作为出资的方式。

本案例的特殊之处在于，债权人为境外公司，且债权人对境内公司的债权包括借款债权(属于资本项目)和贸易型债权(属于经常性项目)两类，所以在一般的法律规定之外，还需要考虑这两种不同类型的债权在我国现行的外汇管理体制下，能否合法转换为对境内债务人的股权。

根据现行外汇管理相关规定，当前仅针对经登记的外债进行"债转股"手续的办理，进出口贸易形成的债权暂时无法进行债转股的处理。因此，本案例中，新加坡 B 公司只能将已经登记为外债的 200 万元转为对 A 公司的股权，150 万元由进出口贸易形成的债权，债务人 A 公司只能在贸易项下，通过货款进行清偿，无法直接转为股权。

另外，根据《国家外汇管理局关于印发〈资本项目外汇业务指引(2024 年版)〉的通知》，境外债权人将该笔债权转为股权的，非银行债务人应先在市场监督管理部门领取变更后的营业执照，然后到外汇管理局办理非资金划转类还本付息登记及外债注销(变更)登记，再到银行办理外商投资企业基本信息登记(变更）。债务人 A 公司应按照上述流程办理相关的变更手续。

政策依据

《中华人民共和国公司法》第四十八条

《国家外汇管理局关于印发〈资本项目外汇业务指引（2024 年版）〉的通知》（汇发〔2024〕12 号）

案例总结

企业重组属于复杂业务，当重组方涉及境外企业时，不仅要考虑重组的一般规定，而且应考虑重组中对涉外企业的规定以及相关的外汇管理等规定。

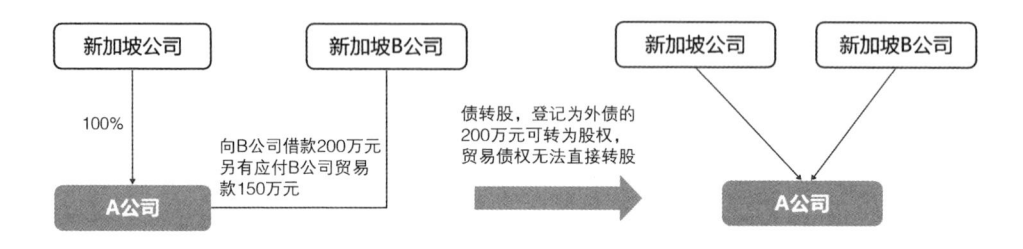

```
新加坡公司                新加坡B公司              新加坡公司    新加坡B公司
    |100%                                              \      /
    ↓        向B公司借款200万元    债转股，登记为外债的     ↓    ↓
   A公司     另有应付B公司贸易  →  200万元可转为股权，      A公司
             款150万元            贸易债权无法直接转股
```

9.2 非居民企业间接转股被要求补税

案例背景

我国境内 F 公司和 K 公司是港资全资控股企业，股东为香港 Y 公司。Y 公司是注册于英属维尔京群岛的 P 公司的全资子公司。X 公司注册于开曼群岛，在香港上市，持有 P 公司 100％ 的股权。D 公司是 X 公司的股东之一，注册于英属维尔京群岛，持有 X 公司 27％ 的股权，双方构成关联关系。2019 年 8 月，X 公司与 D 公司签署买卖协议，约定由 D 公司收购 X 公司持有的 P 公司的全部股权及债权，总价款为 3.8 亿元，包括截至 2019 年 5 月 31 日，被转让集团的净资产 2.2 亿元，以及截至买卖协议日期，P 公司欠 X 公司的销售贷款约 1.5 亿元并加成一定比例的溢价。税务部门在 X 上市公司公告中掌握了这一转让信息后，通过情报交换，获取了 P 公司及 Y 公司的财务报表、经营场所、在职职工等信息。经过集中梳理和多轮研讨后，税务部门认为，该次转让行为不具有

合理的商业目的,并向 X 公司下达了"税务事项通知书",提示其积极履行纳税义务。

案例分析

根据《国家税务总局关于非居民企业间接转让财产企业所得税若干问题的公告》(国家税务总局公告 2015 年第 7 号,以下简称 7 号公告)的规定,非居民企业通过实施不具有合理商业目的的安排,间接转让中国居民企业股权等财产,规避企业所得税纳税义务的,应按照《中华人民共和国企业所得税法》的规定,重新定性该间接转让交易,确认为直接转让中国居民企业股权等财产。7 号公告所称中国居民企业股权等财产,是指非居民企业直接持有,且转让取得的所得按照中国税法规定,应在中国缴纳企业所得税的中国境内机构、场所的财产,中国境内不动产,在中国居民企业的权益性投资资产等(以下简称中国应税财产)。间接转让中国应税财产,是指非居民企业通过转让直接或间接持有中国应税财产的境外企业(不含境外注册中国居民企业,以下简称境外企业)股权及其他类似权益(以下简称股权),产生与直接转让中国应税财产相同或相近实质结果的交易,包括非居民企业重组引起境外企业股东发生变化的情形。间接转让中国应税财产的非居民企业被称为股权转让方。

7 号公告规定,判断合理商业目的,应整体考虑与间接转让中国应税财产交易相关的所有安排,结合实际情况综合分析以下相关因素:(1)境外企业股权的主要价值是否直接或间接来自中国应税财产;(2)境外企业资产是否主要由直接或间接在中国境内的投资构成,或其取得的收入是否主要直接或间接来源于中国境内;(3)境外企业及直接或间接持有中国应税财产的下属企业实际履行的功能和承担的风险是否能够证实企业架构具有经济实质;(4)境外企业股东、业务模式及相关组织架构的存续时间;(5)间接转让中国应税财产交易在境外应缴纳所得税情况;(6)股权转让方间接投资、间接转让中国应税财产交易与直接投资、直接转让中国应税财产交易的可替代性;(7)间接转让中国应税财产所得在中国可适用的税收协定或安排情况;(8)其他相关因素。

在本案例中,X 公司认为,P 公司和 Y 公司主要从事投资控股管理活动,且两家公司有在职职工、办公场所等证明资料,公司成立时间较长,并非为转让行为临时设置的中间层公司。本次转让的主要目的是剥离集团内部不良资产，调整公司资产结构和经营策略，而非获取税收利益，具有合理的商业目的。税务部门认为，本次转让不符合7号公告规定的"安全港"标准，需要依据7号公告进行综合判定。从证据资料来看，P公司仅控股Y公司，Y公司仅控股境内F公司和K公司，未进行其他投资活动，职工人数仅为两人，且无法提供投资考察资料，不应认定为具有经营实质。被转让集团股权的主要价值为境内的F公司和K公司，境外公司的收入来源全部为境内公司的分红，且该转让行为发生后，X公司并不需要就转让所得在所在地纳税，均为综合判定中的不利因素，故而认定X公司的转让行为不具有合理的商业目的。税务部门同时认为，本案例中的转让对价也不合理。股权受让方D公司与转让方X公司称其股权价值是第三方综合评估后的结果，符合市场公允价值。实际上，D公司与X公司存在关联关系，双方确认转让对价的依据为股权的账面价值并加成一定比例，加成率仅为2%左右，税务部门认为股权评估价值偏低。另外，针对转让对价中1.5亿元的债权问题，税务部门要求企业方提供相关借款合同及转账记录等证明资料。企业方解释称，X公司与P公司之间的转账多为集团内部往来，属于集团内部运营行为，并不需要签署特别的合同或协议。在缺乏借贷关系关键证据资料的情况下，公告中1.5亿元的借贷款项能否从转让对价中扣除也成为税企双方争议的焦点。税务部门对关键资料进一步分析后，确定P公司和Y公司不具备实质性经营活动，该笔转让交易具有避税目的，应确认为直接转让中国居民企业股权并缴纳企业所得税。最终，X公司认可了税务部门的观点，同意就股权转让所得补缴税款；同时，X公司就1.5亿元的债权提供了银行流水、审计报告等证据资料，经税务部门审核后据实扣除。

☑ 案例总结

近年来，一些非居民企业在低税率国家（地区）或避税地设立中间控股公司，通过不具有合理商业目的的安排，将直接转让中国财产的交易行为转化为间接转让，从而达到避税的目的。对此，国家税务总局陆续出台了一系列政策进行监管。从实务看，判断上述业务的商业目的是否合理是评估非居民企业间接股权转让风险的关键，没有合理商业目的的间接股权转让将面临较大的税务风险。

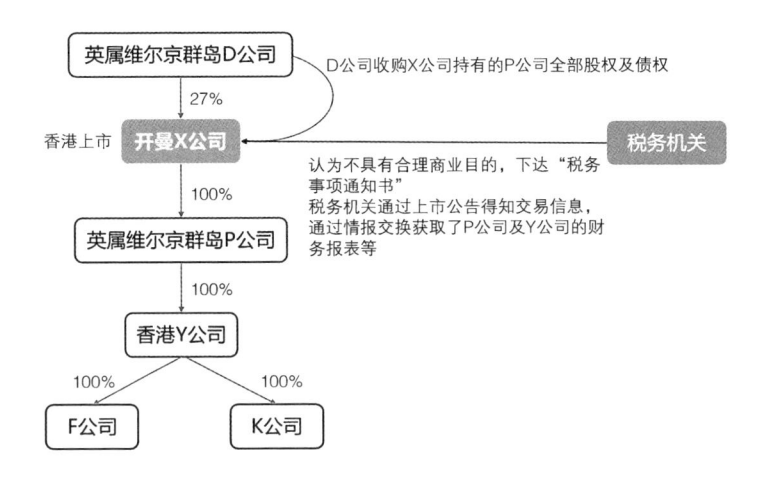

```
英属维尔京群岛D公司
        │ 27%    ← D公司收购X公司持有的P公司全部股权及债权
香港上市  开曼X公司                          税务机关
        │ 100%   认为不具有合理商业目的,下达"税务
                 事项通知书"
英属维尔京群岛P公司    税务机关通过上市公告得知交易信息,
        │ 100%   通过情报交换获取了P公司及Y公司的财
                 务报表等
      香港Y公司
    100% │  │ 100%
      F公司  K公司
```

9.3 披着混合型投资外衣的明股实债

案例背景

居民企业 H 公司是一家合资企业,中国香港 K 公司以 300 万美元的初始投资持有 H 公司 30% 的股权。因长期经营不善,经股东申请,H 公司所在地中级人民法院裁定其进入强制清算程序。人民法院指定的清算组在完成清产核资、债权债务清理后,依法制订财产清算方案,该方案经人民法院裁定认可。根据财产清算方案,K 公司可获得 3 267 万元财产分配额。清算组向主管税务机关申请税务注销时主张,K 公司获得的财产分配额应全部作为其股息所得,享受内地与中国香港税收安排的待遇,适用 5% 的协定税率,共计应缴纳 163.35 万元预提所得税。

问题:清算组的主张是否合理?

案例分析

判断清算组的主张是否合理,首先要判定相关业务的经济实质。税务机关对 H 公司的公司章程、人民法院的民事裁定书等资料进行了详细分析,发现 K 公司的投资行为属于"名股实债",而非混合投资。

根据 H 公司的公司章程,K 公司从 H 公司分配利润的方案如下:经营的第一年为建设期,不分配红利,一并转入第二年分配兑现;第二年至第四年采用剩余出资额乘以伦敦同业拆借利率加 1.25% 的方式分配红利;第五年至第九年每年固定收取 36 万美元。

K 公司从 H 公司获取的利润分配，为公司章程规定的利润分配方案的外汇净值，K 公司不实际承担在中国内地产生的税费。如果因中国内地预提税费及汇兑损益导致实际汇出的外币减少，H 公司其他股东就须同意相应调增 K 公司获取红利的金额，并由 H 公司负责补足。K 公司在如数收到约定的全部红利后，会将每年的剩余利润无条件赠与 H 公司其他股东。如果 H 公司亏损，K 公司就不承担责任。根据《金融负债与权益工具的区分及相关会计处理规定》中有关"金融负债"的定义，企业在负有向其他方交付现金或其他金融资产的合同义务时，应将其确认为金融负债。结合 H 公司的公司章程来分析，K 公司依据公司章程从 H 公司取得确定的投资回报，且 H 公司及其除 K 公司以外的其他股东有义务确保 K 公司获得确定的投资回报。也就是说，H 公司存在无法避免就 K 公司的股权投资向 K 公司履行支付现金的合同义务。基于实质重于形式的原则，H 公司应当将 K 公司的投资确认为一项金融负债，而不是权益工具。

税务处理：由于 K 公司的投资行为属于"名股实债"，因此 H 公司根据章程约定向 K 公司支付的款项应为利息而非红利，H 公司需要将其作为利息进行税务处理。在增值税及附加税费方面，根据《财政部 国家税务总局关于全面推开营业税改征增值税试点的通知》（财税〔2016〕36 号）的相关规定，H 公司按照公司章程向 K 公司支付的利息属于"金融服务"中的"贷款服务"，应由 H 公司适用 6％的税率代扣代缴增值税。同时，根据《中华人民共和国城市维护建设税法》及《财政部 税务总局关于城市维护建设税计税依据确定办法等事项的公告》（财政部 税务总局公告 2021 年第 28 号），境外单位向境内销售服务缴纳的增值税税额，不征收城市维护建设税、教育费附加及地方教育附加。据此，H 公司无须就向 K 公司支付的利息代扣代缴附加税费。

在企业所得税方面，根据《中华人民共和国企业所得税法实施条例》的规定，利息收入按照合同约定的债务人应付利息的日期确认收入的实现。K 公司应按投资合同约定或公司章程规定的应付"利润"日期确认利息收入。

根据《国家税务总局关于完善关联申报和同期资料管理有关事项的公告》（国家税务总局公告 2016 年第 42 号）的规定，企业与其他企业之间，一方直接或者间接持有另一方的股份总和达到 25％以上的，构成关联关系。由此，H 公司与 K 公司构成关联方，在进行企业所得税处理时，需要考虑 H 公司支付的利息数额是否超出其向非关联方贷款时所需支付的利息数额。根据内地与中国香港税收安排的规定，利息所得的协定税率为 7％。但是，在税收协定（安排）中，通常会对关联交易适用协定优惠条款的情形加以限制。结合内地与中国香港税收安排分析，如果利息支付人与受益人之间或者他们与其他人之间由于某种特殊关系造成超额支付利息，支付额中超过按市场公允价格计算应支付的部分就不得享受税收协定（安排）待遇。据此，在 K 公司第五年至第九年每年固定收取的 36 万美元中，超出按市场公允价格计算的部分需要适用 10% 的预提所得税税率。由于 K 公司在以前年度已经收回了 60 万美元投资，因此在 3 267 万元的财产分配额中，仅包含 240 万美元的初始投资金额，超出部分确认为利息所得。经计算，扣除初始投资金额后，约有 808 万元为符合市场公允价格计算的利息，可以适用 7% 的协定税率，其余部分需要适用 10% 的法定税率。

☑ 案例总结

在税务处理中，如果企业股东的投资行为属于"名股实债"，其向股东分配的"利润"就应当按支付利息进行税务处理；如果境外股东以"名股实债"的方式投资境内实体，其享受税收协定待遇时就应适用利息条款，而非股息条款。"名股实债"是一个伴随资本投资实务操作而产生的概念。根据中国基金业协会发布的《证券期货经营机构私募资产管理计划备案管理规范第 4 号——私募资产管理计划投资房地产开发企业、项目》的规定，"名股实债"是指投资回报不与被投资企业的经营业绩挂钩，不是根据企业的投资收益或亏损进行分配，而是向投资者提供保本保收益承诺，根据约定，定期向投资者支付固定收益，并在满足特定条件后，由被投资企业赎回股权或者偿还本息的投资方式，常见形式包括回购、第三方收购、对赌、定期分红等。从税收角度看，如果企业股东的投资行为属于"名股实债"，其向股东分配的"利润"就应当按支付利息进行税务处理；如果境外股东以"名股实债"的方式投资境内实体，其享受税收协定待遇时就应适用利息条款的相关规定，而非股息条款。

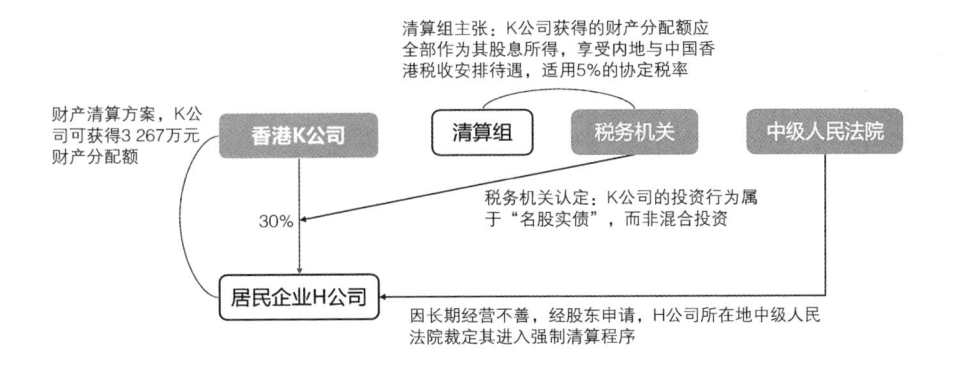

9.4 境外股权重组交易不同方案的比较

案例背景

A公司经过多年发展,已在全球多个国家开展投资业务。A公司在新加坡设立全资子公司X公司,注册资本为5 000万元;在马来西亚与自然人甲共同设立子公司M公司,注册资金为2 000万元,其中A公司出资1 800万元,股权比例为90%。经过多年的积累,M公司账面所有者权益达到12 000万元,其中,实收资本2 000万元、未分配利润和其他所有者权益合计10 000万元。

经管理层研究决定,A公司拟重组境外投资架构,将所持M公司90%的股权转让给X公司,重组后A公司100%持股X公司,再通过X公司间接持股M公司,形成垂直架构。

案例分析

A公司实现境外投资架构重组的路径不同,带来的税收影响也有差异,具体来讲主要有以下两种方案。

方案一:分配股息后重组

首先由M公司向A公司分配利润9 000万元,然后A公司将其持有的M公司股权转让给X公司。此时,A公司需要承担的税收成本包括两部分:一是取得M公司分红涉及的税款,二是股权转让环节涉及的税款。

A公司取得M公司分配的利润时,应当考虑在马来西亚缴纳的税款和在中国缴纳的税款。根据中国与马来西亚的双边税收协定,马来西亚居民公司支付给受益人是中国居民的股息,在马来西亚除对公司所得征税外,免除对该项股息征收其他税收。也就是说,A公司取得的9 000万元股息所得在马来西亚无须扣缴税款。A公司作为中国居民企业,其来源于中国境外的股息、红利等权益性投资收益,应按被投资方作出利润分配决定的日期确认收入,同时可以抵免该笔股息间接负担的所得税。

马来西亚的企业所得税税率为24%,A公司应申报境外股息所得9 000万元,还原成境外税前所得为11 842.1万元[9 000÷(1−24%)],可抵免的境外所得税税额为2 842.1万元(11 842.1×24%),抵免限额为2 960.5万元(11 842.1×

25%),即 A 公司在中国境内要补缴 1% 的企业所得税,共 118.4 万元。

M 公司向股东 A 公司和甲按投资比例分配了 10 000 万元的利润后,其所有者权益降低为 2 000 万元。因此,A 公司转让其持有的 M 公司股权时,股权转让所得为 0(2 000×90%－1 800),在马来西亚和中国都无须缴纳税款。

综合计算,A 公司的整体税收成本为 118.4 万元。

方案二:直接转让股权

A 公司直接将其持有的 M 公司 90% 的股权转让给 X 公司。首先需要考虑 A 公司在马来西亚承担的税收成本。M 公司在马来西亚以承租当地厂房的方式从事生产经营,无房产、土地,也无其他无形资产,因此没有相应的资产增值。以成本法测算,A 公司作为股权转让方,此次股权转让所得为 9 000 万元(12 000×90%－1 800)。根据中国与马来西亚的双边税收协定,转让一家公司财产股份的股票取得收益,该公司的财产又主要直接或者间接由位于缔约国一方的不动产所组成,则可以在该缔约国一方征税。由于 M 公司的资产中没有相应的不动产,因此 A 公司的股权转让所得在马来西亚无须缴纳预提所得税。

根据《中华人民共和国企业所得税法》的相关规定,A 公司作为中国居民企业,应就来源于马来西亚的股权转让所得申报缴纳企业所得税,适用税率为 25%;同时,政策规定境外所得可抵免的所得税分为直接缴纳的所得税、间接负担的所得税和享受税收饶让的抵免税额。A 公司没有在马来西亚直接缴纳预提所得税,不涉及间接负担所得税和税收饶让税额,因此可抵免所得税为 0。据此,该笔股权转让所得在中国的税收成本为 2 250 万元(9 000×25%)。

根据新加坡税法、马来西亚税法,及两国签订的双边税收协定,后续 M 公司向 X 公司分红时,X 公司无须就其取得的股息所得在新加坡、马来西亚缴税。

据此,在不考虑后续 X 公司向 A 公司分红的情况下,A 公司以方案二的模式转让股权,整体的税收成本为 2 250 万元。

从上述分析可以发现,在 A 公司的境外投资架构重组方案中,方案一充分享受了税收协定待遇,在合规的基础上大大降低了税收成本。

政策依据

《中华人民共和国政府和马来西亚政府关于对所得避免双重征税和防止偷漏税的协定》

《中华人民共和国政府和新加坡共和国政府关于对所得避免双重征税和防

止偷漏税的协定》

> **案例总结**

随着我国"一带一路"倡议的不断推进,越来越多的企业积极"走出去"拓展海外市场,在这个大背景下,跨境重组交易逐渐演变为一些企业的常规操作。需要注意的是,"走出去"的企业在制订重组方案时,一方面要考虑我国和投资国的税收政策,另一方面要充分利用好税收协定的优惠待遇,尽可能降低跨境重组产生的税收成本以提高商事效率。

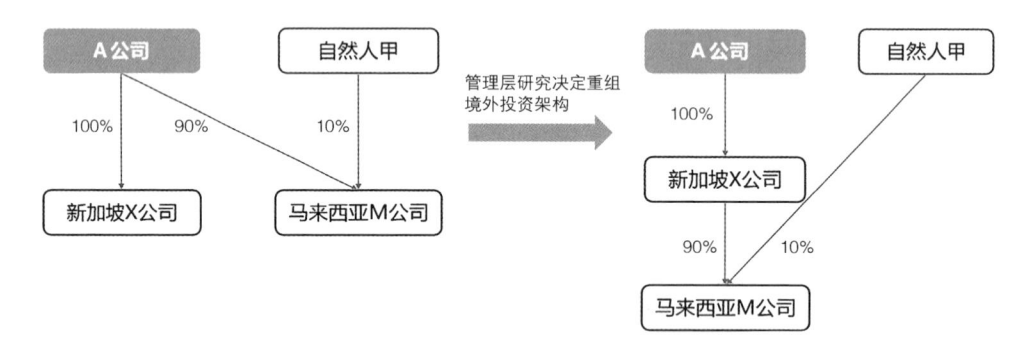

```
A公司 ──100%──> 新加坡X公司
A公司 ──90%──┐
自然人甲 ──10%──┴──> 马来西亚M公司

    管理层研究决定重组境外投资架构 →

A公司 ──100%──> 新加坡X公司 ──90%──┐
自然人甲 ──10%──────────────────┴──> 马来西亚M公司
```

9.5 跨境债务重组因税务问题而失败

> **案例背景**

A有限责任公司为国有独资企业,注册资本为18亿元,经营范围涵盖园林园艺、展览展销、花卉生产贸易、旅游及旅游资源开发、人才业务培训、咨询服务、国内贸易等多个领域。截至2010年,A公司共有15家全资子公司,另外控股6家子公司。A公司总资产为35亿元,年营业收入为16亿元。

B酒店为A公司的全资子公司之一,是所在省历史最悠久、接待规模较大、信誉卓著的国有四星级涉外旅游饭店之一,主营业务为住宿、饮食服务、体育健身、美容美发、糕点加工、销售。截至2010年,B酒店资产总额为12 685.71万元,负债总额为7 267.53万元,所有者权益总额为5 418.18万元。

1998年4月,B酒店向中国银行省分行申请3 000万元固定资产贷款,用于购买广场花园6.47亩土地,抵押财产为"B酒店花园广场"土地,土地证上的面积为

4 316.50平方米。此后，B酒店按合同约定曾向中国银行省分行办理过几次借新还旧手续，至2006年12月26日该借款已逾期。1998年7月及1999年3月，B酒店先后向中国银行省分行贷款6 600万元用于借新还旧和主楼装修、广场工程建设等。此后，B酒店按合同约定曾向中国银行办理过几次借新还旧手续，至2004年10月15日该借款已逾期，抵押财产为35 951.63平方米饭店房产。

2004年6月25日，中国银行省分行与C资产管理公司签订债权转让协议，中国银行省分行将上述两笔债权转让给C资产管理公司，转让债权为截至2004年5月31日的余额。2006年C资产管理公司再次将其所持该笔债权转让给美国某基金公司所管理的D有限公司(D有限公司住所地为毛里求斯)。

2010年4月，在集团公司统筹安排和具体操作下，处理了B酒店历史遗留的固定资产贷款9 600万元的问题，最终以5 500万元的价格从D有限公司回购了该笔债权。该笔债权的债务人为B酒店，在用5 500万元的价格处理债务后，B酒店实现债务重组收益4 100万元，对应企业所得税1 025万元。B酒店无力纳税，且经集团努力仍无法获得减免。

对于此业务，经认真调查分析，重组业务全部是A公司主导参与。偿还债务的5 500万元中集团支付3 000万元，B酒店支付2 500万元。重组是在集团层面进行的。A公司单体财务报表反映其已经连续亏损，存在待弥补账面亏损39 000万元(2009年和2010年两年)：一方面，A公司本部存在亏损；另一方面，债务重组收益需要B酒店缴纳所得税。

案例分析

为体现业务实质，充分利用税收政策，减少A公司现金流压力，A公司提出如下方案：

第一步：债务转移

B酒店将9 600万元债务全部转移给A公司。根据合同法律的相关规定，该笔债务转移需要征得债权人D公司同意，且相关协议应该在重组日前完成。

第二步：重组协议

A公司与债权人D公司签订重组协议，将重组收益体现在集团账面上。

第三步：业务重构

债权人D公司原来开具给B酒店的收款票据作废，重新开给A公司。B酒店调整账务处理，A公司财务部同时调整账务处理。

第四步：债务重组

将 B 酒店欠 A 公司的债务适时进行债转股处理。A 集团公司和 B 酒店着手实施优化方案。债权人 D 公司提出需要会计师事务所出具的审计报告，证明债务转移具有"商业实质"。当事人联系会计师事务所出具了相关报告，并提供了英文译本。

A 公司派人赴北京与 D 公司北京办事处人员沟通，最终以电话会议方式与美国公司人员沟通，债权人不同意重新组合重组路线。理由如下：该债务重组已经完成所有手续；中国外债管理部门对外债逐笔登记和管理，审核后偿债资金才能汇出境外；已经完成外债审批；公司税务部门负责人不同意；审计的会计师事务所的会计师持否定意见。

📚 政策依据

《关于企业重组业务企业所得税处理若干问题的通知》（财税〔2009〕59 号）

《企业重组业务企业所得税管理办法》（国家税务总局公告 2010 年第 4 号）

☑ 案例总结

本次债务重组以失败告终，最终 B 酒店应缴纳债务重组企业所得税 1 025 万元。事实上，根据国家税务总局公告 2010 年第 4 号的规定，发生债务重组所产生的应纳税所得额占该企业当年应纳税所得额 50% 以上，债务重组所得要求在 5 个纳税年度内均匀计入各年度应纳税所得额的，应准备以下资料：(1) 当事方债务重组的总体情况说明（如果采取申请确认的，应为企业的申请，下同），情况说明中应包括债务重组的商业目的；(2) 当事各方所签订的债务重组合同或协议；(3) 债务重组所产生的应纳税所得额、企业当年应纳税所得额情况说明；(4) 税务机关要求提供的其他证明资料。

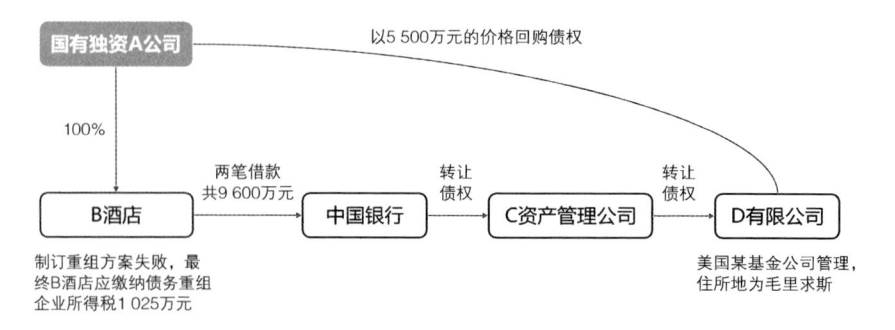

本次重组失败再次说明了对于重大交易，方案的设计绝对不仅是本企业层面的事情，而且涉及多个交易方，方案实现的前提是各方利益得到有效平衡。

9.6　经税务机关裁定顺利递延纳税

案例背景

DM集团于2010年9月在山东省胶州市成立子公司；同时，该集团在青岛市城阳区设有城阳子公司。根据集团发展战略的需要，城阳子公司需要注销，或者与胶州子公司合并。

问题： 两种处理方式面临不同的税收处理方法，不仅差异较大，而且存在的不确定性因素较多，该如何处理？

案例分析

方案一：直接注销城阳公司

采取注销城阳公司的形式会涉及清算所得、未分配利润扣缴所得税，资产处置需缴纳增值税及土地增值税等，短期内集中缴纳的税款会占用大量资金，给企业经营带来较大影响。

方案二：吸收合并

采取吸收合并的形式，因不属同一税务机关管辖，所以牵涉两个政府部门之间的税收分配问题，且在处置原来企业的土地等资产时，还需要政府部门审批。同时，吸收合并形式在税收处理上有不少前置条件，比较复杂。

针对这两种形式，公司高层举棋不定，单纯从交易复杂性和时间成本上看，公司高层倾向于采用方案一来处理。

了解到这一情况后，胶州市税务局非常重视，多次召开由分管局领导牵头，相关业务部门负责人参加的大企业涉税事项协调会议，专门研究此问题。税务局工作人员多次到企业详细了解情况，讲解相关政策，答疑解惑，帮助企业对吸收合并和注销清算的涉税事项进行分析、计算和比较。同时，该局还不断完善大企业涉税事项纵向、横向协调机制，加强与青岛市局相关处室的交流协调，对不属于本级税务机关权限范围的问题及时主动向上级税务机关请示和汇报。在这些工作的基础上，胶州公司向胶州市税务局提出了吸收合并城阳公司适用所得税特殊性税务处理的事先裁定申请。胶州市税务局就此事向青岛市税务局做了专项请示。在收到胶州市税务局报送的事先裁定专项请示后，青岛市税务局会同有关业务处室进行了协商，并最后依据法律法规，由企业所得税处作出了该企业重组业务符合所得税特殊性税务处理条件、适用特殊性税务处理规定的批复。

2015年11月，城阳公司与胶州公司顺利完成吸收合并。根据此前青岛市税务局依照相关法律法规为该合并事项作出的事先裁定，允许该合并交易适用特殊性税务处理。由于这一纸事前的税收裁定，城阳公司不仅规避了后续的税收风险，而且减少了当期适用一般性税务处理将面临的8 000万元合并税收成本。

☑ 案例总结

很多企业对于与税务机关沟通存在误区，害怕与税务机关沟通。这种心理使本来可以解决的问题复杂化。企业重大的交易事项除了企业内部达成一致的方案外，很多时候需要税务机关的认可，而有效的事前沟通可以使得复杂的交易顺利进行。企业应该树立与税务机关沟通的正确理念，建立税企沟通的长效机制，从而提高企业重大交易事项的处理效率。

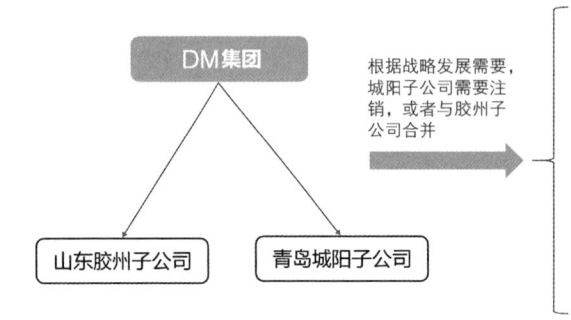

```
                            方案一：直接注销城阳子公司
                            涉及清算，需要缴纳高额税费
      ┌─── DM集团 ───┐
      │              │     方案二：吸收合并
根据战略发展需要，         因不属同一税务机关管辖，所以牵涉两个政府部门之
城阳子公司需要注销，        间的税收分配问题，还需要政府部门审批，比较复杂
或者与胶州子公司合并
                            单纯从交易复杂性和时间成本上看，公司高层倾向于
  山东胶州子公司             采用方案一来处理
  青岛城阳子公司
                            青岛市税务局会同有关业务处室进行了协商，并最后
                            依据法律法规，由企业所得税处作出了该企业重组业
                            务符合所得税特殊性税务处理条件、适用特殊性税务
                            处理规定的批复
```

第 10 章

股权交易涉税司法案例

在股权交易领域,存在着税收政策的空白点和模糊点,对同一项股权交易会有不同的处理方式。实务中因为股权问题产生的税务争议很多。有些争议,交易方通过协商可以解决;有些争议,通过与税务机关沟通可以解决;也有些争议,与税务机关经过来回拉扯之后依然无法解决,于是诉至法院。

司法途径未必是解决股权争议最好的方式,但法院的裁判可以为相关的争议观点提供法律层面的解题思路。在行政诉讼领域,法院是从合法性的角度进行审查,相比行政复议的合理性和合法性双重审查,其有局限性,这与我国现行法院体系的构成有一定的关系。长久以来,我国没有专门的税务法院,这就导致法院在处理税务争议时,未必比税务机关"更专业"。

为优化营商环境,依法公正审理税务纠纷行政案件,根据《中华人民共和国行政诉讼法》的规定,结合上海审判实际,经最高人民法院批准,2024 年 2 月 23 日,上海市高级人民法院印发《关于本市以税务部门为当事人的行政案件集中管辖的规定》,指定由上海铁路运输法院、上海市第三中级人民法院集中管辖上海市以税务部门为当事人的行政案件。这标志着我国"税务法院"的诞生,未来法院处理股权涉税问题的"专业性"会更强。

本章精选了 10 个典型的股权涉税司法案例,其中有很多是股权税务领域颇具争议的话题,希望对读者有所启发。

第 10 章案例列表

序　号	标　　　题
091	债股不分引发的股权转让纠纷
092	税费承担约定被判无效
093	股权转让合同变更引发的退税纠纷
094	股权转让合同解除不征税
095	以股权转让不动产的司法观点
096	错误披露致转股失败
097	股权交易买方代扣税款后追偿
098	股权交易约定税费承担是否含个人所得税
099	税务人员工作疏忽引发的股权纠纷
100	调减股权转让价格已纳税款退税未果

10.1　债股不分引发的股权转让纠纷

案例背景

自然人杜某是 A 公司的股东，2014 年其将持有的 A 公司 49% 的股权转让给 B 公司，转让价格定为 2 583 万元。杜某和 B 公司在股权转让协议中明确，2 583 万元的款项由股权转让款 1 080 万元和对 A 公司的垫资款 1 503 万元构成，双方签订补充协议确认转让款为股权和债权两个部分。

转让股权后，受让方 B 公司未代扣代缴个人所得税，杜某也未主动申报个人所得税。之后由于被人实名举报，稽查局介入调查，要求杜某提交股权的成本资料。调查过程中没有发现 A 公司向杜某借款的证据。杜某未按期提供成本资料，稽查局便到 A 公司审查财务账簿。A 公司出具的情况说明显示：A 公司注册资本为 50 万元,杜某占股 49%。公司成立后,杜某未再向公司投入资金。

稽查局认定杜某的股权转让收入为 2 583 万元,成本为 24.5 万元,扣除印花税后应补缴个人所得税 511.44 万元。

杜某不服,提起行政复议。

杜某主张:股权转让款 2 583 万元中有垫资 1 503 万元,该笔款项是其在 2014 年因 A 公司事务投入的资金,即 A 公司向其的借款,后其因股权转让退出 A 公司,无法与 A 公司结算垫资,因此以债权方式转让给 B 公司,并附了相关佐证凭证。

复议结果是维持稽查局作出的行政处理决定。

杜某不服,向法院提出诉讼,历经一审、二审,最终法院判决税务机关撤销 B 公司作出的税务处理决定。

案例分析

个人转让股权需要按照"财产转让所得"项目缴纳个人所得税,以转让股权的收入额减除股权原值和合理费用后的余额为应纳税所得额。所以,确定股权转让是否缴税、缴多少税的核心是股权转让收入和股权原值两个要素。

1. 股权转让收入

本案例中,股权转让协议列明了股权款和债权款,且有相关的证据佐证,法院认为这里存在股权与债权混淆的情形,还需进一步核实。

2. 股权原值

根据《股权转让所得个人所得税管理办法(试行)》(国家税务总局公告 2014 年第 67 号),个人转让股权的原值依照以下方法确认:(1) 以现金出资方式取得的股权,按照实际支付的价款与取得股权直接相关的合理税费之和确认股权原值;(2) 以非货币性资产出资方式取得的股权,按照税务机关认可或核定的投资入股时非货币性资产价格与取得股权直接相关的合理税费之和确认股权原值;(3) 通过无偿让渡方式取得股权,具备本办法第十三条第二项所列情形的,按取得股权发生的合理税费与原持有人的股权原值之和确认股权原值;(4) 被投资企业以资本公积、盈余公积、未分配利润转增股本,个人股东已依法缴纳个人所得税的,以转增额和相关税费之和确认其新转增股本的股权原值;(5) 除以上情形外,由主管税务机关按照避免重复征收个人所得税的原则合理确认股权原值。

本案例中,杜某不能准确提供完整、准确的股权原值凭证。税务机关去 A

公司调查相关凭证,但由于杜某和 A 公司之间存在纠纷,且 A 公司财务管理混乱,并没有提供会计报表、银行对账单、付款凭证等证明股权原值的直接证据,仅出具了一份情况说明,其证明力存疑。

根据规定,个人转让股权未提供完整、准确的股权原值凭证,不能正确计算股权原值的,由主管税务机关核定其股权原值。因此,本案例中法院判决撤销税务处理决定后,税务机关后续的动作很可能是核实转让收入、核定转让成本。

☑ 案例总结

本案例历经诉讼后虽然法院判决撤销税务处理决定,税务机关败诉,但从避免争议、高效解决问题的角度思考,似乎还有更好的办法。在杜某对 A 公司同时存在股权和债权的情况下,如果能分为两份协议,分别处理股权和债权,不将股权和债权混为一谈,或许可以从一开始就避免这场纠纷。

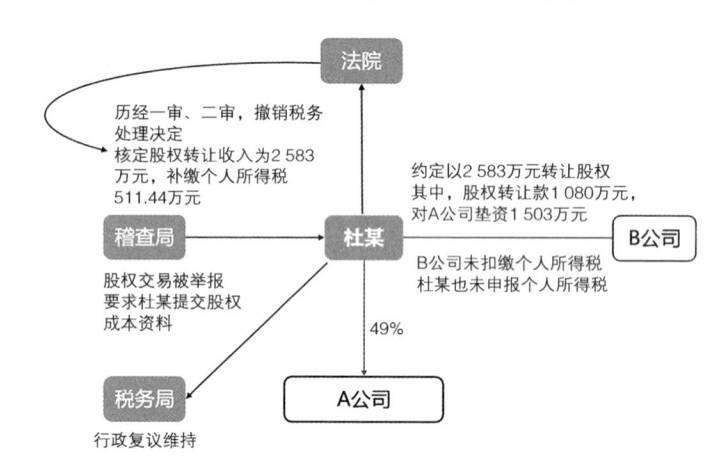

10.2 税费承担约定被判无效

📝 案例背景

CX 公司的原股东为郑某、黄某、林某等 8 人,其中郑某和黄某为夫妻,8 位股东并未实缴出资。

2018 年 1 月 28 日,CX 公司全体股东就股权转让事宜作出了股东会决议,内容如下:(1) 黄某将其股权以 0.6 万元转让给其夫郑某,林某等其余 6 位股东将所持股权以总价 140 万元转让给杨某;(2)自股东会决议签署完毕且杨某支付完成之日起,杨某即享有 CX 公司 70% 的股东权益,行使股东权利,承担股东义务;(3)全体转让人和受让人应在收到对价款的 2 个工作日内持有效证件到工商部门办理公司变更登记。当日,杨某完成支付,事实合同成立并已履行完毕。

注:股东会决议中并未约定个人所得税的承担问题。

2018 年 4 月 10 日,杨某、郑某和其余原股东到工商部门办理股权变更登记,同时签订股权转让合同,合同中约定:(1)黄某将其股权以 1 元的价格转让给其夫郑某,林某等 6 人分别将其股权以 1 元的价格转让给杨某;(2)股权转让有关费用由受让方承担。可见,事实合同与用于办理股权变更登记的合同的转让价格不一致,且签订的转让合同中补充了股权转让费用承担条款。

2020 年 10 月,税务局向杨某出具了"股权转让涉税清算意见表",认定本次股权转让中应对转让双方征收印花税,应对出让方征收个人所得税,认定杨某作为代扣代缴义务人应于合同签订的次月申报缴纳税款,超过申报期限按日加收 0.5‰ 的滞纳金,并在该意见表中确定了各主体的应纳税额及滞纳金。

同日,杨某按意见表中的金额为林某等出让方代缴了印花税、个人所得税及滞纳金,并替郑某代缴了印花税,替黄某代缴了印花税、个人所得税及滞纳金。

后杨某起诉要求出让方、郑某、黄某返还其代为缴纳的全部税款及滞纳金。

裁判观点

法院判决支持出让方应返还杨某代缴的个人所得税及滞纳金,认为应由出让方承担的理由如下:

(1)税因法定而不可转嫁,转嫁"税"的约定因违法而无效。

法院认为,"费"是指交易过程中发生的费用,费用的支付可以由交易双方约定,属于私法自治的范畴;"税"是国家向征收对象按税率征收的货币或实物。"税"和"费"是两个不同的概念。约定个人所得税由受让方承担,实质是降低交易额,规避纳税义务的行为,因违反税法上的"实质课税原则"而无效,属于私法权利滥用的无效行为。

(2)个人所得税在交易后才能确定,不是在交易过程中发生的;而双方约定的"股权转让费用由受让方承担"指的是"交易过程中的费用"由受让方承担,故受让方不应承担个人所得税。

一审法院认为:首先,"税"和"费"有差异,双方仅约定了"费",并未约定

"税"；其次，个人所得税是交易后针对所得额所征收的税，只有在交易后才能确定转让方的交易所得，所以个人所得税不属于交易过程中发生的。即便不考虑"税"和"费"的差异，合同中约定的股权转让有关费用由受让方承担，也仅指转让过程中发生的费用由受让方承担，而个人所得税是交易后才能确定的，所以受让方不应承担个人所得税。

案例分析

本案判决的结果和理由值得商榷。

纳税人是税法明确承担纳税义务的人，是法定的，而负税人是实际上负担税款的人。纳税人和负税人有时一致，有时不一致。实务中，在合同中约定由某一方来负担税款十分常见。最高人民法院早在 2007 年的一个公报案例中就明确了"包税"条款是合法有效的，并论述了理由：虽然我国税收管理方面的法律、法规对于各种税收的征收均明确规定了纳税义务人，但是并未禁止纳税义务人与合同相对人约定由合同相对人或者第三人缴纳税款，即对于实际由谁缴纳税款并未作出强制性或禁止性规定。因此，当事人在合同中约定由纳税义务人以外的人承担转让土地使用权税费的，并不违反相关法律、法规的强制性规定，应认定为合法有效。因此，合同中对于税款负担的约定并不会改变法定的纳税义务人。

案例总结

税法上的纳税义务人和实际税款负担人不一定一致。纳税义务人是法定的，而负担税款的人可以根据具体情况约定。在约定交易税费承担方式时，应尽可能细化，以减少争议。

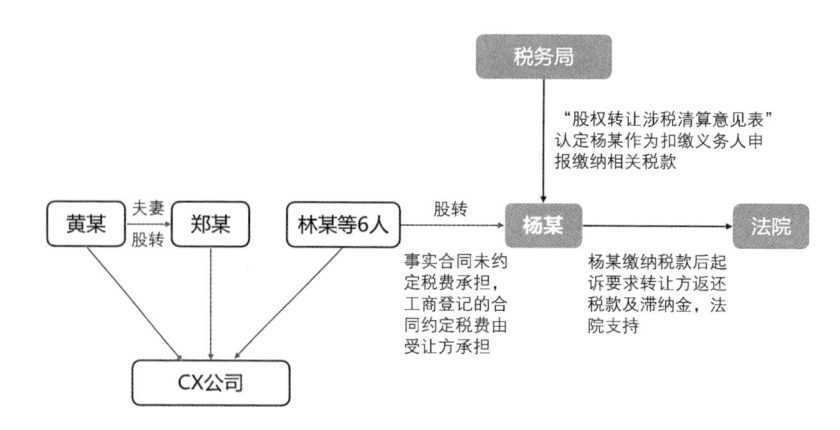

10.3 股权转让合同变更引发的退税纠纷

案例背景

王某将其持有的 LG 公司 51% 的股权转让给 YF 公司，股权原值为 25.5 万元，经双方协商，股权交易价格定为 130.52 万元，约定转让款分三期支付。YF 公司向王某支付股权转让款 88.5 万元。双方办理了股权变更登记，王某缴纳个人所得税 20.37 万元。

后由于 YF 公司违约，2017 年 2 月 24 日双方签订补充协议，将股权交易标的修改为 LG 公司 10% 的股权，交易价格定为 13.07 万元。王某据此向税务机关申请退税。

税务机关引用国税函〔2005〕130 号文，认为王某第一次股权转让行为已经完成，且股权并非原价收回，不予退税。王某于是向法院提起诉讼。

案例分析

税务机关的处理依据：

根据《中华人民共和国个人所得税法》及其实施条例和《中华人民共和国税收征收管理法》的有关规定，股权转让合同履行完毕、股权已作变更登记且所得已经实现的，转让人取得的股权转让收入应当依法缴纳个人所得税。转让行为结束后，当事人双方签订并执行解除原股权转让合同、退回股权的协议，是另一次股权转让行为，对前次转让行为征收的个人所得税税款不予退回。税务机关因此认为，王某的股权转让已经完成，后续变更属于另一次转让行为，因而不予退税。

法院观点：

《股权转让所得个人所得税管理办法（试行）》规定，个人转让股权，以股权转让收入减除股权原值和合理费用后的余额为应纳税所得额，按"财产转让所得"缴纳个人所得税。涉案双方对退税的数额有争议，究其根本是对股权转让收入的认定存在分歧，原地税第一分局认定原告股权转让收入 88.5 万元，本院认为，该款项是在合同履行过程中原告收到的阶段性款项，且交易双方未将该款项确定为交易价，被告以此为依据计算个人所得税没有事实及法律依据。法院最终判决撤销税务机关的处理决定,责令重新作出处理。

✓ 案例总结

股权转让合同履行过程中发生变更引发的退税案例在实务中十分普遍,由于国税函〔2005〕130号文的存在,因此能得到退税结果的案例较少。王某与税务局退税纠纷案,在股权转让合同履行中,变更合同,个人股东申请退税,税务机关驳回后,法院最终撤销了税务决定。该案对股权转让合同变更后退税有一定的借鉴意义。

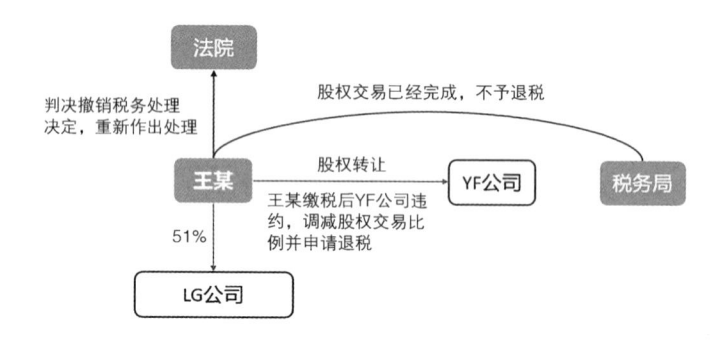

10.4 股权转让合同解除不征税

📄 案例背景

非居民企业甲公司与境内A公司签订了股权转让协议,转让的标的股权为甲公司持有的境内B公司40%的股权。甲公司和境内A公司、境内B公司均为关联企业,于是本次交易采用平价转股的方式,转让价款定为5 000万元。税务机关质疑股权转让价格没有按照公允价格确定,于是进行税务检查。

此时,由于购买方A公司一直未向甲公司支付股权转让价款,因此A公司和甲公司签订了补充协议,约定解除原来的转让协议,同时A公司向甲公司支付10万元作为违约金,并协助甲公司恢复之前的股权登记。

两个月后,A公司仍未向甲公司支付违约金,甲公司向法院起诉,最终在法院的调解下,A公司支付了违约金并配合甲公司恢复了之前的股权登记。甲公司认为原合同已经解除,股权也恢复到原始状态,所以税务机关不应该再对其进行纳税调整。最终税务机关认可了甲公司的观点。

案例分析

根据《国家税务总局关于贯彻落实企业所得税法若干税收问题的通知》(国税函〔2010〕79号),企业转让股权收入应于转让协议生效且完成股权变更手续时确认收入的实现。转让股权收入扣除为取得该股权所发生的成本后,为股权转让所得。企业在计算股权转让所得时,不得扣除被投资企业未分配利润等股东留存收益中按该项股权可能分配的金额。从这个政策规定来看,股权转让合同已经生效,且股权变更已经完成,符合收入确认的条件。

根据国税函〔2005〕130号,股权转让合同未履行完毕,因执行仲裁委员会作出的解除股权转让合同及补充协议的裁决而停止执行原股权转让合同并原价收回已转让股权的,由于其股权转让行为尚未完成、收入未完全实现,随着股权转让关系的解除,股权收益不复存在,因此根据《中华人民共和国个人所得税法》和《中华人民共和国税收征收管理法》的有关规定,以及从行政行为合理性原则出发,纳税人不应缴纳个人所得税。上述政策中的关键词是"合同未履行完毕",虽然该政策是针对个人所得税的政策,但其所规范的是股权转让行为,有一定的借鉴意义。甲公司充分利用了合同未履行完毕这一点,与税务机关进行了充分的沟通,最终取得了满意的结果。

案例总结

跨税种的政策虽不能通用,但针对同一项业务的立法精神可以相互借鉴,这也为解决类似问题提供了思路。需要注意的是,本案例在支付违约金的环节,交易方是在法院的调解下完成的,再一次体现了法律手段的效果。在处理类似问题时,有法院的文书作为"背书",税务机关认可的概率会更大,否则单纯的当事

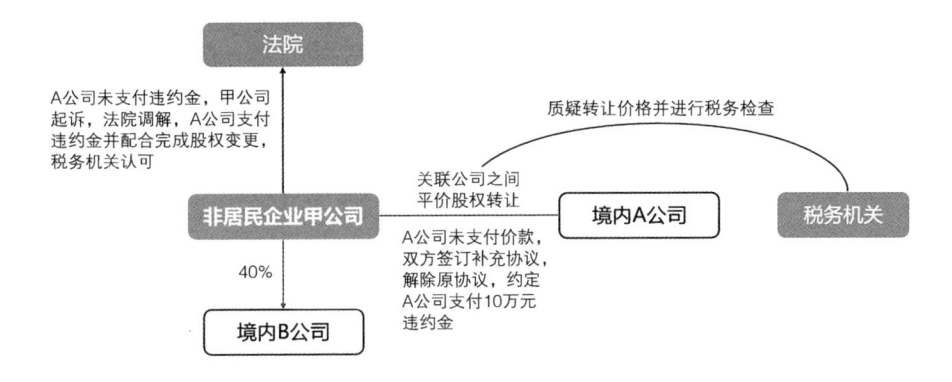

人自说自话很难达到目的。

10.5 以股权转让不动产的司法观点

案例背景

马氏兄弟二人合计持有 CF 公司 100% 的股权。2012 年，马氏兄弟与 A 公司签订股权转让协议，其中约定马氏兄弟将所持的 CF 公司股权转让给 A 公司，转让价款为 6 910 万元，分期支付。

A 公司未按照协议约定支付后续的股权转让款，马氏兄弟遂向湖北省高院提起诉讼，请求 A 公司继续履行股权转让协议并且支付已到期股权转让款 1 500 万元及违约金。

由于 CF 公司股权项下的核心资产是土地使用权，因此 A 公司提起反诉，请求确认股权转让协议无效，马氏兄弟返还已收取的股权转让款等。

湖北高院判决：股权转让协议应予继续履行；A 公司向马氏兄弟支付股权转让款 1 500 万元及违约金。

A 公司不服，上诉至最高人民法院，主张股权转让协议以股权转让方式实现土地使用权转让，避免了缴纳土地使用权转让交易中应缴的契税、土地增值税等税款，规避了我国税法对于土地使用权转让交易的税收规定，应当认定合同无效。

最高人民法院判决：驳回上诉，维持原判。

案例分析

本案例最高人民法院认定股权转让合同有效，应继续履行合同的理由如下：

（1）股权转让和土地使用权转让是完全不同的法律制度。

股权转让与土地使用权转让所涉及的法律依据不同，不可混淆。本案例 CF 公司所拥有资产包括建设用地使用权、房屋所有权等，股权转让后，CF 公司的资产并未发生权属变更。

（2）建设用地使用权影响股权转让价格，但不改变股权交易本质。

虽然在转让股权时，该公司的资产状况（包括建设用地使用权的价值）是决定股权转让价格的重要因素，但不等于公司在股权转让时只要有土地使用权，股权转让的性质就变成了土地使用权转让，进而认为其行为是名为股权转让实为土地使用权转让而无效。本案例股权转让的目标公司 CF 公司为有限责任公司,不论 A 公司购买股权的目的为何,均不改变股权交易的本质。

(3) 股权转让并未导致国有土地使用权转让的应税行为。

转让股权和转让土地使用权是完全不同的行为,当股权发生转让时,目标公司并未发生国有土地使用权转让的应税行为,目标公司并不需要缴纳土地增值税。

政策依据

《中华人民共和国土地增值税暂行条例》(国务院令第 138 号)

案例总结

以股权的方式转让不动产在实务中是对不动产交易进行税务筹划的常见手段。本案例中最高院认定以股权转让方式转让土地使用权时无须缴纳土地增值税,但各地税务部门在实践中对该问题的认识并不统一。因此,实务中遇到此类问题,应事前向当地主管税务机关咨询,以获得明确的处理意见。

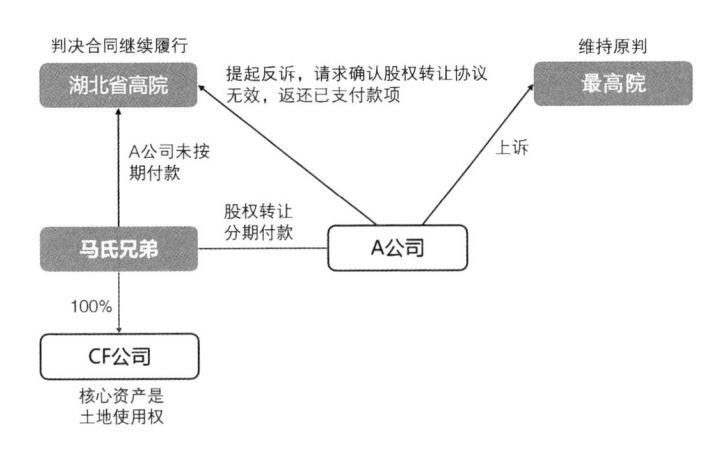

10.6 错误披露致转股失败

案例背景

甲、乙二人于 2020 年年底各占股 50% 设立 A 公司,注册资本为 50 万元。A 公司注册成立后,立即购买商铺一套,购买时价值为 650 万元。全部购房款由甲支付到科技公司账户,财务记录为其他应付款 650 万元。

2023年8月，甲、乙二人与丙签订了股权收购框架协议，约定：（1）A公司有一套房产，价值650万元；（2）目标公司无负债；（3）目标公司所有者权益合计680万元；（4）协议双方一致同意A公司作价680万元进行股权收购。甲、乙承诺科技公司资产、负债的真实性，以完成股权收购。

协议签订之日，丙向甲、乙支付定金20万元，甲、乙二人及A公司配合丙进行尽职调查。尽职调查中发现，A公司注册资本50万元并未实缴。A公司名下有房产一套，查阅银行流水发现购房款650万元全部由股东甲转账至A公司，且财务记录为其他应付款650万元。丙认为尽职调查事实与甲、乙双方披露的A公司财务状况严重不符。双方因此产生争议，丙要求解除合同，双倍返还定金，甲、乙二人不同意。

丙诉至法院，要求甲、乙双倍返还定金。甲、乙辩称：双方本次交易本就是以股权交易的方式购买房产，A公司购买房产时，没有资金，因而由甲提供资金给A公司，财务人员将该笔账记录在了其他应付款，其没有隐瞒；另外，甲自愿放弃该债权，以帮助完成本次股权交易。

最终，法院作出了支持双倍返还定金的判决。

案例分析

关于本案例股权交易中涉及的所得税，分析如下：

1. 个人所得税

（1）按照甲、乙二人披露的情况，A公司注册资本为50万元，股东出资650万元，公司所有者权益680万元，公司无负债，股权转让价格为680万元。甲、乙二人将所持股权出售给丙。

甲、乙二人应缴纳个人所得税＝（680－650）×20％＝6(万元)

（2）根据尽职调查和法院查明的A公司真实情况：A公司注册资本50万元，无实缴。购买房产的650万元款项全部由甲个人借款给公司，因此650万元为股东借款给公司而非股东对公司的资本性投入。双方约定股权价值680万元。因为作为原股东的甲、乙二人实缴出资额为0，所以其股权取得的成本也是0。据此，本次交易中甲、乙转让股权取得收入应缴纳个人财产转让所得税。

甲、乙二人合计缴纳个人所得税＝（680－0）×20％＝136(万元)

2. 企业所得税

纠纷发生后，股东甲表示愿意放弃对A公司的650万元债权以促成股权交易。对 A 公司来说，这相当于应付的 650 万元债务现在不用付了，其本质就是 650 万元的收入。因此，A 公司因为甲放弃对其的 650 万元债权须缴纳企业所得税 162.5 万元（650×25%）。

甲、乙的错误披露使得股权交易产生了巨大的税收成本，最终不仅影响交易目的的实现，而且额外返还了 20 万元定金。

☑ 案例总结

站在转让方的角度，厘清股权与债权的差异并做好核算，可以规避部分潜在的税务风险。站在受让方的角度，股权交易前做好充分的尽职调查可以有效避免踩坑。

```
                        法院判决支持
                             ↓
                           法院
                             ↑ 双倍返还定金
                  股权转让，支付20
                    万元定金
 甲、乙二人各占50%  ─────────────  丙公司
        │           尽职调查发现未实缴，
        │ 100%       与约定不符，要求解除
        ↓           合同，双倍返还定金
       A公司

购买商铺一套650万元
购房款由甲支付至公司账户，作为其他应付款核算
```

10.7　股权交易买方代扣税款后追偿

📋 案例背景

2007 年 10 月 6 日，X 公司的股东之一甲代表 X 公司的三位股东甲、乙、丙（合称"三位股东"，均为自然人）与 H 公司签订股权转让协议。H 公司按协议支付包干费。根据协议约定，"包干费"是指 H 公司取得 X 公司 100% 的股权，应向三位股东支付的全部款项，包括该地块全部的土地出让合同价款、征地补偿费、三位股东及有关单位在该地块上已发生的全部工程费投入、协议约定的相关款项、协议履行过程中三位股东的收益。

2007 年 10 月 16 日，X 公司举行股东会，同意甲将其持有的 X 公司部分股权转让给 H 公司，并同意乙、丙分别将其持有的 X 公司全部股权转让给甲。公司股东及股权变更后,X公司由甲继续持有49%的股权,H持有51%的股权。

2009年12月8日,X公司举行股东会,同意甲将剩余持有的X公司的股权全部转让给H公司。公司股东及股权变更后,X公司由H公司100%持有。

2011年3月11日,H公司的律师向甲发出"关于缴纳股权转让个人所得税的函",要求甲在3个工作日内到X公司主管税务机关依法履行纳税义务并提交完税凭证给H公司,但甲对此未予回复。

2011年3月16日,X公司作为缴款单位代扣代缴个人所得税,相关申报表显示纳税人名称为甲,应税项目为股权转让所得,备注栏标明代H公司代缴甲股权转让所得个人所得税。

2012年10月30日,H公司以甲为被告提起诉讼,请求判令:(1)甲归还H公司代其缴纳的全部个人所得税;(2)甲按照中国人民银行同期逾期贷款利率向H公司支付上述款项自2011年3月16日至实际清偿全部款项之日的利息。

本案例的争议焦点为甲是否应当偿还H公司代缴的个人所得税并支付利息。法院判决甲偿还H公司代其缴纳的个人所得税并支付利息。

案例分析

甲主张X公司缴纳的税款与H公司无关,H公司并未代甲缴纳个人所得税,无权向甲行使追偿权。H公司则认为X公司仅是受H公司委托代为缴纳税款,因此H公司享有就代垫税款向甲追偿的权利。最终法院判决涉税款为X公司代H公司代缴甲股权转让个人所得税,X公司代为缴纳案涉税款后,H公司的法定代缴义务履行完毕,并据此取得对纳税义务人甲的追偿权。

1. 为什么H公司要代为缴纳个人所得税?

针对本案例涉及的股权转让交易,转让方为甲,产生所得方为甲,纳税义务人也应为甲。但为了更好地对股权转让交易涉及的税款进行征管,税法规定了买方作为扣缴义务人,有义务对该部分股权转让的应纳税额进行扣缴。如果扣缴义务人未履行上述义务,就会被税务机关处以应扣未扣、应收未收税款50%以上3倍以下的罚款。因此,H公司代扣代缴个人所得税是履行法定义务。

2. H公司是否有权向甲追偿?

在H公司主动代甲缴纳税款后,甲在税务上的纳税义务已履行完毕,实践中,H公司的扣缴义务也基本不会再触发税务风险,但H公司与甲之间的税款承担问题仍需进一步解决,这也是H公司提起本案民事诉讼的目的。正如法院所判,本案的税款为 X 公司代扣缴义务人 H 公司代缴甲的股权转让个人所得税,该缴税行为的目的指向明确,无论是基于合同约定还是不当得利等,H 公司都应有民法上合理的法律依据向甲追偿。此外,虽然税款的实际支付主体为 X 公司,但在"税收通用缴款书"(为制式打印版本)的备注栏中有"代 H 公司代缴甲股权转让所得个人所得税"字样并盖有当地税务机关的征税专用章。甲对该文字与公章的形成时间先后顺序等提出疑问并要求进行司法鉴定,且主张税款由 X 公司垫付,因此 H 公司无权向甲追偿。但法院基于该"税收通用缴款书"和甲的自认,并考虑甲未履行举证责任,最终仍判决 H 公司有权向甲追偿。

政策依据

《中华人民共和国税收征收管理法》第六十九条

案例总结

股权交易中,交易方要重视对涉税条款的约定,避免在股权交割过程中因纳税问题产生争议而影响交易的顺利完成。

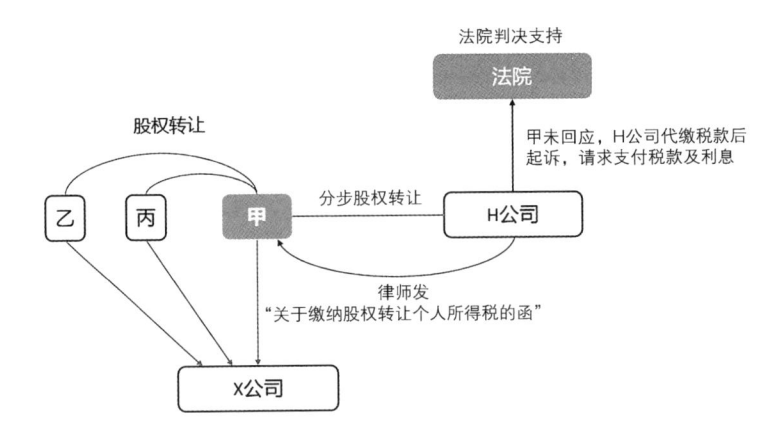

10.8　股权交易约定税费承担是否含个人所得税

案例背景

谢某为新疆 JY 投资有限公司(JY 公司)股东,2004 年其将持有的股权转让给新疆某天然气公司,并签订股权转让合同,之后双方因为股权转让事宜产生纠纷。2016年4月,双方签订补充协议,明确股权转让过程中,如涉及税费则由转让方和受让方各承担50%。双方对该约定中的"股权转让过程中涉及的税费"是否包含股权转让个人所得税发生争议。天然气公司认为应当扣减股权交易中谢某应缴纳的股权转让个人所得税,遂诉至法院。最高人民法院二审并未支持天然气公司的该诉讼请求。

案例分析

最高院判决书中的论述:

2016年4月14日的股权转让协议中约定,股权转让款涉及税费的,按照2004年8月30日签订的股权转让合同相关约定执行,即股权转让协议第八条约定,股权转让过程中,如涉及税费则由转让方和受让方各承担50%。双方对该约定中的"股权转让过程中涉及的税费"是否包含股权转让个人所得税发生争议。由于个人转让股权以股权转让收入减除股权原值和合理费用后的余额为应纳税所得额,按"财产转让所得"缴纳个人所得税,其中,合理费用是指股权转让时按照规定支付的有关税费,因此股权转让除缴纳个人所得税外,还可能存在其他税费。双方此约定是针对涉及税费时如何负担进行的约定,而个人所得税是必然涉及的税。可见,该约定中的股权转让过程中涉及的税费不包括股权转让个人所得税。再者,股权转让个人所得税是针对自然人所取得的财产性收入征收的税款,纳税义务人为转让人谢某,谢某认为天然气公司应承担50%的个人所得税无事实和法律依据。

天然气公司认为其作为股权转让个人所得税的代扣代缴义务人,股权转让个人所得税未缴纳部分是必然发生的税款,应当从股权转让款中扣减。谢某并不认可天然气公司提交的转让股权中涉及个人所得税的审核报告,认为该审核报告系天然气公司单方委托,双方就股权转让个人所得税的数额未达成一致。

根据《中华人民共和国税收征收管理法》第四十七条"扣缴义务人应扣未扣、应收未收税款的,由扣缴义务人缴纳应扣未扣、应收未收税款。但是,扣缴义务人已将纳税人拒绝代扣、代收的情况及时报告税务机关的除外"及《中华人民共和国个人所得税法》第十三条第二款"纳税人取得应税所得,扣缴义务人未扣缴税款的,纳税人应当在取得所得的次年六月三十日前缴纳税款;税务机关通知限期缴纳的,纳税人应当按照期限缴纳税款"的规定,对未缴纳的股权转让个人所得税,不是必然由天然气公司缴纳。天然气公司申请对两次股权转让的个人所得税进行核算,已无必要,不予准许。

本院在本案应扣除的股权转让个人所得税数额不确定的情况下,不宜对未缴纳部分进行扣除。对于未缴纳的股权转让个人所得税,由谢某自行主动缴纳。因此,天然气公司主张扣除未缴纳的股权转让个人所得税,本院不予支持。

☑ 案例总结

股权转让个人所得税是交易结束后产生的税费而非交易过程中产生的税费,约定股权转让过程中的税费由受让方承担不包括股权转让个人所得税。股权交易双方对税费进行约定时,应尽可能细化到具体的税种,以避免争议。

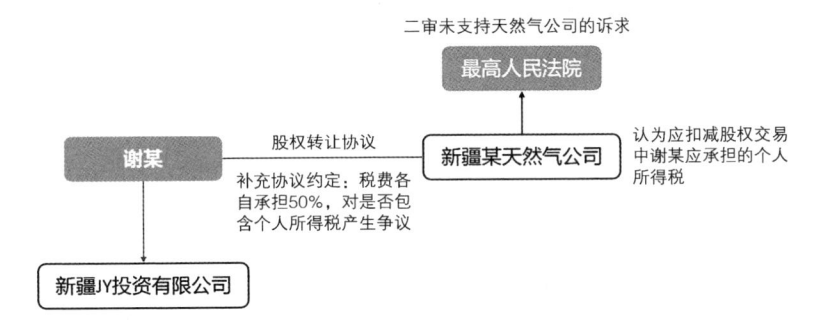

```
                        二审未支持天然气公司的诉求
                               ↓
                          ┌─────────┐
                          │最高人民法院│
                          └─────────┘
                               ↑
 ┌─────┐   股权转让协议    ┌──────────────┐   认为应扣减股权交易
 │ 谢某 │─────────────→│新疆某天然气公司│   中谢某应承担的个人
 └─────┘                 └──────────────┘   所得税
    │       补充协议约定:税费各
    │       自承担50%,对是否包
    │       含个人所得税产生争议
    ↓
┌──────────────┐
│新疆JY投资有限公司│
└──────────────┘
```

10.9 税务人员工作疏忽引发的股权纠纷

📝 案例背景

在一次股权转让交易中,转让方希望股权转让过程中的税款全部由受让方承担,双方在协议中约定如下:在股权转让过程中,转让方承担20万元税款,受让方承担80万元税款,无论将来实际发生的税款比约定的多还是少,均由受让方承担。协议签订后不久,受让方向转让方支付了第一笔股权转让价款305万元,并办理了公司的工商变更登记。很快受让方又向转让方支付了第二笔股权转让价款233万元。两笔款项均由受让方委托银行向转让方支付。之后,受让方去税务机关办理税务变更登记。原本在股权转让交易发生后,税务机关应当首先审查个人所得税的缴纳情况,缴纳了个人所得税的纳税义务人应当有完税凭证。但当时因为税务机关工作人员的疏忽,没有对这次交易进行税务审查,故该次股权转让交易没有缴纳个人所得税。

之后税务机关向转让方征税，转让方则举报税务机关，认为是税务机关工作人员没有审查而导致转让方没有让受让方缴纳税款，所以转让方拒绝缴纳。后税务机关向转让方发出了限期缴纳税款的通知。

转让方收到限期缴纳税款通知书后，向税务机关作出了如下解释：(1) 转让方与受让方之间有股权转让协议书，协议约定转让方只承担 20 万元的税款，其余税款由受让方按照实际产生的税款全部承担；(2) 根据《最高人民法院关于审理偷税抗税刑事案件具体应用法律若干问题的解释》，扣缴义务人书面承诺代纳税人支付税款的，应当认定扣缴义务人已扣、已收税款。所以转让方认为税务机关应当向扣缴义务人，也就是向受让方追缴。

税务机关在当时认可了转让方的解释，并收回了缴税通知单，转而向受让方发出限期缴纳税款的通知，并认定受让方已经代扣代缴，只是没有向税务机关上缴代扣代缴的税款而已。受让方坚持认为自己不是纳税义务人，税务机关应当让转让方缴纳税款，且受让方拒绝缴纳税款。

最终，税务机关又向转让方发出限期缴纳税款的通知。转让方申请了行政复议被驳回，进而起诉。

本案一审、二审、再审一致判决：转让方应当缴纳税款。

案例分析

本案例的争议焦点如下：

(1) 民事协议改变了税法关于税款缴纳主体的约定，是否有效？

根据《中华人民共和国税收征收管理法实施细则》第三条，任何部门、单位和个人作出的与税收法律、行政法规相抵触的决定一律无效，税务机关不得执行……纳税人应当依照税收法律、行政法规的规定履行纳税义务。其签订的合同、协议等与税收法律、行政法规相抵触的，一律无效。税法中关于纳税义务人的规定是强制性规定，民事上不能变更。但是税法并没有禁止纳税义务人缴纳税款后，再把税款转嫁给交易相对方，这叫作经济上的附加。公法上的纳税义务法律关系不能由民事协议约定变更，但是可以通过经济附加的方式转化成合同中另一方的债务，由合同相对方承担。这样的经济附加之所以被允许，是因为双方的约定不是为了逃避税款，让国家无税可收，而是约定由另一方承担。

(2) 股权转让价款是含税价还是不含税价？

在本案例中，转让方认为自己收到的股权转让价款是不含税价，也就是说，转让方认为受让方已经代扣代缴了转让方应当缴纳的个人所得税。但从税务机关和法院的认定来看，他们认为转让方收到的转让价款是含税的，只是受让方没有履行代扣代缴义务。根据《中华人民共和国税收征收管理法》第六十九条的规定，扣缴义务人应扣未扣、应收而不收税款的，由税务机关向纳税人追缴税款，对扣缴义务人处应扣未扣、应收未收税款 50% 以上 3 倍以下的罚款。所以对未履行代扣代缴义务的扣缴义务人，应当对其进行罚款，但欠缴的税款还是应当由纳税义务人缴纳。

代扣代缴义务人的代扣代缴行为本身分两个阶段，即先代扣、后代缴。作为支付人，他先要将纳税人应当缴纳的税款扣留下来，这是他在履行程序上的义务。一旦扣留，就进入了第二个阶段，也就是代缴的阶段，在这个阶段，代扣代缴义务人必须向国家上缴其所扣留的税款，这时代扣代缴义务人也就成为实际上的纳税义务人。

（3）税务机关是否违背了信赖利益保护原则？

信赖利益保护原则，是指行政相对人基于对行政机关的信赖而取得的利益应受保护，不能被随意剥夺。依据信赖利益保护原则，行政机关对自己的行为或承诺应诚实守信，不得随意变更。对行政相对人的授益性行政行为作出后，即使发现违法或对政府不利，只要行为不是因为相对人过错造成的，就不得撤销、废止或改变。在本案例中，税务机关先后两次向转让方发出限期缴纳税款的通知，又撤回过一次通知，违反了对行政相对人的信赖利益保护原则。就算是行政行为作出后发现有较严重的违法情形，可能给社会公共利益造成损失，必须撤销或改变的，行政机关对撤销或改变此种行为给无过错的相对人造成的损失也应当给予补偿。

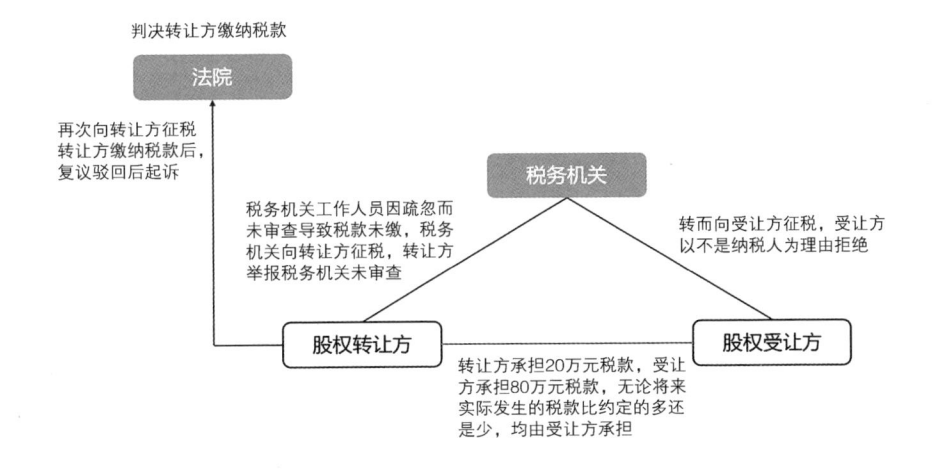

10.10　调减股权转让价格已纳税款退税未果

案例背景

2013年5月20日，付某某与王某共出资2 000万元成立了五莲县A天然气有限公司，付某某出资440万元，占股比例为22%。

2015年1月28日，付某某、王某与B燃气投资有限公司签订"王某、付某某与B燃气投资有限公司关于外资并购五莲县A天然气有限公司的股权购买协议"（以下简称"股权购买协议"），具体为：B燃气投资有限公司用27 657 143元购买付某某持有的五莲县A天然气有限公司22%的股权，付某某的股权原值为440万元。

2015年4月24日，B燃气投资有限公司基于其作为股权转让个人所得税扣缴义务人的身份，向税务机关提交了"股权购买协议"、批准文件等相关资料，第二税务分局核查确认原告付某某应缴股权转让个人所得税4 648 662.89元，B燃气投资有限公司作为扣缴义务人履行了代缴上述个人所得税的义务。

2016年6月3日，B燃气投资有限公司与王某、原告付某某签订"'王某、付某某与B燃气投资有限公司关于外资并购五莲县A天然气有限公司的股权购买协议'的修改协议"，具体为：因标的公司的特许经营区域减少，双方约定将股权转让价款由8 800万元调整为500万元。

2018年4月14日，付某某以股权转让未取得收益为由，向第二税务分局申请退还其已缴纳的个人所得税，第二税务分局审查认为付某某申请退税不符合法定条件，付某某与B燃气投资有限公司签订的补充修改协议无法作为税务机关退税的依据，据此于2018年5月14日作出《关于付某某申请退税有关事项的答复》。

付某某对答复事项不服，于2018年7月12日向五莲县人民政府提出行政复议申请。五莲县人民政府审查受理后，根据《中华人民共和国行政复议法》的相关规定，将复议案件移送被告五莲县税务局处理。

2018年9月29日，五莲县税务局作出复议决定，维持此前税务机关关于该事项的答复。

后付某某将税务机关诉至法院，历经一审、二审，法院最终没有支持付某某申请退税的请求。

各方观点

在本案例中，争议焦点是能否基于股权转让修改协议退税。

原告付某某认为，股权转让修改协议可以成为退税的依据，理由如下：(1) 股权转让对价已经通过合同变更的形式调减，付某某作为转让方未能获得原合同约定的转让对价，遂与受让方通过股权转让修改协议将转让价格调减；(2) 调减对价以资产评估报告为依据，并获得商务主管部门批准，价格满足公允的条件，合法有效；(3) 付某某的应税所得没有实质取得，申报税款也应为0，没有个人所得税的纳税义务；(4) 根据《中华人民共和国税收征收管理法》，本案属于在法定期限内退还多缴纳的税款。

被告税务机关认为，税务机关的征税行为合法合理，股权转让修改协议不能成为退税的依据：(1) 付某某的股权转让行为属于应当缴纳个人所得税的情形，且已经由受让方代扣代缴税款，整个过程完整、合法、有效；(2) 降低转让价款的理由不充分，有逃避缴纳个人所得税的嫌疑；(3) 代扣代缴个人所得税时，股权转让协议已经签订并生效，工商登记已经变更，股权转让的行为已经完成，修改协议系股权转让完成且相关税款已缴纳后签订，不属于错缴或者多缴的情形，修改协议不应作为退税的依据。

一审、二审法院均没有支持原告付某某退税的请求，法院的裁判观点总结如下：税收的征收管理应当遵循税收法定原则，本案例中的股权转让行为已经完成，股权已变更，征税完全符合相关的法律规定。现行法律并没有对征税行为完成后基于新发生的情况退税情形的明确规定。付某某以未取得收益为由申请退税不符合法定的退税条件，依法应不予退税。

案例分析

付某某案件围绕退税这个核心问题展开，为了最终得出应否退税的结论，需要首先分析退税的法律基础和事实基础。

退税的法律基础主要来自《中华人民共和国税收征收管理法》第五十一条，即退税的根本原因在于纳税人已经缴纳的税款超过了按照法律规定计算出来的应纳税额。所以在判断是否应该退税的时候，我们主要是从实纳税额与应纳税额的比较来分析。基础的事实关系决定法律关系。民法与税法并非相互独立，而是相互依存的，都是宪法统领下的法律部门。本案例的核心事实就是一次股权转让行为、两份股权转让协议，其中，股权转让协议和股权转让修改协议作为两份协议，同时指向了一次股权转让行为。税务机关和法院的部分观点认为，股权转让修改协议应当看作另一次交易。

将整个案例的事实进行分步骤整理后总结出本案例的事实基础如下：第一步，交易方之间签订股权转让协议，协议中对股权转让的价格有非常明确的约定，其价格也公允反映了合同签订当时股权的市场价；第二步，转让方按照法定的方式和程序完成股权转让行为，并在这个过程中缴纳了相应的股权转让个人所得税；第三步，股权对应的特许经营面积大量减少，交易双方经过友好协商，将股权转让价格大幅度向下修正，并且其修正后的交易价格得到了主管商务部门的认可；第四步，转让方向主管税务机关申请退税无果后，以诉讼的方式主张权利，经过多轮漫长的诉讼，没有达到退税的效果。

首先，本案交易双方的出发点是在合理合法的基础上完成一笔股权转让交易，这一点可以从双方依法签订股权转让协议、依法完成个人所得税税款的缴纳等程序中得出结论，并且股权购买行为的后续是为了生产经营。其次，关于税务机关认为交易方自行调整股权交易价格的行为有逃避个人所得税的嫌疑，站在税务机关的角度，这样的怀疑是可以理解的，毕竟税务机关具有保证国家税款按时足额入库的职责。然而，如果股权转让方真的具有逃避缴纳税款的主观目的，完全可以在交易伊始就采用分拆价格等方式将交易价格降低，从而达到减少应税所得、降低税额的目的。所以，通过反向论证，我们不难得出结论，付某某作为股权转让方，并没有偷逃个人所得税的主观意愿，而是在修正股权转让价格后出现所得降低从而有了多缴税款的事实才产生了退税的需求。因此，本案例付某某在申请退税的过程中，存在税收征管法中可以退税的法律基础和事实基础，这两大基础也就为后续分析退税的理由做了铺垫。

本案例中存在多缴税款的情形，即构成多征：第一，付某某作为转让方，其并没有获得股权转让协议中对应的交易价格，真正得到的转让对价为其在股权转让修改协议中对应的价值，在"以结果论英雄"的所得税体系中，对付某某以没有得到的"所得"为依据征税显然是不合理的；第二，相关对价的调整不仅是由交易双方自行协商确定的，而且获得了主管部门批准，同时外汇管理部门对价款的支付进行了监管，可以说交易价格的调整是具有正当性的；第三，按照调整后的交易对价计算，付某某完全没有应纳税所得额，之前基于调整前的交易对价计算出来的所得并不符合最终的交易事实,因为相关文件早已明确,已经取得的经济利益属于股权转让收入,而尚未获得的经济利益,无论从公平性、合理性还是合法性的角度来看,都不应该成为股权转让收入的一部分;第四,关于税务机关和法院认定在股权转让修改协议签订前股权转让行为已经完成的问题,主要是依据国家税务总局规范性文件中的内容。在受让方已经就股权转让支付全部或者部分价款且股权转让合同已经生效的情况下,纳税人和扣缴义务人有在转让次月15日前向主管税务机关申报纳税的义务。税务机关倾向于以这个时间点作为股权转让行为已经完成的标志,这样的结论是缺乏因果关系的。该规范性文件的出台主要是为了加强对股权转让这种市场交易行为的税收征管,换言之,这种应当申报纳税的时间点只是在纳税申报层面的时间,并非关于交易是否真正完成的时间点的判断。在付某某案件中,付某某作为转让方,并没有取得之前缴纳税款时所依据的转让收入,通过股权转让修改协议的方式将转股价格向下修正,在转股价格得到商务部的通过后,本质上,交易的对价已经得到了调整,这也是从基础的民事法律关系的角度改变了交易。从上述分析我们可以知道,在本案例中,税务机关对于转让方的征税存在多征税款的情形,这也是我们认为本案例可以实现退税的基础。

通过上述分析我们得出结论,本案例中付某某存在多缴税款的事实依据,也存在可以退还多缴税款的事实依据和法律依据。付某某之前在缴纳税款的过程中并不存在程序上的违法行为,在理论上,符合退税的条件。但是,在实际退税操作过程中,应当对退税的可行性做进一步分析。本案例在实际操作环节能否实现退税,我们可以从税务机关和法院的观点入手,只有说服税务机关和法院,本案例退税的诉求才能真正迎来实质意义上的转机。

税务机关认为,最初的征税行为完全是合理合法的,付某某对于交易的风险应当有足够的认识,后续的变化完全是可以预见的,因此在调整股权交易价格后提出无须缴纳个人所得税的要求并不合理,而且存在故意逃避个人所得税的可能性。我们不否认税务机关一开始征税行为的合理性,关键是对于交易对价的调整环节,如果只是交易方的调整,并不具备足够的说服力,但是交易价格的调整有了商务部门的背书,可信性大幅提升。而且,税务机关主张付某某存在逃避缴纳个人所得税的主张只是主观上的猜测,并没有任何证据的佐证。本案例要想实现退税,当务之急是说服税务机关认可自始至终只存在一次股权转让行为,如果税务机关认为付某某存在逃个人所得税的可能,就应当拿出充分的证据，以法律和证据作为判断的依据。针对税务机关认定的后续导致交易价格调整的问题属于商业风险，交易双方对于该商业风险应当有足够的认识。但是我们应当认识到，交易过程中对于交易价格的调整并不是本案例特有的情形，对赌协议就是基于未来不确定性对价格进行调整的一种典型的交易模式。交易双方在交易时对未来可能发生的影响交易价格的情形并不能完全预知，这也就是未来进行调整的前提，因此即便是对商业风险，交易双方也可以进行调整。既然已经做了调整，税务机关就应该深入审查调整背后所蕴含的交易的目的性、真实性、合理性、合法性，从而更客观地作出应否退税的决定，这样客观的结论才更加符合实质课税的原则。同时，付某某基于调整后的交易对价，本质上并没有取得最初缴纳个人所得税时对应的所得，如果要求其就未实际产生的所得纳税，显然有违公平原则。因此，从税收法定原则、实质课税原则、税收公平原则的整体角度来看，应当支持付某某的诉讼请求。

法院的核心观点是税收的征管应当遵循税收法定原则，税法上并没有规定在税款征缴完毕后基于新的情况可以退税的情形。这样的认识是过分关注法律的形式而忽略了法律的本质。我国的税收征管法规定了退税的原则，即实际缴纳的税款超过了应纳税额本身，这个退税的根本原理可以指导一切退税行为。税收相关法律具有行政法的性质，因此在处理税收相关的问题时，应以行政法上的合法行政原则、合理行政原则、程序正当原则、高效便民原则等相关原则作为税务机关执法行为的判断依据；同时，纳税人作为行政相对人，应当享有对应的权利。所以，法院在具体处理退税的争议时，应该深入审查案件背后的事实。在对案件进行评判时，一方面要运用税收法定的基本原则，另一方面不能忽视实质课税原则和税收公平原则。征税应当考虑经济业务的实质，而不能仅仅基于交易所表现出来的外在形式。就个人所得税而言，其实质就在于是否真的取得了应税所得，这样的取得应该是持续的、不可逆转的。针对本案例，转让方付某某在最初的股权交易过程中从形式上看取得了所得，也产生了个人所得税的纳税义务，因此申报缴纳个人所得税并无不当；但是后续调整交易价格后，之前看似已经取得的所得在本质上已经不存在了。所以，股权转让修改协议对于本案例的影响是实质性的，而非形式上的。法律没有规定税款缴纳完毕后基于新情况退税的情形，但我们应该认识到，法律也没有禁止缴纳税款后基于新情况退税。因此，是否应该退税，绝不能仅仅凭借法条文字本身来判断。换言之，能否退税应当考虑经济业务的实质，同时应该透过法律条文的文字去认识立法的背景、立法的目的,以及立法的本质。

基于前面对于案例事实和法律依据的分析,我们认为应当支持付某某的退税请求。

第一,税法规范与一般法律的区别在于,税法规范产生的主要原因是实务中的一些问题存在空白或争议,为了解决这些问题,出台相应的文件加以规范。换言之,税收规范性文件更多是对现有状况的反映,而非对全部事项的总括。此外,我们没有专门的税法法院,法官在法院审理的过程中较多的是对合法性而非合理性进行审查,审查合法性往往也只是针对法律条文本身,而较少考虑税法规范的背景、本质以及商业活动的本质。从这个角度看,无论是直接处理相关税务问题的主管税务机关还是处理诉讼纠纷的法院,都很难做到从全局上统筹商业交易的合理性和合法性,从而导致处理结果可能存在片面性,使得纳税人在与税务机关产生争议时,维护自身权益的难度增加。

第二,税收规范类文件对于实务中的税务征管存在一定的局限性。关于这个问题,有部分人存在误解,比如有人认为财税类的文件或者国家税务总局公告等属于税收部门规章。根据《中华人民共和国立法法》的相关规定,部门规章应该由部门首长以签署命令的形式发布,因此,大部分税收文件不是税收部门规章,而是税收规范性文件。而《中华人民共和国行政诉讼法》中有诉讼附带审查的制度,但附带审查的范围限于规章以下的规范性文件,即行政相对人在对行政机关的行政行为提起诉讼时,可以对其所依据的规章以下的规范性文件进行附带性审查。因此,纳税人与税务机关在因征税问题产生争议而将税务机关诉至法院时,可以申请对税务机关作出具体行政行为所依据的税收规范性文件进行附带性审查。但实务中,在纳税人申请对税收规范性文件进行附带性审查时,法院往往认定该规范性文件不属于可以附带审查的范围。此外,税务机关执法的依据虽然从立法法的角度属于税收规范性文件,但是从实际执行或者法院裁判的角度都视同税收部门规章,这也与我国现行税收法治环境有着较大的关联。在我国现行税法体制下,税收法律和部分税收行政法规居于统领地位,重大问题有税收部门规章,而税收规范性文件主要是对一些实务中难以准确认定的事项或者一些相对疑难复杂的操作给出操作指引,这样的指引往往在税收部门规章中有所体现,即部门规章中会有这样的表述,对某个问题的具体事项由国家税务总局规定,但是当我们看到规定的时候,它们并不是部门规章。所以这些规定披着规范性文件的外衣,行使的却是部门规章的职能,这样的现状也导致法院在裁判时无法支持纳税人提出的就特定的税收规范性文件进行附带审查的请求。

第三,纳税申报的时间与纳税义务发生的时间并不存在因果关系。纳税义务发生的时间是法定的,也就是存在特定的行为时就产生了税法上的纳税义务,换言之,纳税义务发生的时间是税收实体法层面的概念。而申报纳税的时间或者缴纳税款的时间,是为了保障国家税款的按时足额入库,是在税收征管的过程中设定的期限,因此,纳税申报的时间是税收程序法层面的概念。纳税申报的时间与纳税义务发生的时间是两个相互独立的概念,一个是实体,另一个是程序,也可以理解为一个是实质,另一个是形式,纳税义务发生的时间才是真正体现交易本质的时间点。在《中华人民共和国个人所得税法》及其实施条例中均没有关于股权转让纳税义务发生时间的明确规定,而在关于股权转让个人所得税的公告中,只有申报纳税时间的细化,这属于税收征管的层面,实务中不能简单地以纳税申报的时间来替代纳税义务发生的时间。纳税义务发生的时间也不是一个点的概念,而是一个随着交易行为变化的概念,如果基础的民事交易法律关系发生质的变化,就会对纳税义务发生的时间产生本质的影响。即便之前纳税义务已经发生了且税款已经缴纳,如果后续的基础民事法律关系被撤销或者部分失效,之前产生的纳税义务也会随之消失,之前缴纳的税款就应该退还。在付某某案例中,之前依法缴纳的税款属于征管层面为了完成股权交易所必备的一个阶段、一个步骤,这并不代表纳税义务的发生时间。由于后续股权交易价格的调整导致付某某从本质上并没有产生所得,因此,从法理的本质来看,整体上付某某并不存在纳税义务,之前缴纳的税款应该退还。

综合以上对付某某案例引出问题的分析,付某某在股权转让的过程中存在业务流程上的瑕疵,但是这样的瑕疵并不能从根本上改变股权交易的本质,即整体上付某某股权转让的交易并没有产生所得,不产生纳税义务。

☑ 案例总结

以上我们站在纳税人的角度分析了本案例应该退税的理由,但无论如何,最终的结果是退税不成功。在税务行政诉讼领域,类似的案例还有很多。当事人花费了好几年的精力投身于诉讼,但最终很多案例的结果不甚理想。

本案例是典型的形式课税与实质课税的较量,其背后是国家的税收利益、纳税人的财产权利和税务机关的执法风险之间的平衡。站在纳税人或如何更好地服务纳税人的角度,无须去评判形式课税和实质课税孰优孰劣,我们能做的是通过事前的规划尽可能规避股权问题的税务争议,以及发生争议时,如何更好地实现目标。就付某某而言,做到以下两点可以提升退税的概率:一是将两份协议变为一份协议,做成标准对赌协议的模式;二是在交易前充分考虑存在的不确定性,将付款方式改为分期付款。此外,在出现争议时,要学会通过诉讼的方式来对合同效力等相关问题进行认定,以提高证据的证明力。

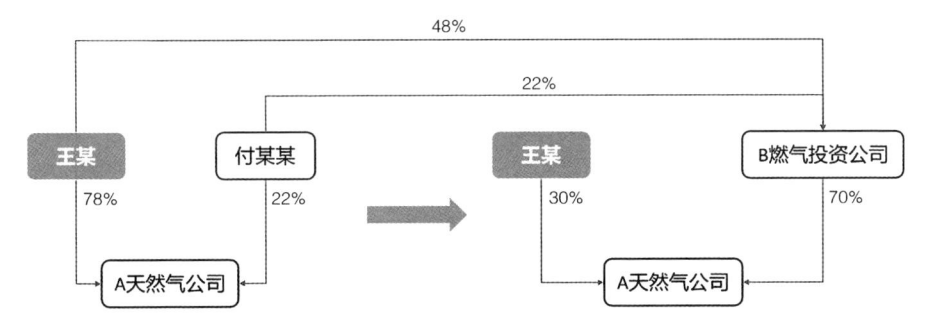

```
       王某 ──48%──────────────┐
              ──22%──┐         │
       78%           │         │
       付某某 22%    王某 30%   B燃气投资公司 70%
        A天然气公司         A天然气公司
```

2015年1月:签订"股权转让协议",付某某股权原值450万元,转让价格2 750万元,B燃气投资公司代扣个人所得税460万元
2016年6月:签订"股权转让协议"的修改协议,将交易价格调整为300万元
2018年4月:付某某申请退还前述股权转让个人所得税,税务局未同意
2018年7月:付某某申请行政复议,复议维持
2018年12月:付某某向法院起诉⋯⋯

① 股权转让对价已经通过合同变更的形式调减,付某某作为转让方未能获得原合同约定的转让对价,遂与受让方通过股权转让修改协议将转让价格调减
② 调减对价以资产评估报告为依据,并获得商务主管部门批准,价格满足公允的条件,合法有效
③ 付某某的应税所得没有实质取得,申报税款也应为0,没有个人所得税的纳税义务

```
        纳税人
       /      \
   税务机关 ── 法院
```

① 付某某的股权转让行为属于应当缴纳个人所得税的情形,且已经由受让方代扣代缴税款,整个过程完整、合法、有效
② 降低转让价款的理由不充分,有逃避缴纳个人所得税的嫌疑
③ 代扣代缴个人所得税时,股权转让协议已经签订并生效,工商登记已经变更,股权转移的行为已经完成,修改协议系股权转让完成且相关税款已缴纳后签订,不属于错缴或者多缴的情形,修改协议不应作为退税的依据

税收的征收管理应当遵循税收法定原则,本案例中的股权转让行为已经完成,股权已变更,征税完全符合相关的法律规定,现行法律并没有针对征税行为完成后基于新发生的情况退税情形的明确规定。付某某以未取得收益为由申请退税不符合法定的退税条件,依法应予不退。法院的观点更多是从税收法定的角度入手,因此未支持付某某的诉讼请求

后记
POSTSCRIPT

亲爱的读者,看完这100个案例,您有怎样的收获呢?

我们很好奇您是谁,我们也很愿意跟您做深入的交流。

您有任何股权涉税方面的问题,都可以扫描下面的二维码,对于本书的读者,创业护航集团董事长会安排专业税务师与您对接。

最后,再强调一次,本书中的每一个案例都有特定的背景和适用条件,千万不能简单套用,必须在理解商业本质的前提下,基于专业,灵活应用,才能在股权业务实践中作出最优的选择。对于大家碰到的问题,我们非常愿意与大家一起探讨。

这本书的出版来之不易。

感谢案例提供机构:

序 号	机 构 名 称
1	创业护航联盟(上海)税务师事务所有限公司
2	创业护航(上海)企业发展有限公司

续　表

序　号	机　构　名　称
3	上海诚双双税务师事务所有限公司
4	上海企盈信息技术有限公司
5	上海风景线企业发展有限公司
6	上海新八戒商务服务有限公司
7	厦门满钇智慧财税服务有限公司
8	神妙算企业服务(温州)有限公司
9	云南清之凯税务师事务所有限公司
10	泉州百分百财务咨询有限公司
11	昆明友蝶财务咨询服务有限公司
12	苏州壹财科财税服务有限公司
13	华越财税服务(新郑市)集团有限公司
14	常州信和财务咨询有限公司
15	莘利(上海)财税咨询有限公司
16	安徽博强财税服务集团有限公司

是一线服务企业的实践为我们提供了真实的案例。

感谢本书的编写和审核团队,是他们在繁忙的工作之外,花费了大量的时间和精力完成了100个高质量案例的编写。

感谢上海财经大学出版社负责本书出版的团队,他们的敬业和努力使本书得以按时与广大读者见面。